双曲拱桥检测评定与加固技术

INSPECTION EVALUATION AND STRENGTHENING OF DOUBLE ARCH BRIDGES

陈 强 孟阳君 周先雁◎编著

人民交通出版社
China Communications Press

内 容 提 要

本书从双曲拱桥的概念及组成出发，结合双曲拱桥检测、评定与加固改造实践，系统归纳双曲拱桥常见的病害及其原因，简要地介绍了双曲拱桥检测内容、设备以及技术状况评定方法，重点分析了双曲拱桥计算理论、有限元分析及承载能力评定等，并以具体旧桥加固改造实例，阐述加固原理及其效果。

本书适用于长期从事公路旧桥研究、设计人员及公路桥梁管理、施工人员，也可作为市、县级公路管理养护技术人员的培训和自学用书。

图书在版编目（CIP）数据

双曲拱桥检测评定与加固技术 / 陈强，孟阳君，周先雁编著.
—北京：人民交通出版社，2013.12
ISBN 978-7-114-11001-6

Ⅰ.①双… Ⅱ.①陈… ②孟… ③周… Ⅲ.①双曲拱桥—检测②双曲拱桥—加固 Ⅳ.①U448.22

中国版本图书馆 CIP 数据核字(2013)第 269207 号

书　　名： 双曲拱桥检测评定与加固技术
著 作 者： 陈　强　孟阳君　周先雁
责任编辑： 卢仲贤　袁　方　闫吉维
出版发行： 人民交通出版社
地　　址： (100011)北京市朝阳区安定门外外馆斜街 3 号
网　　址： http://www.ccpress.com.cn
销售电话： (010)59757973
总 经 销： 人民交通出版社发行部
经　　销： 各地新华书店
印　　刷： 北京市密东印刷有限公司
开　　本： 787×1092　1/16
印　　张： 9.75
字　　数： 225 千
版　　次： 2013 年 12 月　第 1 版
印　　次： 2013 年 12 月　第 1 次印刷
书　　号： ISBN 978-7-114-11001-6
定　　价： 45.00 元

前　言

1964年,江苏无锡县建桥职工创造了一种新型拱桥——双曲拱桥。这种结构充分发挥了施工便捷的特点,节省了钢材,便于取材,大大加快了施工进度,20世纪60~80年代在我国迅速推广。经过一段时期使用后,所有双曲拱桥都出现了不同程度的损坏,影响其安全性能和使用寿命。因此,如何判断双曲拱桥技术状况和承载能力,以及如何提高旧双曲拱桥承载能力和改善行车性能,延长使用寿命,适应当今社会快速发展,这是本书研究的课题。

近年来,作者先后主持和参与了双曲拱桥的检测、评定、监控和加固施工工作,在大量工程实践中积累了丰富的经验。本书将具有代表性的典型桥梁病害、检测、评定、加固维修的技术资料,进行了系统归纳和总结。

本书共第5章,第1章绪论介绍了双曲拱桥的历史、养护的维修、检测及评定现状;第2章对双曲拱桥的桥面、拱上建筑、腹拱圈、墩台基础以及附属常见的典型缺陷和病害做了较为系统介绍,针对各类病害进行分析;第3章对双曲拱桥的评定进行了系统介绍,从检测内容、设备以及技术状况评定方法等方面进行了详细说明;第4章重点介绍了双曲拱桥理论计算,有限元分析、承载力能力评定方法以及桥梁荷载试验评定;第5章系统介绍了双曲拱桥加固原理与方法及实例。全书列举技术状况评定、承载能力评定以及维修加固实例。既有理论性又有实践性,为从事公路交通建设、养护部门的工程技术人员和管理人员提供参考。

本书的编写分工如下:湖南城市学院陈强(第1、2、4、5章)、中南林业科技大学孟阳君(第4章、后记)、中南林业科技大学周先雁(第3、4章)、长沙理工大学陈向阳(第5章)、广州机械化公司王鹏(第2章)等。全书由陈强统稿。谌尚峰、蔡龙、朱欣同学参与资料收集、绘图和文字整理工作。

特别感谢湖南省益阳市公路管理局蔡志伟、肖梦君、薛浩伟,湖南省益阳市交通规划设计院段献礼,湖南省常德市交通局唐杨斌,感谢他们为本书的编写提供了宝贵的资料和建议。

本书编写过程中,得到了湖南省益阳市相关部门的大力支持,并列入2005年湖南省益阳市科技计划项目。在此,谨向所有关心、支持本书编写和出版的有关领导、专家表示衷心感谢。

由于作者水平有限,书中若存在不妥或疏漏之处,敬请读者批评指正。

作　者

2013年9月

目　录

第1章　绪　　论

1.1　双曲拱桥的历史

1964 年,江苏省无锡县建桥职工创造了一种新型拱桥——双曲拱桥,这种结构充分利用了其施工便捷、节省钢材、便于就地取材、加快施工进度等优点,20 世纪 60 ~ 80 年代在我国迅速推广,很快得到了广泛应用。

双曲拱桥,由主拱圈和拱上建筑组成。主拱圈由拱肋、拱波、拱板和横向联系等几部分组成,其外形在纵横两个方向均呈弧形曲线,故称为双曲拱桥。双曲拱桥施工时,先将主拱圈分成拱肋、拱波、拱板和横向联系几部分,并预制拱肋、拱波和梁板,即化整为零;然后吊装拱肋成拱,并且与横向联系等构件组成拱形框架,在拱间安装拱波,随后浇筑拱板混凝土,即集零为整。

《中国桥谱》显示,1968 年建成的河南省嵩县前河大桥是目前国内最大跨径的钢筋混凝土双曲拱桥(跨度名列亚洲第一,世界第三),该桥拱轴为悬链线,单孔净跨 150m,矢跨比 1/10,桥面净宽 7.5m。大桥为了提高横断面刚度、增强双曲拱在组合过程中裸肋的稳定性,断面设计成高低拱肋,全桥 29 道横隔板组成整体性好的拱肋格排,合龙后上面砌筑双层拱波,节省了主拱工程量,也减轻了支架负荷。

据不完全统计,全国目前有 4 万多座双曲拱桥。在双曲拱桥问世后的十年内,据 1979 年全国公路桥梁普查资料,全国共有大、中跨径双曲拱桥 4085 座,但目前许多省份的双曲拱桥已陆续被拆除重建。

1.2　双曲拱桥的养护、维修与加固现状

目前,国内桥梁检查是进行桥梁养护、维修与加固的先导工作,桥梁养护对策主要结合桥梁检查来制订,常规的桥梁检查分为巡视检查、经常检查、定期检查和特殊检查四类。

巡视检查——是由专家对一条路线或一定区域内的桥梁进行的快速巡查。其目的在于对所需检查的桥梁的技术状况和主要存在问题形成一个总体印象,以便能进行初步排序并为进一步的检查做技术准备。

经常检查——主要指对桥面设施、上部结构、下部结构及附属构造的技术状况进行日常巡视检查,及时发现缺损并进行小修保养工作。

定期检查——按规定周期,对桥梁主体结构及其附属构造物的技术状况进行定期跟踪的全面检查。主要检查各部件的功能是否完善有效,构造是否合理耐用,发现需要大、中修、改善或限制交通的桥梁缺损状况;同时检查小修保养状况。

特殊检查——在以下四种情况下进行:

(1)定期检查中难以判明损坏原因及程度的桥梁。

(2)桥梁技术状况为四、五类者。

(3)拟通过加固手段提高荷载等级的桥梁。

(4)条件许可时,特殊重要的桥梁在正常使用期间,可周期性进行荷载试验。

桥梁遭受洪水、流冰、滑坡、地震、风灾、漂流物或船舶撞击,因超重车辆通过或其他异常情况影响造成损害时,应进行应急检查。检查依据的标准规范主要有:

《公路桥涵养护规范》(JTG H11—2004);

《公路养护技术规范》(JTG H10—2009);

《公路桥梁承载能力检测评定规程》(JTG/T J21—2011);

《公路桥梁技术状况评定标准》(JTG/T H21—2011);

为了更进一步提高公路桥梁养护水平和公共服务能力,保证公路畅通和桥梁运行安全,从2007年开始,根据《公路桥梁养护管理工作制度》的要求,全国开始实行桥梁养护工程师制度。

根据上述检查依据的标准规范,双曲拱桥的日常养护工作有如下几个方面。

(1)经常清除表面污垢及圬工砌体因渗水而在表面附着的游离物。

(2)经常疏通泄水管孔,保持桥面及实腹拱拱腔排水畅通。如发现拱桥桥面漏水应及时修补,空腹拱的主拱圈(肋)若发现渗水,应对拱背进行清理,消除可能积水的残渣、堆积物等,并用砂浆等材料抹平或堵塞裂缝。实腹拱若发现主拱圈渗水,应检查拱腔排水系统,必要时可挖开拱上填料,修补防水层,修理排水管道。

(3)主拱及拱式腹拱的拱铰及变形缝,应保持正常工作状态。清除弧面铰及变形缝内嵌入的杂物,保持能自由转动、变形。填缝材料(如油毛毡、浸渍沥青的木板等)如有损坏应及时更换。

(4)在高温或严寒季节及重车通行后,要对桥体各部位进行认真的检查,观察记录已发生和新发生的裂纹情况,并在裂纹上作出标记、编号。若裂纹的宽度超过规定允许值时,要列表上报并有采取相应的防范措施。

(5)有漂浮物通过河道的箱拱、双曲拱、刚架拱(一般较坦而低)、桁架拱桥,在汛期来临前要检查设在拱脚上游的钢筋混凝土抗撞桩是否牢固;在高洪水位放漂期,要日夜撬漂、顺木以避免撞击拱圈(斜腿)。

(6)当气温高于38℃以上及汛期前,要疏通箱形拱桥的调温孔、排水孔。未设置排水孔的要给予补设。

(7)为了预防突发事故,要经常观察桥面的起伏、振颤是否正常。

维修前应对病害进行分析,制订有针对性的维修措施,在病害部位必须清除已损坏的混凝土的浮浆、积尘,直到露出完好的混凝土,并露出钢筋。

施工中的混凝土表层出现的蜂窝、麻面、露筋、孔洞、层隙、磨蚀,老化、剥落、表面发纹以及营运期产生的允许裂纹,均应有步骤地加以维修,维修处必须达到平整密实、光洁,以避免遭受外界影响而扩大受害区域,腐蚀内部钢材。

一般表层病害,可在已清洗干净的修补面上涂抹一层1:2(水泥:砂)的水泥砂浆或其他黏结剂,如1:0.4铝粉水泥浆液、环氧胶液等化学浆液。当pH值小于5.6或HCl、Cl^{-1}浓度较大时,可用改性环氧聚氨酯、氯磺化聚乙烯涂抹,一般情况也可用改性乳胶漆涂抹。对深凹、隙缝病害在嵌入水泥砂浆、环氧砂浆后需抹平压实养生。

在冬季月平均气温低于 -20℃的区域，对于淹入结冰水位以下的拱圈及结冰水位以上50cm 的拱圈，要在枯水位时涂抹一层抗冻环氧砂浆，砂浆面上再涂刷一层沥青。

各部分构件，如有边角缺损应及时用环氧混凝土进行修补，以免产生应力集中。

双曲拱桥的活载挠度大于 1/2000 ~ 1/3000 桥跨，恒载状态拱肋的裂纹宽度大于 0.1mm 以及拱波出现裂纹时，应立即报请加固和限载使用。

双曲拱桥在使用一定时期后，就会出现不同程度的损坏。双曲拱桥的病害主要以上部结构病害较多，主要有拱波纵向开裂、拱肋开裂、横系梁开裂或脱落、拱顶下沉、侧墙鼓胀外倾等，其中以拱波的纵向开裂最为常见，一般伴随着拱肋的横向开裂、拱顶下沉。

1.3 双曲拱桥检测的目的与意义

20 世纪 60 ~ 70 年代修建的双曲拱桥，由于设计等级低，拱圈整体性差，钢筋或混凝土质量不好，开裂和破损现象较为普遍，极大地影响了桥梁的正常使用，但经过多年的运营后观察发现这种化整为零的特点既是双曲拱桥的优点，也是缺点。由于主拱圈是由拱肋、拱波、拱板组成的截面，各构件之间的接缝及接触面较多，截面的整体性较差，使用中出现裂缝也就较多，尤其是拱波、拱板截面刚度相差较大，在温度、混凝土收缩和荷载反复作用下，拱波波顶易产生纵向裂缝。

目前，大部分双曲拱桥都出现了不同程度的结构病害，有的甚至已经发展成为危桥，其主要承重构件（拱肋结构）也出现较为严重的混凝土碳化、剥落、钢筋锈蚀、裂缝开展等损伤。如此众多的双曲拱桥，全部拆除重建，不仅经济上不允许，对环境也将造成污染和破坏；此外，就环境协调性而言，双曲拱桥远比梁桥适应强，到目前为止，很多双曲拱桥已经成为风景优美的经典。因此，对待双曲拱桥不应粗暴生硬的“消灭”，而应根据实际情况，对能够利用的双曲拱桥进行维修、加固。针对现有双曲拱桥的结构性能进行检测和评估，对于保障结构安全使用，应合理控制交通流量，及时检修，科学安排投资等都具有重要意义。

通过对双曲拱桥实施必要的检测与评价，保证双曲拱桥的安全运营和高效管理，使其在适当的养护条件下，达到可接受的安全水准，完成服役期的预定功能。通过桥梁检测和评估可获得下列效益。

（1）掌握双曲拱桥的技术现况：实时检测与评估能使桥梁管理人员掌握双曲拱桥结构是否损坏或服务功能是否降低等状况，通过分析检测过程中得到的桥梁状况信息，可及时采取相应的维护措施，消除危害状况，提高桥梁的运营安全度和服役年限，保障公共运输安全。

（2）提供养护管理依据：由于双曲拱桥营运使用多年，主要部位出现缺陷如裂缝、错位、沉降等，通过检测评估确定桥梁各部件损坏的程度及实际承载能力，为桥梁的养护及维修加固提供必要的依据；通过检测评估可以了解车辆和交通量的改变给桥梁运营带来的影响。双曲拱桥遭受特大灾害时，如因地震、洪水等而受到严重损坏或在建造、使用过程中发生严重缺陷（如质量事故、过度的变形和严重裂缝以及意外的撞击受损断裂等），应通过检测评估为桥梁的维修加固提供可靠依据。

（3）积累桥梁信息数据：双曲拱桥的检查可以系统地收集积累桥梁技术资料，建立动态数据库，为桥梁管理与评估提供第一手数据，检测数据是桥梁管理信息系统中数据库的主要信息来源，以此作为结构状态评估的基本依据，并为桥梁构件和桥跨的退化分析提供客观的数据，进而为管理人员决策提供必要的数据支持。

(4)发展桥梁设计、养护及管理理论:通过检测评估,给养护、设计与管理等部门提供反馈信息,推动养护工作的规范化与科学化,减少桥梁生命周期费用,检验桥梁结构的质量,反馈信息确保新建工程的可靠度,推动和发展旧桥评估以及新结构的设计计算理论。

综上所述,通过检测与评估,可以鉴定双曲拱桥是否仍具有原设计的工作性能及承载能力,进而为维修、改造、加固提供决策性的意见。

1.4 国内双曲拱桥评定现状

公路桥梁评定是对桥梁的使用功能(宏观)、使用价值(微观)、承载能力(微观)进行的综合评价,分为一般评定和适应性评定。一般评定是依据桥梁定期检查资料,通过对桥梁各部件技术状况的综合评定,确定桥梁的技术等级,提出各类桥梁的养护措施;适应性评定是依据桥梁定期及特殊检查资料,结合试验与结构受力分析,评定桥梁的实际承载能力、通行能力、抗洪能力。

公路桥梁评定是一个综合评价的问题,涉及评定方法与评定标准(依据相关标准、规范、试验结果及专家经验等所制订的分类等级)。桥梁状况评定,涉及许多相关因素:一条路线包括许多桥梁;一座桥梁包括上部结构、下部结构和基础,每部分又包含许多基本构件;一个基本构件,因设计、施工、使用中的多种原因可能存在一种或多种缺损。可见,公路旧桥评定是十分复杂的。

我国在桥梁的评定方面已出版的相关规范有:《城市桥梁养护技术规范》(CJJ 99—2003)、《公路桥涵养护规范》(JTG H11—2004)、《公路桥梁技术状况评定标准》(JTG/T H21—2011)、《公路桥梁承载能力检测评定规程》(JTG/T J21—2011)等,对桥梁的评定起了重要指导性作用。

通过旧桥评定,可鉴定其是否仍具有原设计的工作性能及承载能力,进而为桥梁的养护、维修、改造、加固提供决策性的意见。

第 2 章　双曲拱桥构造及病害与成因分析

2.1　双曲拱桥构造简介

双曲拱桥主拱圈，通常是由拱肋、拱波、拱板和横向联系等几部分组成（图 2.1）。双曲拱桥的主要特点是将主拱圈以“化整为零”的方法按先后顺序进行施工，再以“集零为整”的组合式整体结构承重，因此，双曲拱的构造与板拱、肋拱相比具有其独自的特点。

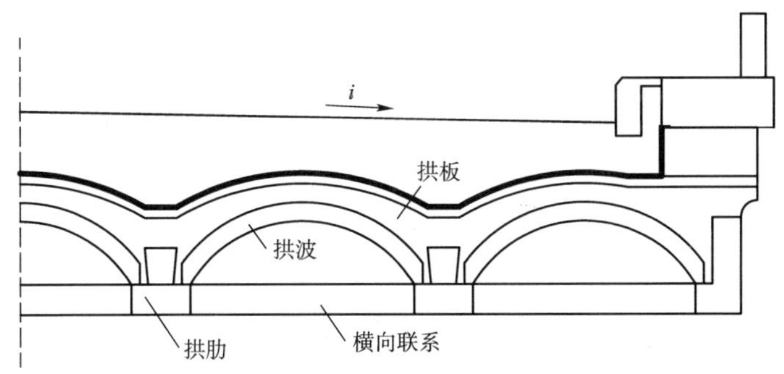

图 2.1　双曲拱桥主拱圈构造

双曲拱桥主拱圈截面，根据桥梁的跨度、宽度、设计荷载的大小、所用材料以及施工等不同情况，可以采用不同的形式（图 2.2）。

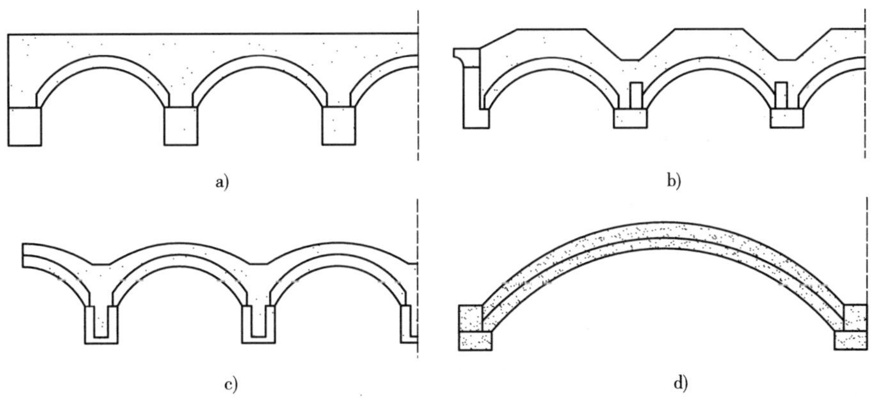

图 2.2　双曲拱桥主拱圈的主要形式

目前，公路双曲拱桥采用最多的是多肋多波的截面形式[图 2.2a)、b)、c)]。一般说来，肋与肋的间距不宜过小，以免限制拱波的矢高，减小拱圈的截面刚度，但采用无支架施工时，拱肋间距又不宜过大，以免拱肋数量少而过分加大拱肋截面尺寸，增加吊装重量，给施工带来困难。在跨径较小的单车道桥梁中，还可以采用单波的形式[图 2.2d)]。

拱肋是主拱圈的重要组成部分，它不仅参与拱圈共同承受全部恒载和活载，对主拱圈质量有重大影响,而且在施工过程中,又要起砌筑拱波和浇筑拱板的主梁作用,因此必须保证拱肋具有足够的强度和刚度。特别是采用无支架施工的双曲拱桥,还需保证拱肋具有足够的纵向和横向稳定性。

常用的拱肋截面形式有:矩形、倒 T 形(凸形)、槽形和工字形等(图 2.3)。一般根据跨径大小、受力性能、施工难易等条件综合选择合理的截面形式,要求所选拱肋截面有利于增强主拱圈的整体性、制作简单,且能保证施工安全。

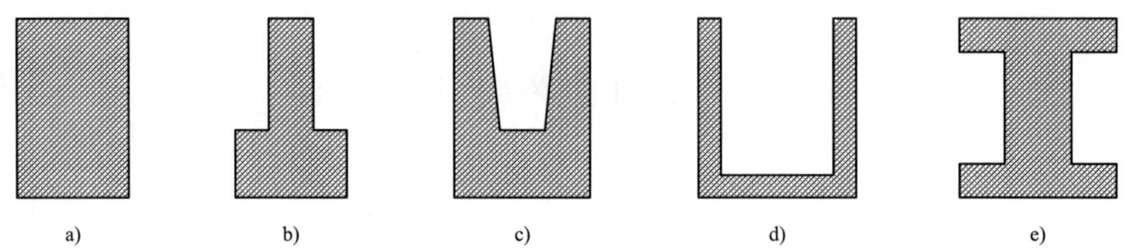

图 2.3 拱肋截面形式

a)矩形拱肋;b)凸形拱肋;c)槽形拱肋;d)槽形拱肋;e)工字形拱肋

拱肋通常可以利用支架现浇混凝土或采用预制安装的方法施工。预制的拱肋,如果长度太大,不便于预制、运输和吊装,则常常分成几段。分段数目和长度应根据桥梁路径大小、运输设备和吊装能力等条件来考虑。由于拱顶往往是受力最不利的截面,因此拱肋分段时接头不宜布置在拱顶,而接头宜设置在拱肋自重作用下弯矩最小的地方,一般在跨径的 0.29 ~ 0.32 倍附近,这样,拱肋一般均可分为三段(图 2.4)。当前,随着我国吊装设备的发展,起吊重量逐步增大,施工技术不断提高,当跨径在 30m 以内时,可以单根拱肋整体预制吊装;而跨径在 80m 以内,均可分为三段预制安装。只有当跨径超过 80m 时,可考虑分为 5 ~ 7 段。同时,为了保证拱肋在吊运安装过程中的稳定性,拱肋的每段长度一般也不宜超过拱肋宽度的 50 倍。

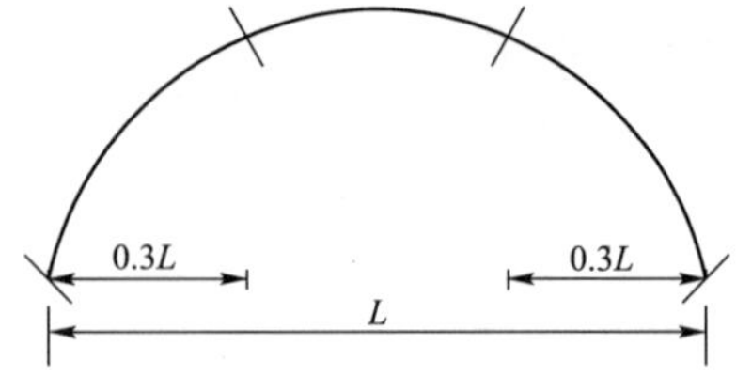

图 2.4 拱肋分段的接头位置

预制拱肋的接头,应做到构造简单、结合牢固、操作方便。制作时,应特别注意尺寸准确。图 2.5 是现在常用的几种接头形式。

接头形式的选择,与拱肋的施工方法有密切关系。对于无支架施工的拱肋,常用电焊钢板接头、凸缘盘螺栓接头和环氧树脂水泥胶卡砌接头[图 2.5a)、b)、c)]。这些接头形式都可以保证接头在拱肋安装后能很快地受力,显然这对于无支架施工是十分有利的。在有支架施工时,可采用钢筋电焊现浇混凝土接头[图 2.5d)],这种接头的构造简单,接合牢固,基本上不增加用钢量。在工地上缺乏电源的时候,可以采用环状钢筋现浇混凝土接头或绑扎钢筋现浇混凝土接头[图 2.5e)、f)]。

拱波一般是用混凝土预制,常做成圆弧形。拱波不仅是参与主拱圈共同承受荷载的组成部分,而在浇筑拱板混凝土时,它又起模板的作用。

拱板在拱圈截面中占有最大比重,而且现浇混凝土拱板又与拱肋、拱波连成整体,使拱圈能够实现“集零为整”。因此,拱板在加强拱圈整体性方面起着重要的作用。

双曲拱桥试验表明,它与梁桥一样,当拱肋间无横向联系时,在集中荷载(车辆荷载)作用下,各片拱肋的变形在横桥方向是很不均匀的。有较强横向联系的拱圈,各肋间的变形就比较均匀一致，这说明设置和加强横向联系可以为拱圈在活载作用下受力均匀，避免拱波顶可能出现的纵向裂缝。显然，对于宽桥，横向联系的作用就更加突出。

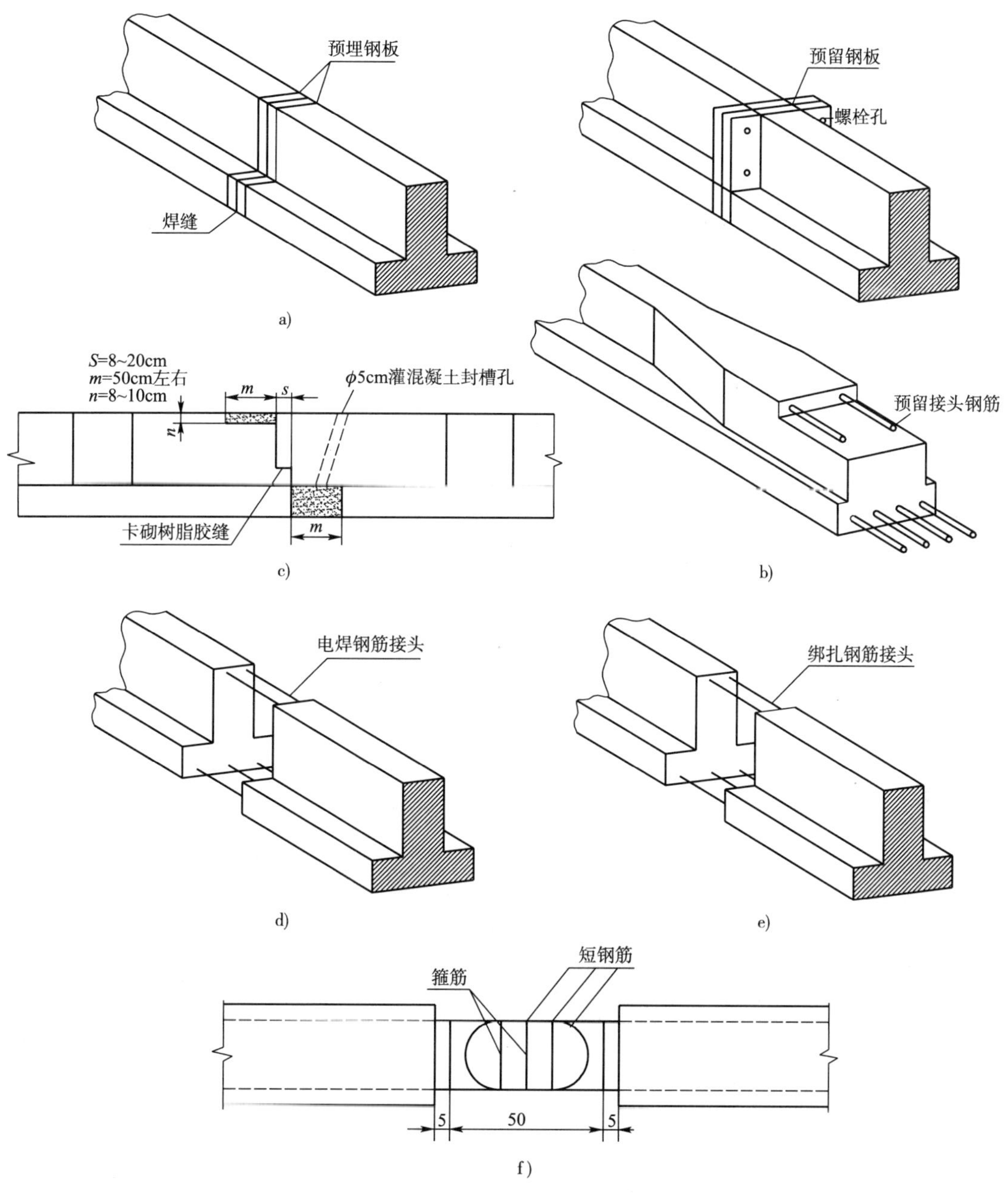

图2.5　拱肋接头形式（尺寸单位：cm）

a）钢板电焊接头；b）凸缘螺栓接头；c）环氧树脂水泥胶卡砌接头；d）钢筋电焊现浇混凝土接头；e）绑扎钢筋现浇混凝土接头；f）环状钢筋现浇混凝土接头（俯视图）

横向联系常用的形式是横系梁和横隔板，通常设置在拱顶、腹孔墩下面、分段吊装的拱肋接头处等，间距一般为3～5m。考虑到横向联系在拱顶附近作用更为明显，因此在拱顶部分（或整个拱顶实腹区段）可适当加密。对于跨径较小的宽桥，拱顶部分的横向联系更应特别加强。

2.2 双曲拱桥桥面系病害与成因分析

2.2.1 双曲拱桥桥面系常见病害类型

双曲拱桥桥面系常见病害类型见表2.1。

双曲拱桥桥面系主要病害类型　　表2.1

<table>
<tr><th colspan="2">部　件</th><th>病　害</th><th>定 性 描 述</th></tr>
<tr><td rowspan="11">桥面铺装</td><td rowspan="4">沥青混凝土</td><td>变形</td><td>波浪拥包、高低不平、车辙</td></tr>
<tr><td>泛油</td><td>—</td></tr>
<tr><td>破损</td><td>松散、露骨、坑槽</td></tr>
<tr><td>裂缝</td><td>龟裂、块裂、纵横裂缝</td></tr>
<tr><td rowspan="7">水泥混凝土</td><td>磨光、脱皮、露骨</td><td>—</td></tr>
<tr><td>错台</td><td>接缝两侧出现高差现象</td></tr>
<tr><td>坑洞</td><td>—</td></tr>
<tr><td>剥落</td><td>接缝处边角剥落、层状剥落</td></tr>
<tr><td>拱起</td><td>接缝两侧出现抬高</td></tr>
<tr><td>接缝料损坏</td><td>接缝填料老化、漏水、剥落、脱空或被杂物填塞</td></tr>
<tr><td>裂缝</td><td>横向裂缝；纵向裂缝；板角断裂，严重时伴有错台；破碎板，严重时板块伴有松动、沉陷、唧泥等现象</td></tr>
<tr><td colspan="2" rowspan="4">伸缩缝装置</td><td>凹凸不平</td><td>—</td></tr>
<tr><td>锚固区缺陷</td><td>锚固构件松动；锚固螺栓松脱；混凝土损坏、破损，出现裂缝、剥落</td></tr>
<tr><td>破损</td><td>排水管发生破损、堵塞、失效；防水材料老化、脱落；锚固构件松动、缺失，或焊缝开裂、开焊造成钢板破损、失效、剪断现象；橡胶条损坏、老化、剥离</td></tr>
<tr><td>失效</td><td>伸缩缝上层槽口堵塞、卡死，造成伸缩缝伸缩异常、损坏、失效，车辆行驶时出现冲击和噪声</td></tr>
<tr><td colspan="2" rowspan="2">人行道</td><td>破损</td><td>坑槽、孔洞、裂缝、剥落、松动</td></tr>
<tr><td>缺失</td><td>—</td></tr>
<tr><td colspan="2" rowspan="2">栏杆、护栏</td><td>撞坏、缺失</td><td>—</td></tr>
<tr><td>破损</td><td>蜂窝、麻面、剥落、锈蚀、裂缝、变形错位</td></tr>
<tr><td colspan="2" rowspan="2">排水系统</td><td>排水不畅</td><td>桥下出现渗水现象；桥台支承面、翼墙面等平面是否受到污水污染，支座锈蚀；或桥台后填料排水不畅，造成路堤明显沉降</td></tr>
<tr><td>泄水管、引水槽缺陷</td><td>排水孔、泄水管、引水槽是否出现堵塞；排水设施是否出现构件破损、缺失、管壁脱落、漏留泄水管</td></tr>
<tr><td colspan="2" rowspan="3">照明、标志</td><td>污损、损坏</td><td>设施松动、锈蚀、损坏；出现污损标志不清现象，危及行车安全</td></tr>
<tr><td>照明设施缺失</td><td>—</td></tr>
<tr><td>标志脱落、缺失</td><td>标志脱落、缺失；需要标志的位置没有相应标志</td></tr>
</table>

2.2.2 双曲拱桥桥面系主要病害成因分析

2.2.2.1 桥面铺装主要病害成因分析

(1)沥青混凝土铺装

沥青混凝土铺装的主要病害有:变形、泛油、破损、裂缝。造成这些病害的原因总结起来有以下几点:

①桥面铺装层材料。桥梁结构与柔性铺装层之间的黏结对桥面铺装层起着至关重要的作用,这一层次称为黏结层,应该能起到承上启下的过渡功能,同时还可兼作防水层。研究表明,许多损坏是由黏结层诱发的,其原因在于该层位于刚性桥板与柔性沥青铺装层之间的薄弱面上,剪切力往往很大,产生"剪切滑动效应"。而习惯上常用普通沥青或乳化沥青作为黏结层,用油量控制不好容易偏高,其软化点一般都偏低,高温极易软化而变成润滑层,导致推挤、拥包、波浪和车辙的产生(图2.6、图2.7)。由滑移还可导致桥面撕裂、脱皮等损坏。当黏结不良时,在行车作用下,面层就会明显地回弹,将很快在轮迹带上形成龟裂(图2.8),并具有小于200mm的板块状特征,且裂纹通常发展成为叠层,形成浅坑,最后会导致面层剥落。

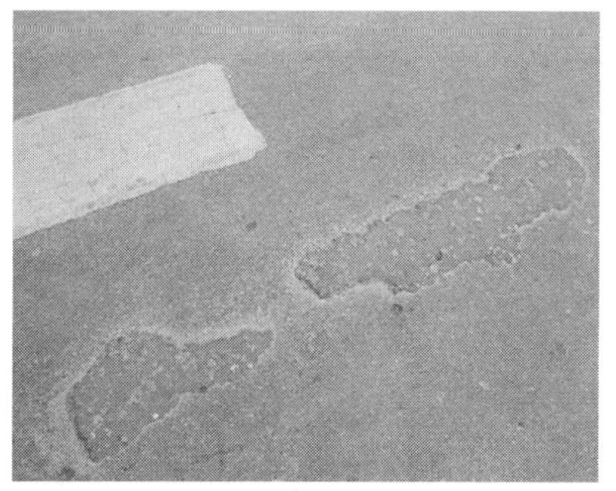

图2.6 拥包

图2.7 车辙

a)

b)

图2.8 龟裂

另外配制的沥青混合料质量较差,如拌和时间过长、拌和温度过高或在储料仓内储存时间过长,混合料中的沥青变硬,当温度下降产生拉应变时,则容易出现块状裂缝(图2.9)。

②温度。桥面结构因形同"空中楼阁"而完全暴露于空气,直接受气候条件的影响。因而,同路面中的材料相比,铺装层材料夏季温度更高、冬季温度更低,即产生了夏季的"煎烤效应"与冬季的"冰柜效应",相同的气候条件对桥面铺装材料的影响更大,所以,在路面中

使用性能良好的材料，用在桥面铺装层中有时就会产生温度损坏。温度应力可以引起纵向裂缝（图2.10）、横向裂缝（图2.11），加上收缩应力可以导致纵向裂缝与横向裂缝同时出现，他们的周期性变化则可以形成块状裂缝。

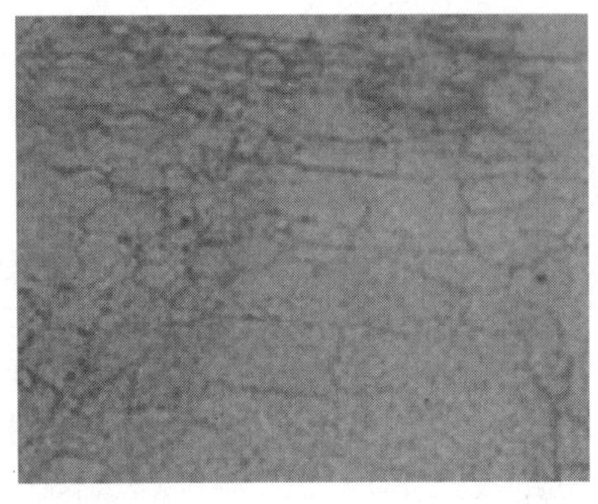

图2.9　块裂

图2.10　纵向裂缝

a)

b)

图2.11　横向裂缝

③水。水是桥面铺装层损坏的主要诱因之一。由于沥青的黏附性差、桥面铺装层的空隙率过大或铺装层开裂，导致水分渗入而产生损坏，如松散、坑槽（图2.12）、裂缝底面（图2.13）等，使铺装层失去强度和防水能力。如果桥梁及铺装层排水系统设计不当，渗入的水分无法及时排走，即生成“浴缸效应”，加剧了铺装层的损坏，如果防水层被破坏，渗水将直接腐蚀桥体，从而危及桥梁的安全。

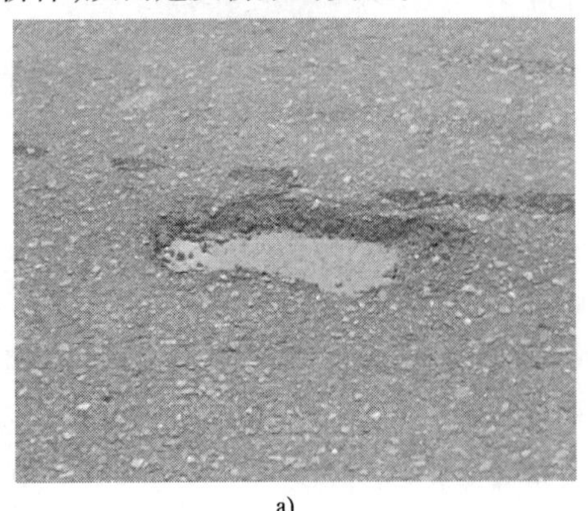

a)

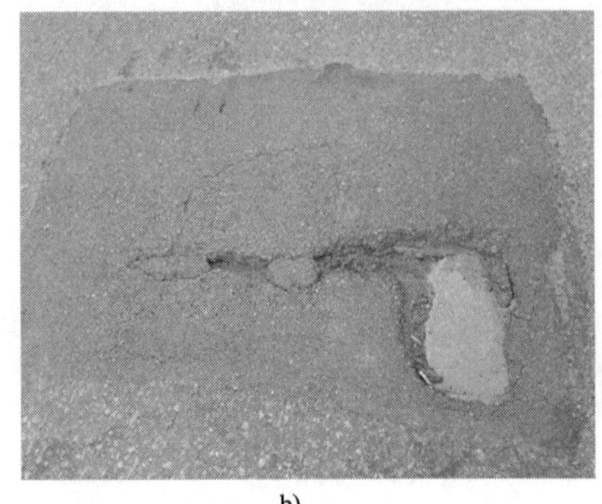

b)

图2.12　坑槽

④荷载。行车带上不规则的纵向短裂纹，通常是由于交通荷载引发的桥面铺装层初期疲劳，在行车的进一步作用下，裂纹会互相连接成龟裂。荷载扩散不足或二次压实则会造成车辙。目前，车辆严重超载，致使拉应力超过其疲劳强度而断裂，往往会形成荷载型横向裂缝。力学分析和实际情况都证明超载是造成桥面铺装层损坏的“杀手”，因此，应严格限制大型超载车上桥。

a)

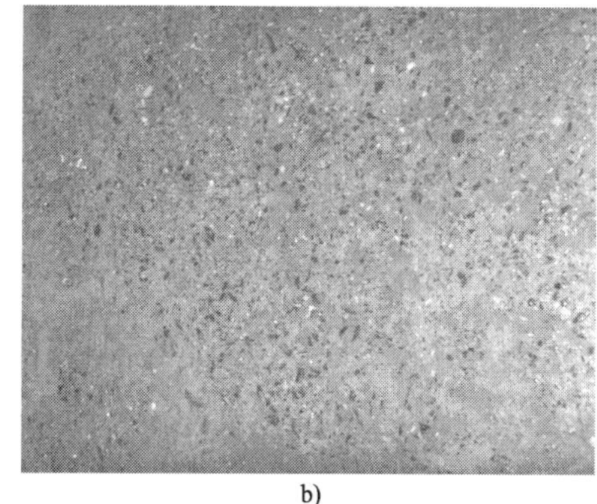
b)

图 2.13　麻面

(2)水泥混凝土铺装

水泥混凝土铺装的主要病害有：磨光、脱皮、露骨(图 2.14)、错台、坑洞(图 2.15)、剥落(图 2.16)、拱起、接缝料损坏及裂缝等。

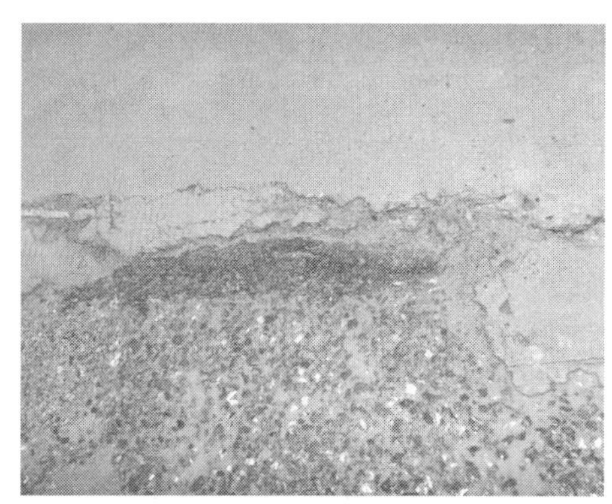
图 2.14　露骨

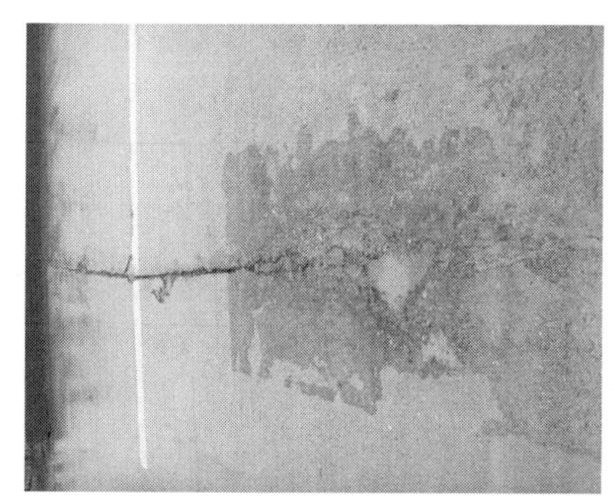
图 2.15　坑洞

水泥品质不稳定，耐磨性差，质量不合格；水泥混凝土的水灰比控制不好；混凝土拌和物和易性差，坍落度太低；混凝土拌和不均匀或运输过程中形成离析；混凝土施工时表面砂浆有泌水提浆现象；振动能量不足、振捣棒放置深度不够、停机等料时间太长、模板漏浆等会导致磨光、脱皮、露骨、剥落、强度不足等缺陷。

受温度的影响，混凝土桥面铺装层要伸缩，反复作用使得板与桥面水平抗剪能力下降。同时，铺装层内温度的非线性分布，引起铺装层向下或向上

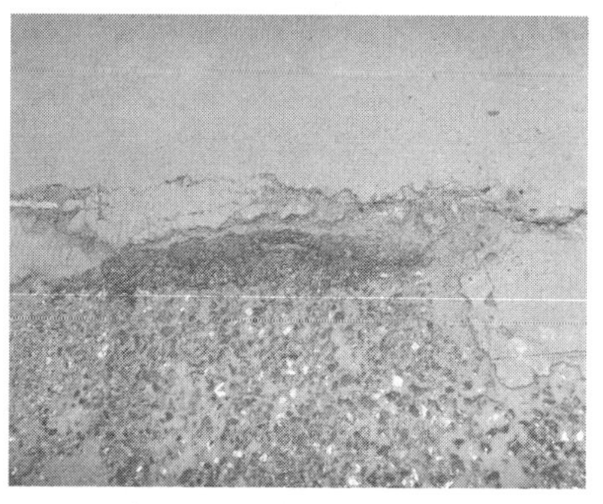
图 2.16　剥落

的翘曲,加速了铺装层与桥面之间的分离,再加之车轮荷载的重复作用使得铺装层与桥面发生了微小的塑性变形,于是产生了微小的空隙,即原始脱空区。在自然环境下,由于纵缝、横缝的存在,大气降水会沿缝隙下渗,并积滞在上述脱空区内。在重载车辆的作用下,车轮驶过铺装层回弹时形成真空,这种负压进一步将水泵入已经形成的原始空隙中,随着混凝土板下水的累积,基础材料趋向于自由水饱和状态,开始表现为少量的冒水现象;在重型车频繁的作用下,板后方的边缘或角隅先向下弯沉,将脱空区内积滞的水挤向前方,而后车轮行驶到板前方时,又将水挤向后方。移动荷载引起的动水压力,使得某些未经处治的细粒料和连接较弱的胶结料受到冲刷,并随着被挤出的水而被带出,这些悬浮的液体就形成了唧泥现象(图 2.17)。

a)

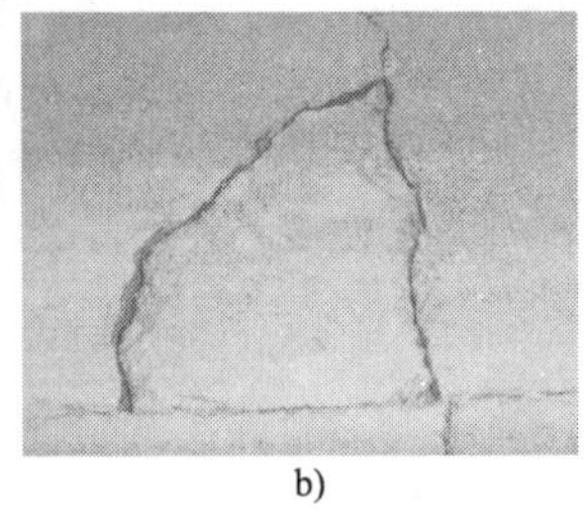
b)

c)

图 2.17 脱空、唧泥

水泥混凝土路面板下脱空的产生原因是十分复杂的,它的产生与唧泥、重载、超载车辆、冰冻作用的影响也有直接关系。

混凝土板面的表面网状裂缝,主要是由于混凝土混合料的早期过快失水干缩和碳化收缩引起的。横向或斜向裂缝,通常由于重载反复作用、温度或湿度梯度产生的翘曲应力或者干缩应力等因素单独或综合作用所引起,如图 2.18 所示。角隅断裂通常由于表面水侵入,板角填料承载力下降,接缝处出现唧泥,板底形成脱空,接缝传荷能力差,重载反复作用等综合作用所引起。有裂缝的板在填料浸水软化及重载反复作用进一步断裂,便形成破碎板,如图 2.19 ~ 图 2.21 所示。

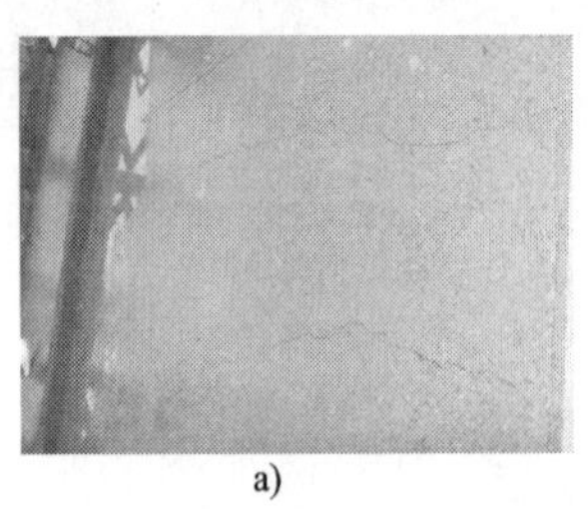
a)

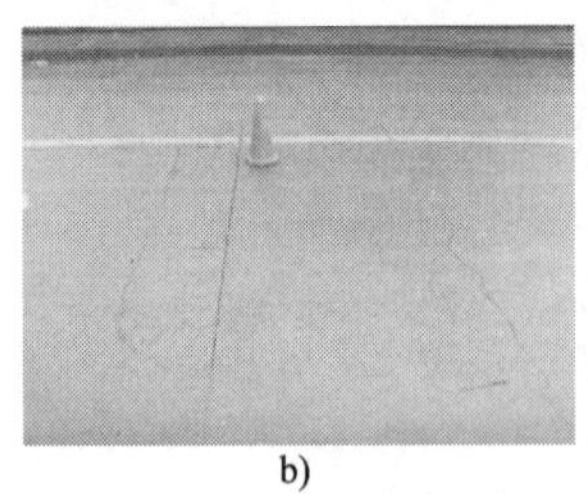
b)

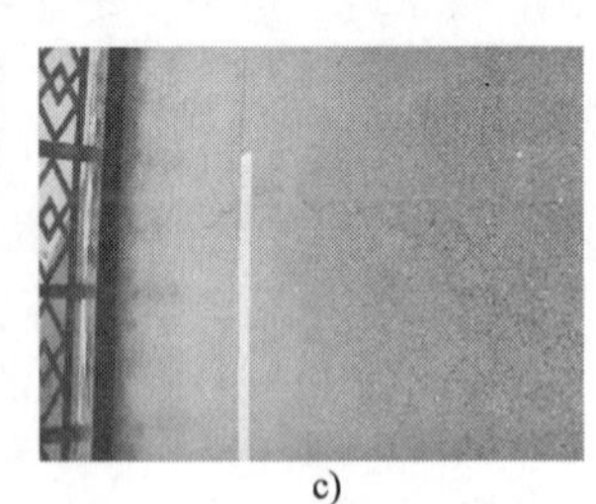
c)

图 2.18 横向裂缝

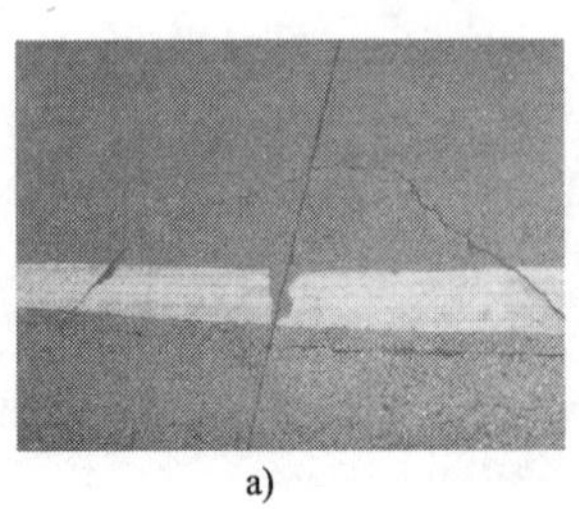
a)

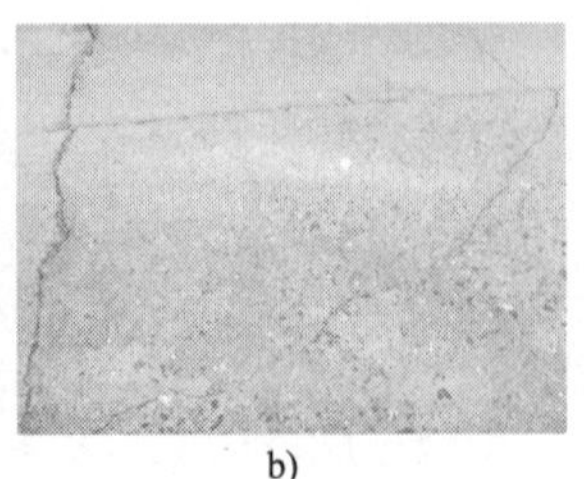
b)

c)

图 2.19 板角断裂

图 2.20　网裂

图 2.21　交叉裂缝

2.2.2.2　伸缩装置主要病害成因分析

桥梁伸缩缝是为满足桥面变形的要求，通常在两梁端之间，梁端与桥台之间或桥梁的铰接位置上设置伸缩缝。桥梁伸缩装置的主要作用是适应桥梁上构（包括桥面）在气温变化、车辆荷载等活载作用下，混凝土收缩和徐变等作用下的变形需要，并保证车辆通过桥面时平顺。一般设置在上部结构的相邻两孔之间或桥跨与桥面背墙之间的伸缩缝处。

伸缩装置的主要病害有：凹凸不平（接缝处高差）、锚固区缺陷、破损（图 2.22）、失效、接缝处铺装碎边、钢材料翘曲变形以及伸缩缝堵塞、止水带丢失、橡胶条破裂等。见图 2.23、图 2.24。

a)

b)

图 2.22　破损

目前，工程上使用的伸缩缝种类繁多，表现的缺陷与病害形式也各异。造成桥梁伸缩装置缺陷及病害的一般原因是伸缩装置形式选择错误；设计考虑不周及施工上不完善和桥梁养护管理不够。从有关资料中可以将伸缩装置出现的问题归结为如下几方面原因：

①交通量增大，重型车辆不断增多，随之车辆的冲击作用也明显变大，因此设计、施工上即使稍有缺陷也就成了破坏的原因。

②设计方面的原因。

有些桥梁结构，桥面板的刚度不足，当桥面板受到汽车荷载作用时，因翼板较薄，横向联系较弱，导致桥面板变形过大。

很多设计是将伸缩装置的锚固件置于桥面铺装层中的，与主梁（板）连接的部分很少，这些锚固方法在荷载作用下容易造成开焊、脱落，而且力的分布不容易传递，微小的变形可能演变成大的位移，最终导致混凝土黏结力的失效。

伸缩量计算不准确，没有考虑到伸缩装置安装时的实际温度对伸缩装置的影响等，在伸缩装置本身不具备或很难具备调整初始位移量，以适用安装温度对位移的要求时，选型不当是造成伸缩装置破坏的重要原因。

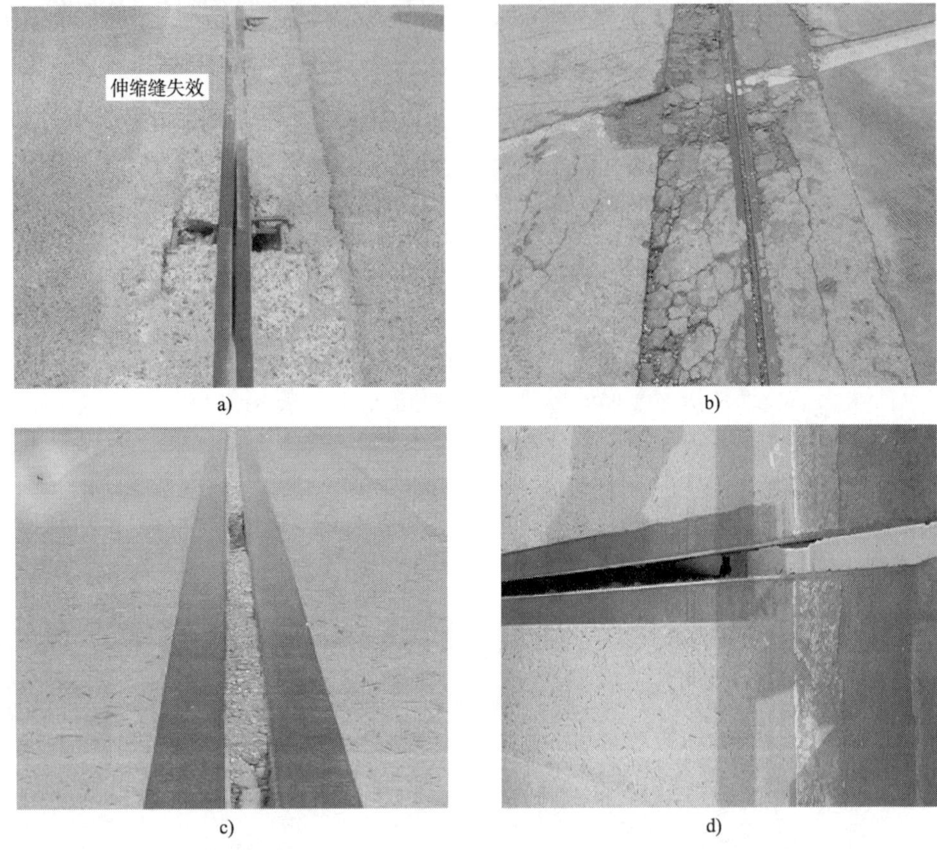

a) b) c) d)

图2.23　伸缩缝堵塞、止水带丢失

a) b)

图2.24　伸缩缝堵塞、橡胶条破裂

设计上未对伸缩装置两侧的后浇混凝土和铺装层材料选择、配合比、密实度和强度提出严格要求和规定。

对于大跨径桥梁、斜桥、弯桥等设计时，没有形成与一般的梁(板)结构相符合的构造形式和锚固方法。

使用黏结材料、橡胶材料等新型伸缩装置，错误地选定构造和材料且防水、排水设施不完善，由于漏水、溢水，锚固件受到腐蚀，梁端和支座侵蚀严重，多成为破坏的原因。

③施工方面原因。

对桥梁伸缩装置施工工艺要求重视程度不够，未能严格掌握施工工艺技术标准和安装工序进行施工。

锚固件焊接质量不能保证，只注意表面，忽视内部质量标准要求。

后浇混凝土（或其他填充料）浇筑不密实，达不到设计的强度要求，时常出现蜂窝、空洞等，难以承受车辆荷载的强烈冲击。

由于赶工期，草率从事，放松了伸缩装置的施工质量，甚至不按设计图纸要求施工，是现阶段造成伸缩装置破坏的重要原因之一。

伸缩装置两侧混凝土和沥青混凝土铺装层结合不好，碾压不密实，形成两张皮，容易产生开裂、脱落，最终引起伸缩装置的破坏，缺乏统一的质量验收标准。

④管理维护原因。

长时间堆放在伸缩装置上的砂土、杂物未能及时清扫，使原设计的伸缩量不能保证。

由于桥梁逐渐老化，维修又不充分，因此破坏不断扩展。

桥梁超载情况不能得到有效控制，特别是夜间缺乏管理，车辆不按规定行驶，超载车辆自行上桥，对桥梁伸缩装置的有效使用和耐久性也常带来严重威胁。

2.2.2.3 栏杆与人行道主要病害成因分析

(1)栏杆和护栏的主要病害有：破损、撞坏和缺失。破损是指构件出现蜂窝、麻面、剥落、锈蚀、裂缝、变形错位等现象，见图2.25～图2.29。

a)

b)

图2.25 露筋锈蚀

a)

b)

图2.26 变形错位

栏杆损坏的原因绝大多数是由交通事故造成的，也有因为桥梁净宽窄，车辆交会不顺或与之连接的道路线形较差，运载过长货物的车辆在桥上行驶不慎造成的；还有的是因为桥梁没有设置伸缩缝，栏杆不能自由伸缩所导致的；少数是人为碰损或盗窃所致；混凝土保护层偏薄；栏杆刚度偏小，在人为作用下容易松动破坏。桥梁栏杆损坏，如不及时修整，不但影响美观，更重要的是使行人和车辆缺乏安全感。

a)

b)

图 2.27 残缺丢失

图 2.28 蜂窝、麻面

图 2.29 撞坏

(2)人行道主要病害有：破损、缺失、塌陷、裂缝，剥落、坑槽、开裂、松弛等见图 2.30 ~ 图 2.33。

a)

b)

图 2.30 人行道板裂缝

人行道病害的主要原因有：

①预制块混凝土人行道板受雨水冲刷，嵌缝料流失造成板块的松动以及由基层土质流失造成的沉陷、坑槽、板块出现高低差及井框高差等。

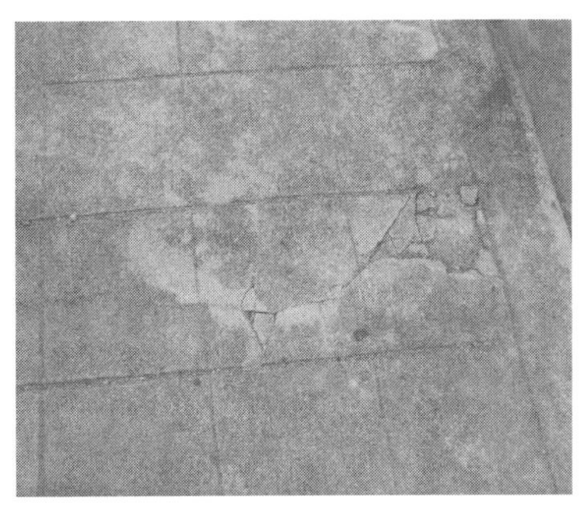

图 2.31　剥落

②整体铺装的人行道板受雨水冲刷造成基层土质流失，在水的不断侵蚀下，面层产生裂缝，裂缝扩大后造成坑槽、沉陷。

③施工期间因基层没有夯实，密实度达不到要求，造成路面沉降，形成沉陷、裂缝和高低差。

④各类井框周围，因施工覆土没有达到标准密实度，发生局部沉降形成井框高差。

⑤整体铺装，人行道板因抹面等工序没有处理好而造成裂缝、脱皮等现象。

⑥在人行道上停放重车、堆积重物而形成人行道坑槽和裂缝。

⑦主拱本身变形以及人为撞击导致破损。

a)

b)

图 2.32　坑槽

2.2.2.4　排水系统主要病害成因分析

桥面防排水系统主要病害有：排水不畅、泄水管和引水槽缺陷、桥面积水、防水层渗水、漏水。

排水不畅，指桥下出现漏水现象，桥台支承面、翼墙面、前墙面等平面受到污水污染，支座锈蚀，桥台后填料排水不畅造成路堤沉降；泄水管、引水槽缺陷指泄水管、引水槽、排水孔出现堵塞，或排水设施构件破损、缺件、管壁脱落、漏留泄水管；桥面积水指桥面雨水不能及时排走而形成积水；防水层渗水漏水指设置于桥面铺装内的水泥或沥青混凝土的防水结构层出现问题导致渗水漏水，见图 2.34、图 2.35。

图 2.33　开裂、松动

成因分析：桥面排水设施经常出现管道破坏、损伤、管体脱落、堵塞等各种缺陷。造成这

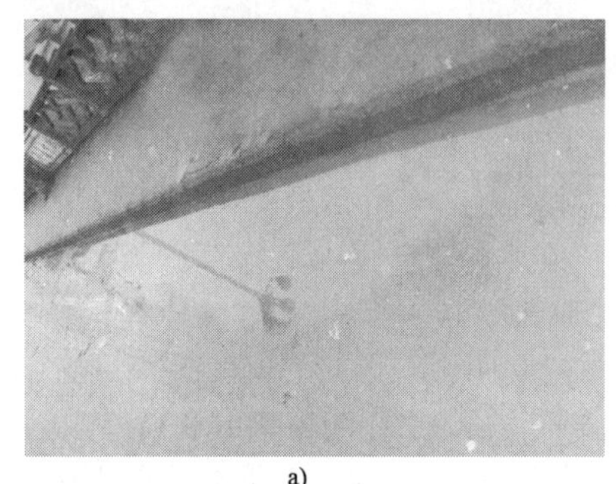
a)

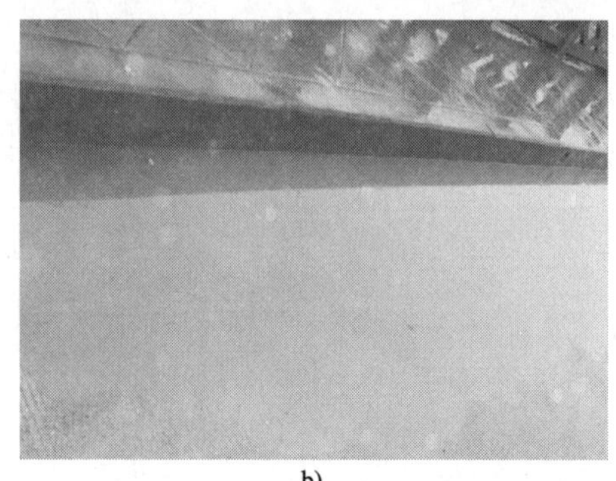
b)

图 2.34 桥面积水

图 2.35 泄水孔堵塞

些缺陷与病害的主要原因是设计、施工考虑的不周全以及日常养护疏忽造成的，桥面纵、横坡偏小也会导致桥面积水。伸缩装置失效是桥梁渗水的主要原因。

2.2.2.5 照明、标志主要病害成因分析

照明、标志主要病害有：设施污损或损坏、照明设施缺失、标志脱落、缺失。污损或损坏指设施松动、锈蚀、损坏或出现污损标志不清理现象。造成照明、标志病害的主要原因有：

(1)照明、标志因遭日晒雨淋或受烟熏造成字迹模糊，难以辨认。

(2)照明、标志因施工中不牢固，没有达到规定要求而造成倾斜或倒落。

(3)照明、标志在使用中因悬挂重物或受车辆碰撞造成损坏及倾倒。

2.3 双曲拱桥拱上建筑病害与成因分析

2.3.1 双曲拱桥拱上建筑常见病害类型

双曲拱桥拱上建筑常见病害类型，见表 2.2。

双曲拱桥拱上建筑常见病害类型　　表 2.2

部件	病　害	定性描述
拱上结构	实腹拱的侧墙与主拱圈间脱裂	断裂、脱开，脱裂连续，甚至造成桥面板严重塌陷，结构或桥面变形过大
	侧墙变形	鼓肚、倾斜、外移，严重时导致桥面出现塌陷或沉降，变形大于限值或不能正常行车
	拱上填料沉陷或开裂	桥面出现塌陷或沉降，变形大于限值或不能正常行车
	空腹拱的腹拱、横向联系变形、错位	纵向、横向贯通性裂缝，严重时导致桥面出现塌陷或沉降，变形大于限值或不能正常行车，造成安全隐患

续上表

部件	病　害	定 性 描 述
拱上结构	横墙或立柱倾斜	立柱混凝土剥落,钢筋锈蚀严重,上下端出现裂缝,横墙中央竖向裂缝
	表面缺陷	空洞、孔洞、剥落、掉角现象;混凝土碳化、表面胶凝料松散、粉化;构件腐蚀、冻融、钢筋大量锈蚀;混凝土胀裂
	拱上结构裂缝	拱上立柱(横墙)上下端水平裂缝;盖梁和横系梁裂缝;腹拱拱顶、拱脚径向裂缝;梁板跨中竖向裂缝
	拱上填料排水不畅	填土聚积水分,侧墙出现渗水,导致侧墙出现鼓肚、松动

2.3.2 双曲拱桥拱上建筑主要病害成因分析

2.3.2.1 腹拱主要病害成因分析

在对危旧双曲拱桥的调查中,发现几乎所有空腹式双曲拱桥的腹拱都有不同程度的损坏。腹拱病害的类型,主要有腹拱圈裂缝、立柱或横墙的规律性裂缝以及盖梁和底梁的裂缝等。

(1)腹拱圈裂缝

腹拱圈裂缝病害,主要有腹拱横向裂缝和环向裂缝,且横向裂缝较为严重,对结构的影响也较大。

①横向裂缝。

腹拱圈横向裂缝多发生在靠拱顶部位的第一、二个腹拱的拱顶,这种裂缝与主拱圈刚度有关。对于一端支承在墩台上,另一端支承在主拱圈上的边腹拱,由于桥台自身的位移以及在活载作用下主拱圈变形与桥台变形的不一致容易导致边腹拱的开裂;对于均设置于主拱圈上的腹拱,如果主拱圈刚度较小,在荷载作用下拱圈变形明显,也容易导致开裂(图2.36)。

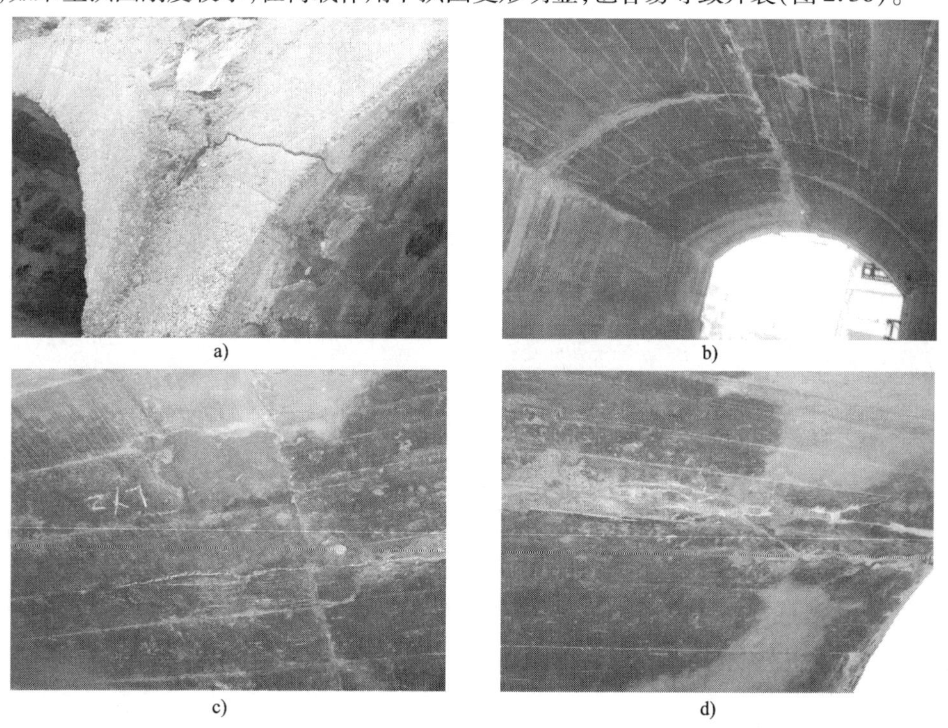

a)　b)　c)　d)

图2.36　腹拱圈横向裂缝

腹拱横向裂缝产生的原因:通常腹拱多为预制混凝土构件,多孔构成连拱,没有按主拱变形的需要设铰或只设了简易铰但却起不到铰的作用。在使用过程中,由于荷载、温度变化、主拱变形及收缩等作用,使腹拱内产生了较大的内力而引起开裂。对于未设铰的边腹拱开裂尤其严重,有些形成断裂后,出现错动而造成破坏。

②环向裂缝。

腹拱的环向裂缝,一般是因主拱圈横向不均匀变形或腹拱圈预制分块太多以及其整体性差而产生的,这种裂缝在靠近拱顶的腹拱出现的可能性较其他腹拱更大。

腹拱的环向裂缝,一般是因混凝土收缩、温度变化、分块砌筑砂浆强度低等引起的,主要是主拱圈横向不均匀变形,或腹拱墩台发生不均匀下沉和位移变形而引起腹拱的环向开裂,相当于圬工拱桥的纵向开裂病害。腹拱圈环向裂缝的另一个原因是腹拱圈预制分块太多以及勾缝水泥强度等级过低,致使其整体性差,在荷载反复作用下产生的(图2.37)。

a) b) c) d)

图2.37 腹拱圈环(横)向裂缝

(2)主柱或横墙的规律性裂缝

有些双曲拱桥的横墙或立柱,其上、下端会出现有规律的裂缝。一般短横墙和立柱的裂缝较宽,高横墙和立柱的裂缝较窄,甚至不开裂。这种裂缝的产生是由于在活载、温度变化、混凝土收缩和徐变作用下,主拱圈产生下挠,致使横墙或立柱两端拉裂。短横墙或立柱的抗推刚度大,加之主拱圈下挠又多,因而两端裂缝较高横墙和立柱的大些。当各排横墙和立柱的抗推刚度不协调、相差较大时，就会加重这种裂缝的发展，对于横向整体性不是很好的双曲拱桥，主拱圈各拱肋的变形可能不同，这样就使得横墙会产生不均匀沉降，以致出现竖向裂缝（图 2.38、图 2.39）。

表面病害有混凝土剥落、钢筋生锈等。

（3）盖梁和底梁裂缝

为了减轻结构的自重，双曲拱桥的腹拱墩常采用立柱的形式，这样立柱就可以进行预制，达到加快工程建设速度的目的。但是，在对双曲拱桥的调查中，发现很多立柱的盖梁和底梁都出现裂缝（图 2.40）。究其原因，主要是结构的横向联系不够，当主拱圈横向发生不均匀变形时，就会引起各立柱的不均匀沉降，进而导致盖梁裂缝的产生；也有可能是由于盖梁内配筋较少，在跨中正弯矩区及支点负弯矩区因产生的内力超过承载能力而开裂，而立柱下底梁的受力状态实为在竖向集中力作用下的弹性地基连续梁，当底梁上缘未配筋或配筋太少时，就会产生裂缝。

图 2.38　横墙的规律性裂缝

a)　b)

c)　d)

e)　f)

图 2.39　横墙与立柱病害

(4)某大桥腹拱圈及立柱、横墙主要病害

某大桥腹拱圈及立柱、横墙主要病害示意见图2.41。

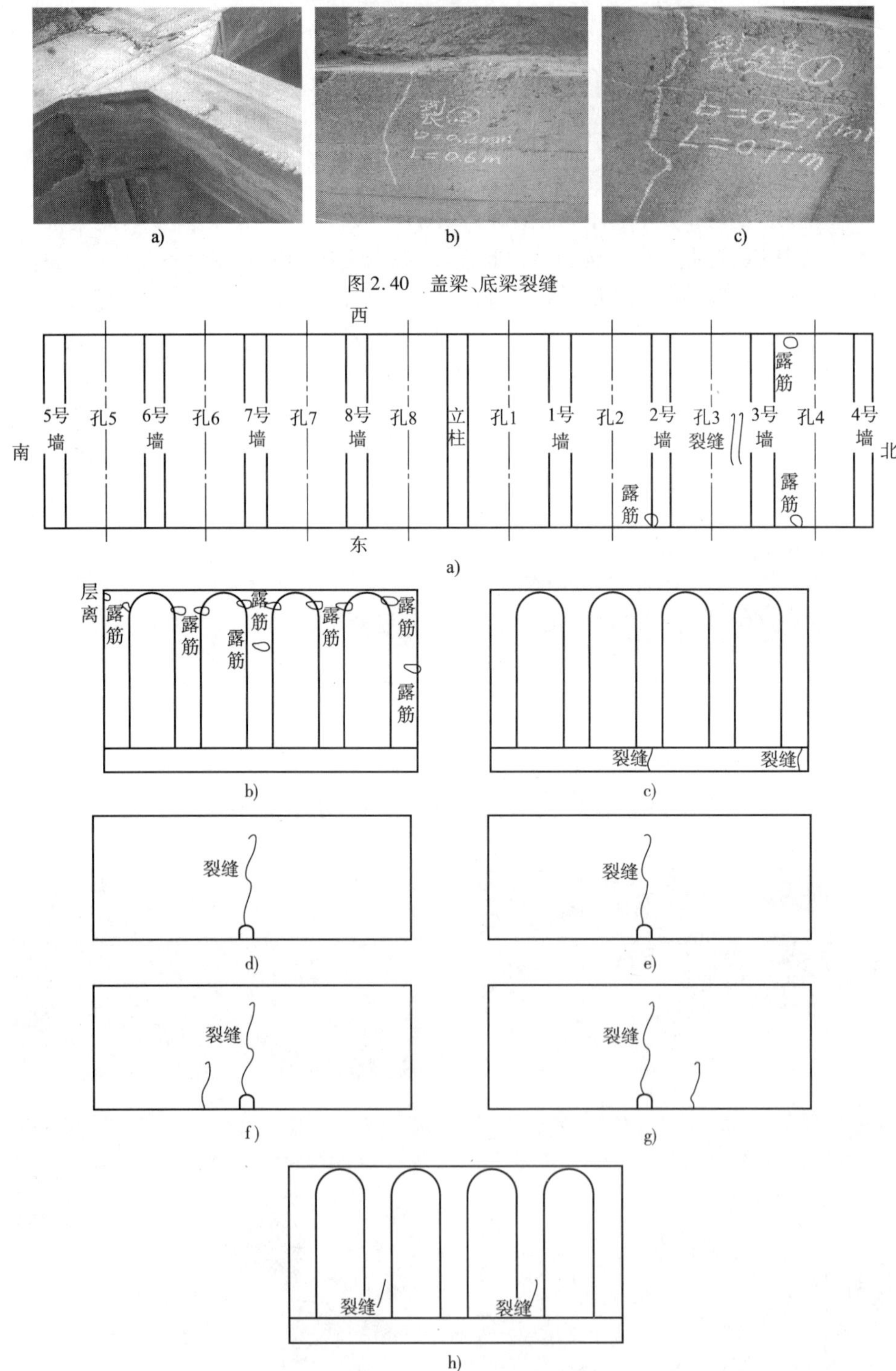

图2.40　盖梁、底梁裂缝

图2.41　某墩上腹孔、立柱、横墙病害示意图

a)1号墩上腹孔仰视图;b)1号墙南侧面图;c)1号墙北侧面图;d)3号墙南;

e)3号墙北;f)6号墙南;g)6号墙北;h)8号墙北侧面图

2.3.2.2 侧墙主要病害与成因分析

侧墙的病害主要有侧墙鼓胀外倾和竖向开裂等。

(1)拱上建筑侧墙鼓胀外倾

双曲拱桥产生侧墙鼓胀外倾病害,一般是由于排水不畅,拱上填料在内部积水的情况下膨胀、挤压侧墙外移。当拱上建筑采用圬工结构时,由于砌筑质量差,导致块材间出现砌筑砂浆裂缝,结果引起侧墙抗推稳定性不够,侧墙在填料土压力作用下也会形成外鼓(图2.42)。

a)

b)

图2.42 侧墙外鼓图

(2)竖向裂缝

侧墙的竖向裂缝,一般是由于侧墙膨胀外倾产生的拉应力过大造成的,或是由于腹拱圈开裂,造成腹拱墩顶侧墙开裂(图2.43)。

a)

b)

图2.43 侧墙竖向裂缝

(3)侧墙与主拱圈的结合面开裂

拱上建筑侧墙与主拱圈连接部位脱离,形成在拱圈的跨中区段拱背与拱上建筑之间较大宽度裂缝(图2.44)。这种病害多出现在拱上建筑采用砖和石砌体,而拱肋为混凝土结构的情况中,可能是墩台较大的水平位移和沉降引起,并且拱上建筑侧墙与主拱圈之间未留变形缝或连接部位施工质量差而造成的。

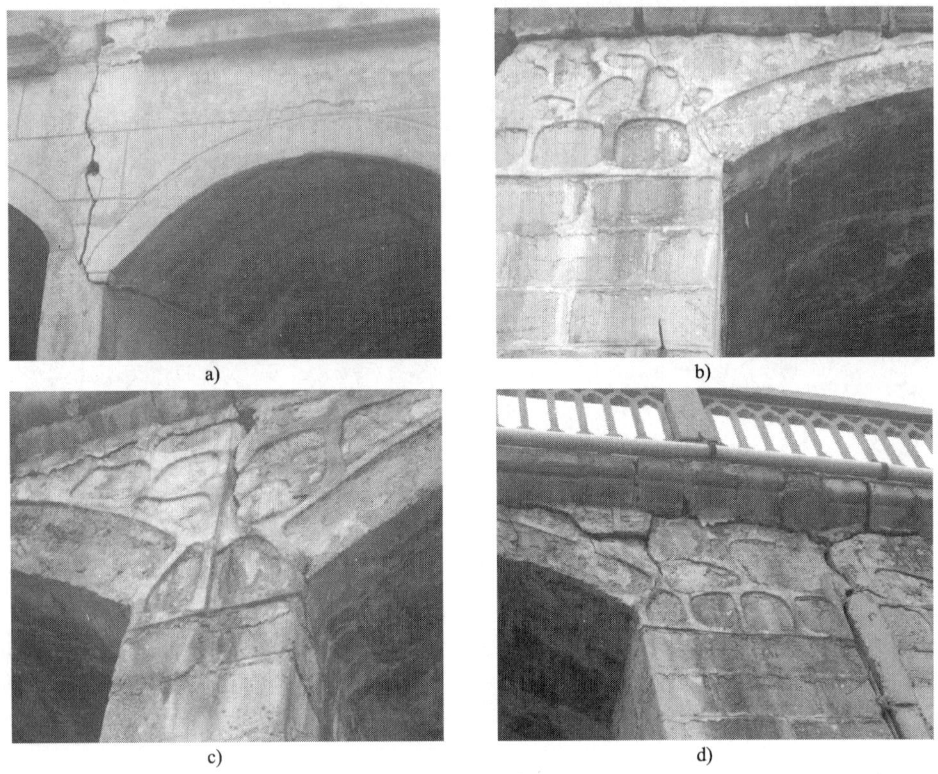

图 2.44　侧墙与主拱圈的结合面开裂

2.4　双曲拱桥主拱圈病害与成因分析

2.4.1　双曲拱桥主拱圈常见病害类型

双曲拱桥主拱圈常见病害类型见表 2.3。

双曲拱桥主拱圈常见病害类型　　表 2.3

部件	病　害	定性描述
主拱圈	主拱圈、横向联系变形	主拱圈：边拱肋横移或外倾；拱顶下挠，变形过大，桥面呈波形；拱圈开裂；受压构件横向扭曲变形；拱肋横桥向变形不均匀，甚至严重变形 横向联系：松动、开裂或扭曲变形，甚至断裂；永久变形，损坏；拱波出现纵向裂缝，甚至贯通
	渗水	出现渗水现象，严重的渗水处伴有晶体析出、钢筋锈蚀或流膏处混凝土松散
	裂缝	横向裂缝；拱波和拱肋接合部位的纵向裂缝；跨中截面肋波接合面的环向裂缝；拱波纵向裂缝；横向联系构件裂缝；控制截面结构性裂缝
	拱脚位移	水平、竖向位移或转角；不稳定，出现严重错台、位移或转脚
	蜂窝、麻面	—
	剥落、掉角	—
	空洞、孔洞	—

2.4.2 双曲拱桥主拱圈主要病害成因分析

双曲拱桥主拱圈的主要病害有:环向缝、径向缝(图 2.45)、波顶纵缝、横向联系病害、表观缺陷与病害。

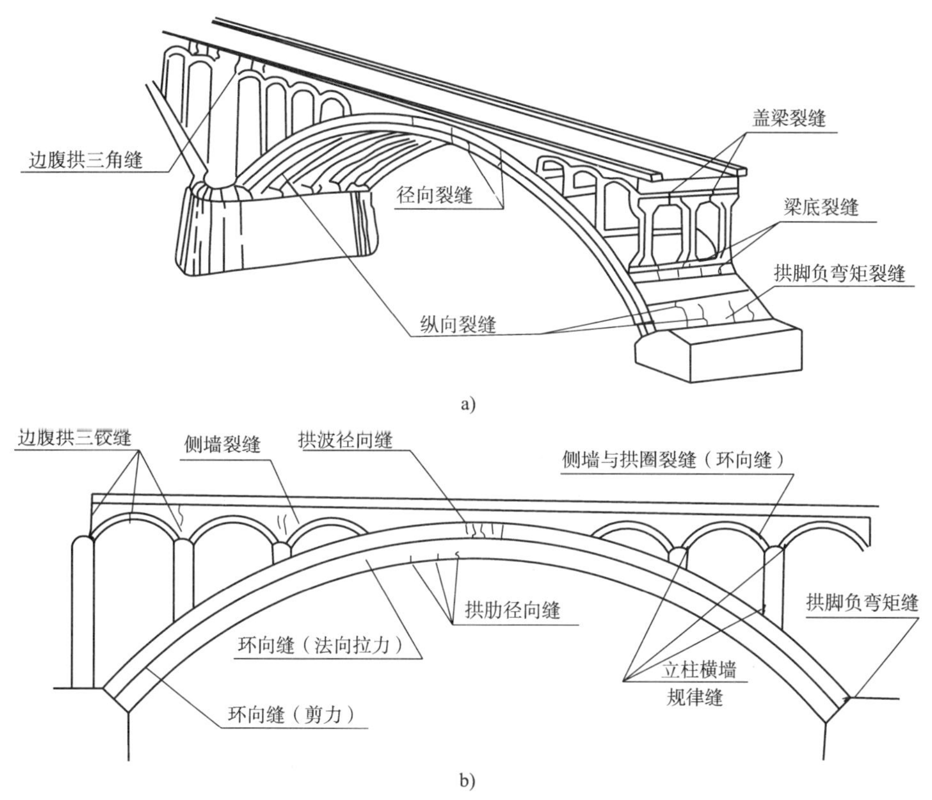

图 2.45 双曲拱桥的裂缝类型

2.4.2.1 环向缝(拱波与拱肋间的裂缝)成因分析

环向缝是产生在拱肋、拱波结合面上,平行于拱肋轴线的裂缝。环向缝又可分为法向拉力环向缝和剪力环向缝两种。

(1)法向拉力环向缝

法向拉力环向缝出现在在主拱圈的拱顶附近正弯矩较大的区段。这时,主拱圈截面下缘出现拉应力,而拱肋与拱波的结合面位于主拱圈截面受拉区时,结合面上产生拉应力,拉应力大于结合面的极限拉应力时,即出现法向拉应力环向缝,见图2.46。

图 2.46 拱背环向裂缝

(2)剪力环向缝

剪力环向缝出现在主拱圈拱脚附近剪力较大的区段,当拱肋和拱波之间的剪应力大于结合面的极限剪应力时,就会出现剪力环向缝。

环向缝产生的原因,主要是没有采取足够的保证主拱圈整体性的有效措施。有时设计中虽采取了保证组合截面在荷载作用下的整体性措施，但没考虑桥台水平位移或不均匀沉陷的影响，仍会出现环向缝。环向缝产生严重的双曲拱桥，往往是由于桥台发生过大的水平位移，导致拱顶正弯矩及拱脚剪应力大大增加，使拱顶结合面法向拉应力、拱脚结合面剪应力超过极限值而出现裂缝。

2.4.2.2 径向缝成因分析

径向缝是垂直于拱轴线方向的裂缝，主要有拱肋径向缝和拱背径向缝。

(1)拱肋径向缝

拱肋径向缝产生在拱顶附近正弯矩较大的区段，主拱圈混凝土拱肋在跨中区段出现的垂直于拱轴线方向的裂缝，一般是拱肋截面下边缘向上延伸发展。该类型裂缝产生的原因有以下几点。

①拱肋截面设计尺寸偏小，截面受力钢筋配筋率偏低，在自重和车辆荷载作用下，主拱圈在跨中区段正弯矩较大，导致拱肋在跨中区段产生混凝土开裂。一般拱肋系钢筋混凝土结构，即使在强度满足要求时，也可能出现一些裂缝。当不存在环向缝，拱肋径向缝的宽度在0.2mm以下时是容许的。

②拱脚(桥台)可能发生了过大的水平位移，使主拱圈跨中区段截面正弯矩大大增加，拱肋的拉应力超过极限拉应力所致。

③可能各拱肋受力不均匀，单肋受力过大。

④个别情况下，可能是在拱桥施工中由于安装拱肋措施不当而产生的。

⑤桥上车辆荷载作用严重超过设计荷载标准。

⑥空腹式拱上建筑的双曲拱桥在拱顶区段采用实腹段，由于拱顶实腹段拱圈下面(拱腹)是暴露在大气中的，而拱背上有拱上填料覆盖，在大气骤变温差(主要是大气骤变降温温差)作用下，会加剧主拱圈拱顶截面下边缘开裂现象。

⑦采用较大的拱轴系数，拱顶区段较平坦，拱顶正弯矩大，出现拱肋径向缝的可能性就大些。当拱肋径向缝伴随环向缝同时出现时，将严重削弱主拱圈的截面强度，危害很大，同时过宽和过密集的拱肋径向缝也将削弱主拱圈截面。

(2)拱背径向缝

拱背径向缝多产生在拱脚附近负弯矩区段，拱肋安装不当也常会出现拱背径向缝。桥台水平位移较大或拱脚负弯矩过大时，常会出现拱背径向缝(图2.47)。拱背不设锚入台座钢筋的双曲拱桥，拱背径向缝往往出现在拱脚截面，即与台座的接触面上。这种裂缝的危害一般不大，但是它会引起主拱圈内力的重分布，减少拱脚弯矩；当拱脚截面上缘无钢筋通过时，不存在钢筋锈蚀的问题，但应防止过大的桥台位移，因为它将使拱脚截面拱肋混凝土压应力超过极限值而压坏。

拱背设有钢筋并锚入台座的双曲拱桥，应防止过宽和过密集的拱背径向缝的出现，一般裂缝宽度在0.2mm以下时是容许的。

2.4.2.3 拱轴线变形与裂缝产生原因

(1)实测线形是以拱波下缘为观测点(个别点由于拱波缺口产生一定的误差)，发现拱轴线形有一定的变形，实腹段平缓，拱顶略有下沉。

(2)拱轴线部分变形可能在施工中制模已经产生，个别点有点突变，但不是后期变形产生。

(3)由于该桥设计荷载偏低,近几年在重车频繁的重压下,该结构产生变形过大,导致裂缝产生。因此刚度下降,加剧裂缝和变形加大。

(4)墩台、基础有一定变位,导致压力线有变位,压力线上移导致拱顶正弯矩加大,拱脚负弯矩变小,因此拱顶裂缝加大,而拱脚几乎没有。

(5)温差影响,特别是实腹段,温差影响较大,导致升温与降温附加内力加大(空腹段温差影响小)。

(6)拱顶裂缝发生时间不久,因为最大裂缝处钢筋未生锈,且开裂处没有痕迹和铁锈流出。

图2.48为拱肋径面裂缝示意图。

a) b)

图2.47 拱脚负弯矩裂缝

a) b)

c) d)

图 2.48

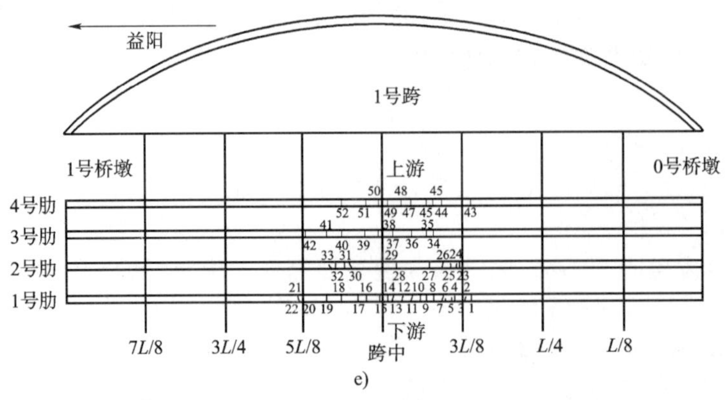

e)

图 2.48　拱肋径向裂缝

2.4.2.4　波顶纵缝(拱波沿桥跨径方向的裂缝)成因分析

波顶纵缝是出现在拱波顶部沿拱轴线方向的裂缝,较多地出现在拱顶附近(图 2.49),有时出现在拱脚附近并延伸,有时也会出现在主拱圈拱脚截面附近。

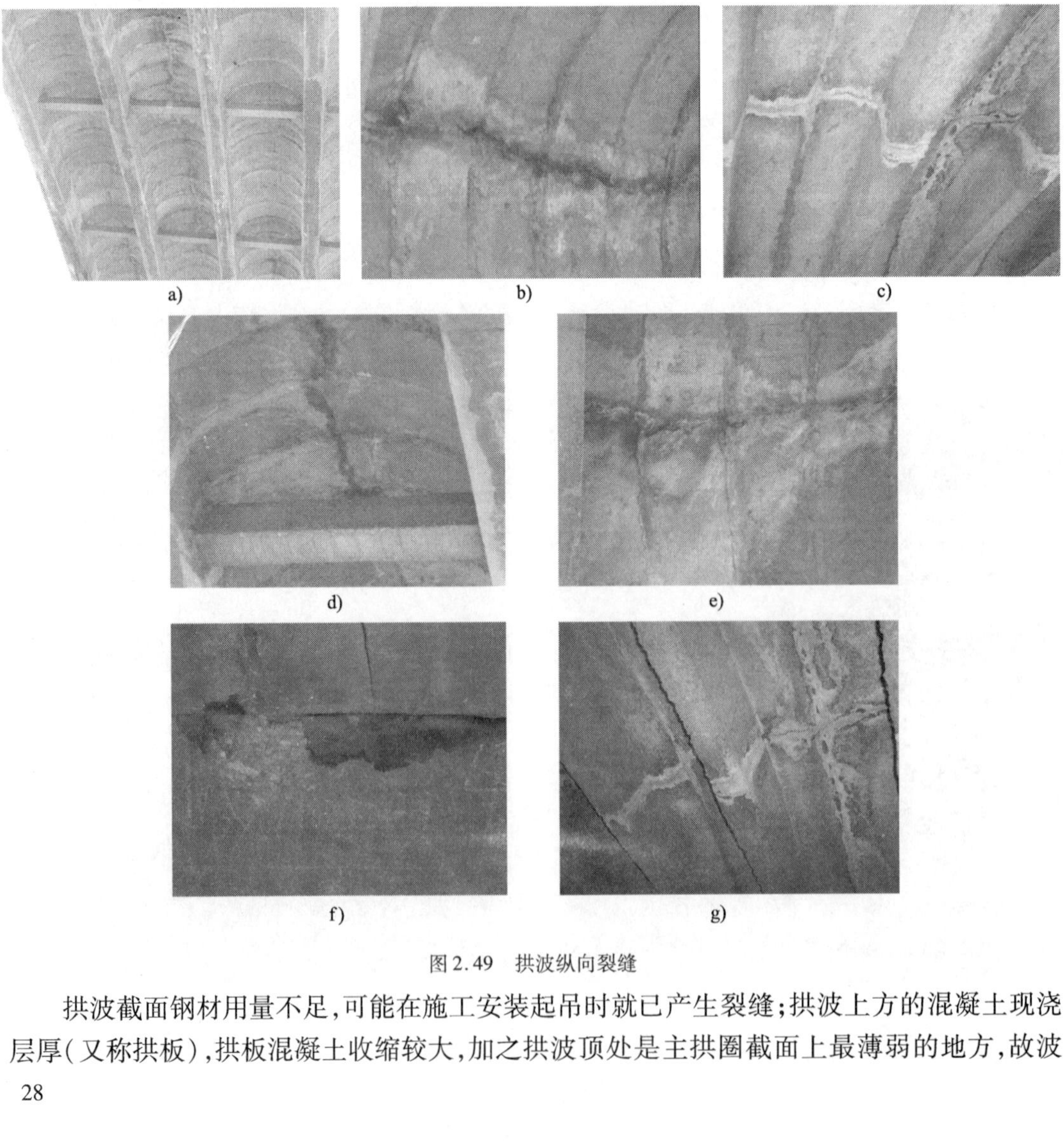

a)　b)　c)

d)　e)

f)　g)

图 2.49　拱波纵向裂缝

拱波截面钢材用量不足,可能在施工安装起吊时就已产生裂缝;拱波上方的混凝土现浇层厚(又称拱板),拱板混凝土收缩较大,加之拱波顶处是主拱圈截面上最薄弱的地方,故波顶产生沿跨径方向的混凝土裂缝;设计上主拱圈采用了过大的拱轴系数,其拱顶区段非常平坦,易出现拱顶段的波顶纵缝。

横向联系不够,是产生波顶纵缝的又一个重要原因。在双曲拱桥中,横向联系一般比较薄弱。荷载横向分布很不均匀,加而拱波又是与拱肋连接在一起,从而造成拱波顶开裂,拱波顶纵向裂缝以拱顶截面最为严重。桥越宽(热胀冷缩越突出),拱波的矢跨比越小(连拱作用越显著),横向联系越弱,出现纵向裂缝的可能性越大。当采用拉杆作为横向联系构件时,由于构件的刚度小,又易松动,往往因拱肋扭转及横向挠度过大而引起波顶纵缝。如采用足够数量的横隔板或横系梁,主拱圈横向刚度较大,即可有效防止这种裂缝的产生。

2.4.2.5 横向联系主要病害成因分析

双曲拱桥横向联系的主要作用是抵抗拱波产生的水平推力、保证拱肋间的相对位置不变,双曲拱桥的横系梁(横隔板)一般尺寸都较小,抗剪和抗弯的强度和刚度相应较弱,与拱肋联结处的抗剪能力也偏小。当承受较大的外荷载时,其功能将需要通过抗剪强度横向传递拱肋间的内力和位移,当内力和位移过大时,产生较大的内力和变形,导致横系梁开裂、脱落,无法有效地横向分配荷载,并引起拱肋的受力与变形不均匀,加剧了横系梁的病害产生,见图2.50。当横向联系布置不够或强度不足而产生破坏时,将会使拱桥横向稳定性降低,使得主拱圈的整体性和刚度降低,车轮荷载横向传递受阻,各拱肋不能共同受力,这将导致:

(1)拱波顶纵向开裂。

(2)拱波与拱肋相接处环向开裂。

(3)横系梁(横隔板)在接头处断裂。

(4)各片拱肋下挠不均等。

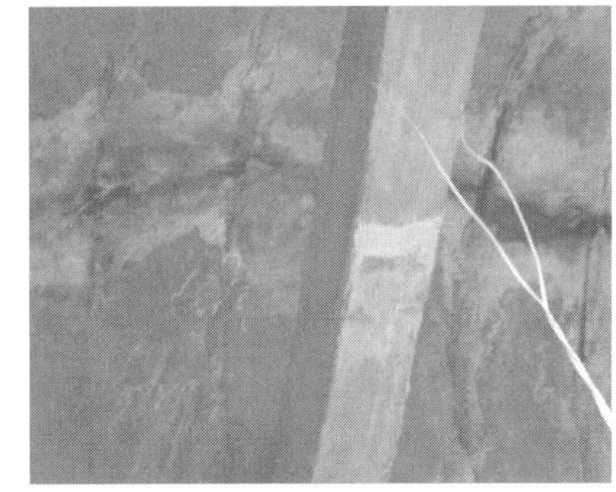

图2.50 横向联系病害

2.4.2.6 主拱圈表观主要病害成因分析

(1)拱肋间拉杆脱离

钢筋混凝土拉杆混凝土脱落,部分或全部露出内部拉杆钢筋。早期中小跨径双曲拱桥拱肋间的钢筋混凝土拉杆混凝土一般尺寸都很小,抗拉强度和刚度也相对较弱,在外荷载作用时,拱肋产生较大的变形和内力,导致拉杆混凝土开裂后,发展直至拉杆中心钢筋外包混凝土脱落;各拱肋的受力与侧向变形不均匀,也加剧了病害的发展。

(2)拱波砌缝剥离

拱波间砂浆(灰浆)砌缝剥离,是由于在拱波安装施工时砂浆砌筑者砌筑砂浆前未对预制拱波混凝土湿润引起的。

(3)拱波与拱肋间砌缝不密实

拱波与拱肋间砌缝水泥砂浆不饱满或脱落,是由于施工时未设置专门的拱肋和拱肋组合构造措施,拱波和拱肋连接处拱波坐浆不饱满引起的。

(4)拱圈拱脚水平位移

双曲拱在自重和车辆荷载等竖向力作用下,主拱圈拱脚将产生水平推力,当桥台及基础形式、构造设计和施工不当时,往往容易引起墩台超过正常设计要求的水平位移。

(5)拱圈钢筋生锈与露水

见图2.51、图2.52。

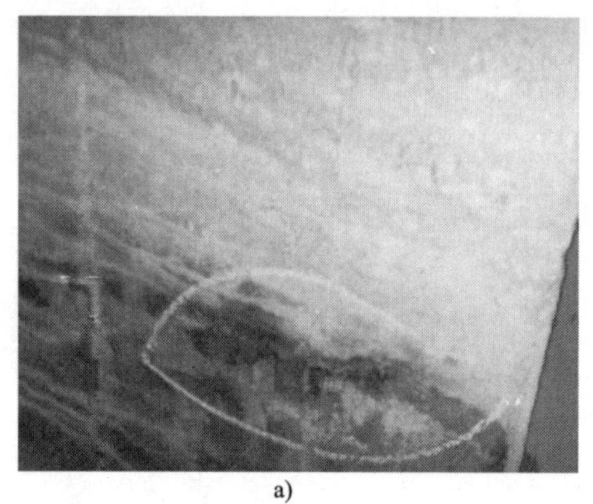
a)

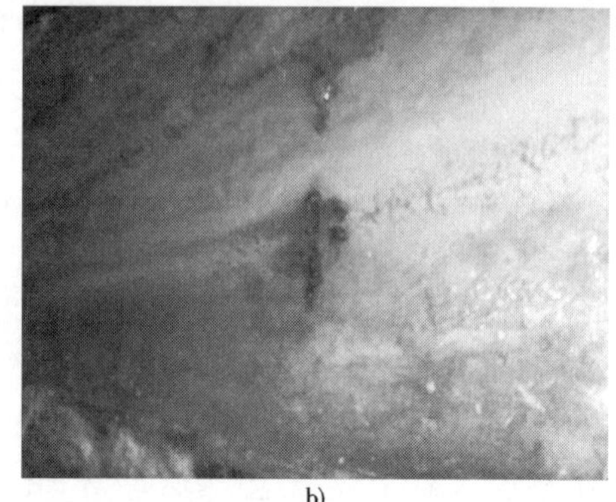
b)

图 2.51　钢筋锈蚀

a)

b)

图 2.52　渗水

2.4.3　墩、台与基础病害与成因分析

2.4.3.1　墩、台与基础常见病害类型

双曲拱桥台、墩与基础常见病害类型，见表 2.4 ~ 表 2.6。

双曲拱桥台常见病害类型　　表 2.4

部件		病害	定性描述
桥台	台身	剥落	—
		空洞、孔洞	—
		磨损	表面磨耗、粗集料显露
		混凝土碳化、腐蚀	出现碳化现象，伴有混凝土表面胶凝料松散粉化
		圬工砌体缺陷	灰缝脱落；砌体出现破损、剥落、松动、变形等现象
		桥头跳车	路面沉降、桥头跳车
		台背排水状况	台背填土排水不畅，填土出现膨胀或冻胀现象，造成填土挤压隆起，变形或台身、翼墙等构件出现大面积鼓肚、砌体松动，甚至出现严重变形
		位移	桥台出现滑动、下沉、位移、倾斜、冻拔等，造成台背填土有沉降裂缝、挤压隆起、变形或结构和桥面变形过大，不能正常行车
		裂缝	网状裂缝；台身水平裂缝、从基础向上发展至台身的裂缝；竖向裂缝；镶面石突出的裂缝；翼墙和前墙断裂的裂缝；结构性裂缝

续上表

部件		病害	定性描述
桥台	台身	破损	混凝土剥落、磨损
		混凝土碳化、腐蚀	出现碳化现象，伴有混凝土表面胶凝料松散粉化
		裂缝	由支承垫石从下向上发展的裂缝；台帽自上向下的垂直裂缝
		空洞、孔洞	—

双曲拱桥桥墩常见病害类型 表 2.5

部件		病害	定性描述
桥墩	墩身	蜂窝、麻面	—
		剥落、露筋	—
		空洞、孔洞	—
		钢筋锈蚀	钢筋锈蚀、裸露，锈断；混凝土表面出现沿钢筋裂缝、锈迹、保护层剥落、严重开裂；出现严重滑动或倾斜等现象
		混凝土碳化、腐蚀	出现碳化现象；伴有混凝土表面胶凝料松散粉化；构件受强酸性液体或气体腐蚀，造成混凝土受到腐蚀；钢筋出现少量锈蚀；有冻融现象，造成混凝土出现胀裂
		磨损	表面磨耗、粗集料显露；磨损、缩颈现象；混凝土剥蚀、露筋现象、裸露钢筋锈蚀
		圬工砌体缺陷	灰缝脱落；砌体破损、剥落、松动、局部变形等现象
		位移	滑动、下沉、倾斜，严重结构和桥面变形过大
		裂缝	网状裂缝；墩身水平裂缝、从基础向下发展至墩身的裂缝、墩身剪切破坏；竖向裂缝；不等高的墩盖梁上的竖向裂缝；悬臂桥墩角隅处的裂缝；镶面石突出的裂缝；结构性裂缝
桥墩	盖梁和系梁	蜂窝、麻面	—
		剥落、露筋	—
		空洞、孔洞	—
		钢筋锈蚀	钢筋锈蚀、裸露，锈断；混凝土表面出现沿钢筋裂缝、锈迹、保护层剥落、严重开裂；出现严重滑动或倾斜等现象
		混凝土碳化、腐蚀	出现碳化现象；伴有混凝土表面胶凝料松散粉化；构件受强酸性液体或气体腐蚀，造成混凝土受到腐蚀；钢筋出现少量锈蚀；有冻融现象，造成混凝土出现胀裂
		裂缝	网状裂缝；墩帽顶面水平裂缝；从支承垫石从下向上发展的裂缝；盖梁自上向下发展的裂缝

双曲拱桥墩台基础常见病害类型 表 2.6

部件	病害	定性描述
墩台基础	冲刷、淘空	基础表面长有青苔、杂草；冲蚀、外露，严重者露出底面；冲刷深度大于设计值，地基失效，承载力降低，或桥台岸坡滑移或基础无法修复
	剥落、露筋	承台出现剥落、露筋、锈蚀现象；基础出现混凝土剥落、露筋、锈蚀，甚者主筋有锈断现象，基础失稳
	冲蚀	基础或承台被侵蚀，有磨损、缩颈、露筋，桩基顶面出现空洞，混凝土腐蚀、冻融、胀裂，混凝土钢筋锈蚀并有锈断现象

续上表

部件	病　害	定性描述
墩台基础	河底铺砌损坏	河底铺砌损坏冲刷、损坏、掏空
	沉降	下沉、基础不稳定，甚者造成上部结构和桥面系变形过大
	滑移和倾斜	出现滑移或倾斜，导致支座和墩台支承面损坏或导致伸缩装置破坏、接缝减小、伸缩机能受损、丧失；滑移量过大导致梁端与胸墙紧贴，或前墙破坏或局部破碎、压曲，或基础不稳定，或梁体从支承面上滑落
	裂缝	结构应力异常，出现剪切裂缝，严重时裂缝贯通，基础处于失稳状态；混凝土出现碎裂；基础出现结构性裂缝甚至断裂

2.4.3.2　墩台和基础主要病害成因分析

墩台和基础是桥梁的重要组成部分，它直接承受桥梁上部结构的荷载，同时将荷载传递给地基的受力结构。桥台将桥梁与路堤相连接，因此，它除了承受上部结构的荷载外，还要承受来自台后路堤填土的土压力。桥墩除了承受上部结构的荷载外，还要承受风力、流水压力、冰压力、浮力以及在特殊情况下可能发生的船只或漂流物的撞击力等的作用。此外，由于过桥车辆的日益重型化，实际上大部分活载强度已超过设计规范规定的负荷要求，墩台的负荷强度在不断地增加，经常受到过重活载的作用。这样，桥梁墩台基础在经过多年使用后，出现不同程度的损坏，产生各种缺陷，可以分为墩台身病害和桥梁基础病害。

(1)墩台身主要病害成因分析

桥梁墩台位于桥梁上部结构和基础之间，它关系到桥跨结构在平面和高程上的位置，因此，桥梁上部结构的变化以及基础以下结构的变化，都将会对它产生损坏和影响。同时，墩台承载能力不足或出现沉降、倾斜、位移及转动，也将引起桥梁上部结构的损坏，严重时会导致整座桥梁的坍塌。

多数双曲拱桥的墩台是由圬工砌体、混凝土或钢筋混凝土构件组成的，它的缺陷和病害主要：有承载能力不足、沉降、倾斜、移位、转动及开裂等，而裂缝正是这些病害的外部表征，常见的裂缝有网状裂缝、水平裂缝、竖向裂缝，以及桥台前墙、侧墙和翼墙的倾斜与开裂等。

①裂缝。

网状裂缝多出现在桥墩的向阳面、水位线以上，产生的主要原因是由于混凝土内部水化热和外界的温度影响或日照影响而产生的温度拉应力，混凝土的干燥收缩也是产生网状裂缝的原因之一。

墩台的竖直裂缝，多呈下宽上窄状，是由基础的不均匀沉降导致，或由于钢筋混凝土桥墩墩顶区段受拉钢筋布置不足和不合理引起(图2.53、图2.54)。

墩台水平裂缝，呈水平层状，多为混凝土接缝不良引起，也可能是混凝土分层浇筑施工不良所引起。

桥台前墙的倾斜与开裂、侧墙和翼墙开裂的原因是填土不良、填土遇水发胀、冻胀或地基承载力不足引起的桥台下沉或外倾，进而导致开裂(图2.55)。

②砖石墩台结构损坏。

砖石墩台的表面损坏，主要表现为抹灰层、勾缝脱落，砌体表面麻面、起皮、起鼓、粉化、剥落等，逐渐向深处发展，也可造成内部材料质量变质、酥化，强度降低；砖石砌体由于构件受力不均、基础沉降不均、受热不均而产生开裂；外界因素的影响是造成砌缝脱落的主要原因。

钢筋混凝土墩台，常年受到干燥、潮湿、寒暑、冻结冰融等气候条件的影响，还受到水、海水、工业废水、废气、酸、碱、火热等作用，这是产生裂缝、砌体剥落、钢筋锈蚀等病害的主要因素，从而使材料随时间逐渐老化。

a)

b)

图 2.53　墩裂缝图

a)

b)

图 2.54　桥台竖直裂缝

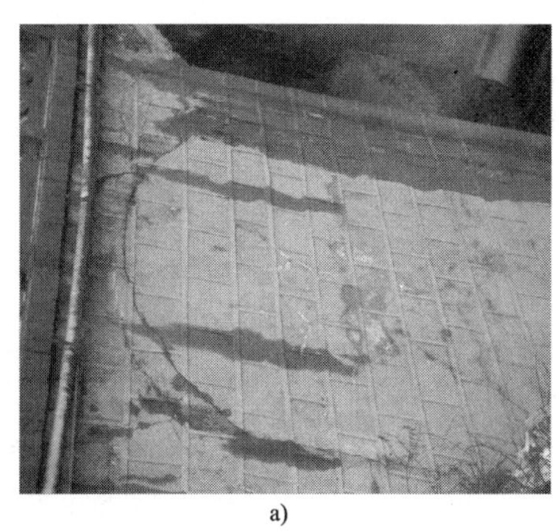

a)

b)

图 2.55　桥台侧墙开裂

(2)桥梁基础主要病害成因分析

双曲拱桥的基础以浅基础为主，也有一定数量的桥梁采用桩基础。常见的病害有基础的沉降和不均匀沉降、冲刷、滑移倾斜、基础结构物的异常应力和开裂等。

①基础的沉降和不均匀沉降。

由于地基的压密下沉引起基础沉降,这对于任何一座桥梁来说都是难以避免的,在一定范围内这是正常现象,而超出一定的范围则将对桥梁产生有害的影响。特别是对于修建在软土地基上的双曲拱桥,由于经常受到土基压实下沉和地下水位升降等的影响,往往还将产生不均匀沉降(图 2.56)。

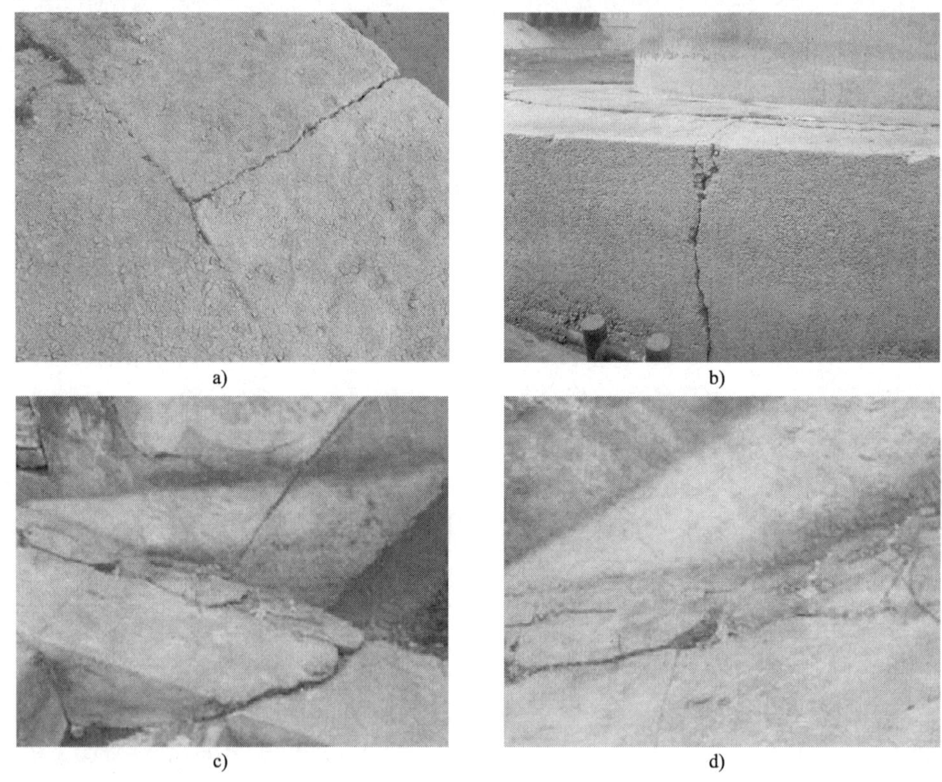

图 2.56　基础沉降、桥台处裂缝病害图

②基础的冲刷、掏空和滑移倾斜。

造成基础滑移和倾斜的主要原因有:

a. 基础埋深不够,由于受到洪水的冲刷,墩台基础时常发生滑移病害,其病害程度与洪水的冲刷深度密切相关。

b. 河床受到洪水冲刷后,首先桥墩临水面地基土层被冲走,导致墩台基础侧向压力减小,使其产生侧向滑移。

c. 位于软弱地基上的桥梁,遇到台背高填方路堤时,如果台背填土处理不当,往往会造成过大的主动土压力,导致桥台前倾或土体下沉向前滑移,致使台顶后仰、倾斜。

d. 双曲拱桥在竖向荷载作用下,将会产生水平推力,相对梁式桥梁而言,更容易发生墩台的移位现象,而墩台的位移会引起主拱圈的开裂,使得主拱圈的拱顶下沉、拱变得更坦,从而产生更大的水平推力,这又将加重墩台的滑移,造成恶性循环(图 2.57)。

③基础结构物的异常应力和开裂。

基础结构物由于受力不均,往往产生局部异常应力,并导致横向和竖向裂缝。在特殊荷载作用下,还会使基础结构物因出现异常应力而产生局部损坏(图 2.58)。

a) b) c) d)

图 2.57 基础冲刷病害图

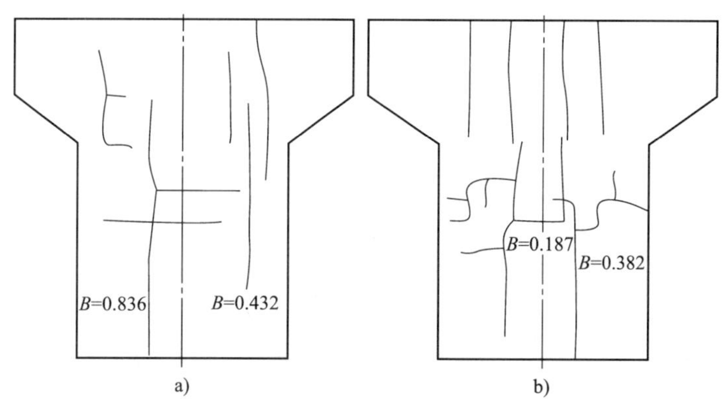

a) b)

图 2.58 墩裂缝示意图

2.4.4 其他附属设施病害与成因分析

2.4.4.1 其他附属设施常见病害类型

双曲拱桥其他附属设施常见病害类型见表 2.7。

双曲拱桥其他附属设施常见病害类型 表 2.7

部 件	病 害	定 性 描 述
翼墙、耳墙	破损	混凝土空洞、孔洞、剥落;砖石脱落
	位移	处在永久变形;外倾、下沉、滑动,严重者丧失挡土功能,造成翼墙断裂,外倾失稳,砌体变形,部分倒塌
	鼓肚、砌体松动	—
	裂缝	网裂,严重者贯通,造成翼墙和耳墙有断裂,与前墙脱开

续上表

部　件	病　害	定性描述
锥坡、护坡	缺陷	铺砌面隆起、凹陷、开裂；砌缝砂浆脱落、下滑，坡角损坏，出现孔洞，破损等；锥坡体和坡脚损坏严重，大面积滑坡、坍塌，坡顶下降较大，丧失锥坡、护坡功能
	冲刷	冲蚀、淘空
河床	堵塞	—
	冲刷	冲刷、墩台底淘空；河床压缩；防护体损坏
	河床变迁	淤泥淤积、河床扩宽
调治构造物	损坏	构造物断裂，砌体松动、鼓肚、凹陷或灰浆脱落；需要设置但未设置
	冲刷、变形	边坡下滑、构造物出现下沉、倾斜、坍塌，基础冲蚀严重

2.4.4.2　其他附属设施主要病害成因分析

(1)桥头引道

①桥头跳车成因分析。

桥头跳车不但影响车速、降低行车质量，而且还会影响桥梁使用寿命。造成桥头跳车的主要原因有：

a.地基强度不同。桥涵、通道与路基大都是同年平行进行施工的，桥梁是刚性体，其地基强度一般都有较高的要求，并进行加固处理，沉降较小或不沉降(岩石地基)；而台后填方段地基未进行加固处理，从而使桥台和台后填方产生差异沉降变形，以致形成台阶(图2.59)。

a)

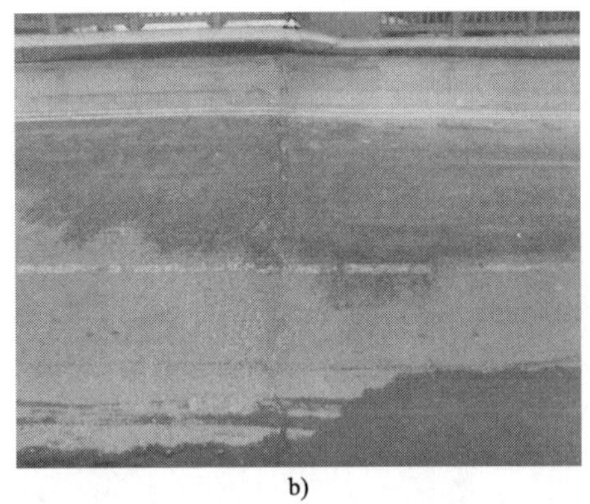
b)

图2.59　桥头沉降

b.设计不周。设计人员有时对施工过程如何便于碾压考虑不周，对于填料的要求不严格，台背排水考虑欠佳。桥涵结构物两端的路堤，由于过水、跨线或通道的要求，一般填土都较高，低的在3m左右，高的可达10m或更高，除了过水的桥梁两侧路堤往往受水浸淹，地基条件也较差，设计上对路基断面结构和边坡防护上有所考虑外，其他多数情况对高路堤设计上并无特别的要求，如压实度等指标均与一般路堤无异，但由于路堤较高，在填筑以后受到自重和行车荷载的作用，路堤填土必然要产生竖向变形值。

c.台后填料不当。施工时对桥台台后的回填土未能慎重考虑，施工人员用料不当、控制不严，未能达到设计要求。但需特别指出，施工不良比材料不良更易造成构造物台后填料的下沉。

d.台后压实不足。施工时工期工序安排不当，以致桥头填土处于工期末期，被迫赶工，不能很好地控制台背填土的压实度,致使填料压实度不满足设计和规范要求,使填方体产生竖向固结变形,形成较大的工后沉降,在台背与路基连接部造成沉陷形成台阶。

e. 桥头渗水。土体内渗进水或毛细水对土体产生不利影响,地基浸水软化软土地基、湿陷性黄土地基浸水等造成路基沉降。

f. 桥面伸缩缝不平顺或者损坏,致使桥梁桥面与引道路面衔接处不平整,从而使车辆驶过桥头时,产生轻微或严重的跳车。

据上分析,形成桥头跳车的原因是多方面的,结构的差异、设计的不周和施工控制的不严等综合因素的作用导致了差异沉降的发生和发展。

②造成二次跳车的可能原因是:

a. 桥头搭板的设置长度未考虑路基工后沉降差容许值。

b. 对桥台后填土夯实不够或者路基下沉降较大的地基未处理,引起桥头搭板尾端过大的沉降。

c. 桥台后未进行防水和排水处理,一般应由桥台背端后,桥头搭板牛腿直至台后路基集水层处均应涂抹防水材料,使搭板与桥台背墙之间有可能有的水引入路基集水和排水设施并排出;若缺少集水和排水设施,水进入路基后还会引起路基下沉。

(2)桥头搭板上路面裂缝

多见于装配式桥头搭板并设置搭板下枕梁情况。由于搭板是装配式的,相互之间在横向没有构造连接,仅通过枕梁和路基来抵抗车辆荷载作用的横向弯曲。

产生的路面横向裂缝,多在搭板与搭板范围外路面之间处,这是搭板与路面之间刚度差异造成的。

(3)锥形护坡

锥坡的主要病害有杂草丛生、片石或块石脱落、缺陷、冲刷。缺陷指铺砌面隆起、凹陷、开裂,砌缝砂浆脱落,铺砌面下滑、坡角损坏、出现孔洞,破损,锥坡体和坡脚损坏严重,大面积滑坡、坍塌,坡顶下降,丧失锥坡、护坡功能;冲刷指坡脚局部冲蚀,冲成深坑、沟槽或锥坡体和坡脚冲蚀严重,基础有淘空现象。锥坡病害产生的原因主要有填土不足或不密实、基础不均匀沉降(图2.60、图2.61)。

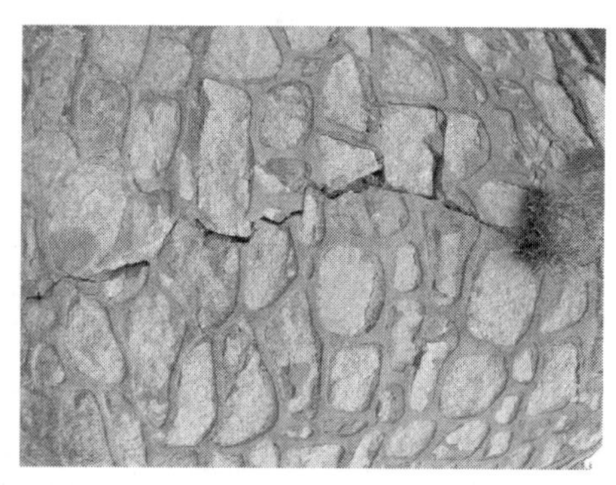

图2.60 开裂

a)

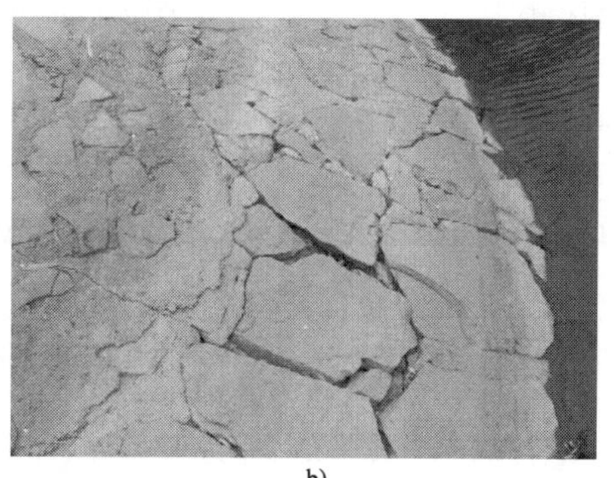

b)

图2.61 砌缝砂浆脱落

第3章　双曲拱桥的评定方法

3.1　检测主要内容和设备

双曲拱桥主要包括三个部分，即桥面系、上部结构和下部结构，桥面系检测的主要内容和设备见表3.1，上部结构检测的主要内容和设备见表3.2，下部结构检测的主要内容和设备见表3.3。

桥面系检测的主要内容、方法和设备　　表3.1

<table>
<tr><th colspan="3">部　件</th><th>检测的主要内容</th><th>检测的方法设备</th></tr>
<tr><td rowspan="7">桥面系</td><td rowspan="2">桥面铺装</td><td>沥青混凝土桥面</td><td>车辙、拥包、高低不平、变形、泛油、铺装层破损或出现裂缝（龟裂、块裂、纵向裂缝、横向裂缝等）</td><td rowspan="2">主要采用目测方式进行并使用钢尺、卷尺、激光测距仪等仪器</td></tr>
<tr><td>水泥混凝土桥面</td><td>桥面磨光、脱皮、露骨程度、错台、坑洞、混凝土有剥落现象、桥面拱起、伸缩缝等出现接缝料损坏、裂缝（板角断裂、破碎裂）</td></tr>
<tr><td colspan="2">伸缩缝装置</td><td>凹凸不平；锚固区缺陷；破损；失效</td><td>主要采用目测检查桥梁伸缩缝的工作状况伸缩条老化和破损情况锚固区缺陷；并使用钢尺进行测量</td></tr>
<tr><td colspan="2">人行道</td><td>人行道破损；缺失</td><td>主要采用目测，使用钢尺、卷尺及激光测距仪等仪器</td></tr>
<tr><td colspan="2">栏杆和护栏</td><td>撞坏、缺失；破损</td><td>主要采用目测，使用钢尺、卷尺及激光测距仪等仪器</td></tr>
<tr><td colspan="2">防排水系统</td><td>排水不畅；泄水管、引水槽缺陷</td><td>主要采用目测，使用钢尺、卷尺及激光测距仪等仪器</td></tr>
<tr><td colspan="2">照明和标志</td><td>污损或损坏；照明设施缺失；标志脱落、缺失</td><td>主要采用目测</td></tr>
</table>

上部结构检测的主要内容、方法和设备　　表3.2

<table>
<tr><th></th><th>检测项目</th><th colspan="2">检测的主要内容</th><th>检测设备和方法</th></tr>
<tr><td rowspan="4">上部结构</td><td>拱上结构</td><td colspan="2">实腹拱的侧墙与主拱圈间的脱裂；侧墙变形；拱上填料沉陷或开裂；空腹拱的腹拱、横向联系系变形、错位；立墙或立柱倾斜；表面缺陷；拱上结构裂缝；拱上填料排水不畅</td><td rowspan="4">①检查主梁蜂窝、麻面、破损、裂缝等缺陷：采用钢尺、卷尺及激光测距仪等仪器；②测裂缝的深度：采用非金属超声检测分析仪检测裂缝的深度；③裂缝宽度：采用裂缝读数仪检测裂缝宽度；④混凝土强度：采用回弹仪（或取芯）检测混凝土强度；⑤碳化深度：采用碳化深度尺检测混凝土的碳化深度；⑥钢筋保护层厚度及布置</td></tr>
<tr><td>主拱圈</td><td colspan="2">主拱圈、横向联结系变形；渗水；主拱圈裂缝；拱脚位移；蜂窝、麻面；剥落、掉角；空洞、孔洞</td></tr>
<tr><td rowspan="2">桥面板</td><td>混凝土板</td><td>蜂窝、麻面；剥落、掉角；空洞、孔洞；混凝土层保护层厚度；钢筋锈蚀；混凝土碳化；混凝土强度；跨中挠度；结构变位；预应力构件损伤；桥面板裂缝</td></tr>
<tr><td>钢梁式板</td><td>涂层劣化；锈蚀；焊缝；铆钉损失；构件裂缝；跨中挠度；构件变形；结构变位</td></tr>
</table>

续上表

	检测项目	检测的主要内容		检测设备和方法
上部结构	支座	橡胶支座	板式支座老化变质、开裂；板式支座缺陷；板式支座位置串动、脱空或剪切超限；盆式支座组件损坏；聚四氟乙烯滑板磨损；盆式支座位移、转角超限	情况：采用钢筋位置测定仪探测主梁的钢筋保护层厚度及布置情况
		钢支座	钢支座组件或功能缺陷；钢支座位移、转角超限；钢支座部件磨损、裂缝；对混凝土摆式支座主要检测混凝土缺损；活动支座滑动面不平整、生锈咬死；轴承有裂纹、切口或偏移	

下部结构检测的主要内容、方法和设备 表3.3

部件		检测的主要内容	检测设备和方法
下部结构	墩台与基础	蜂窝、麻面；剥落、露筋；空洞、孔洞；钢筋锈蚀；混凝土碳化、强度、腐蚀；磨损；圬工砌体缺陷；位移；裂缝	①桥墩、台：采用目测混凝土裂缝、混凝土破损、露筋等缺陷；②位置和尺寸：采用钢尺、卷尺及激光测距仪等仪器确定其位置和尺寸；③裂缝：采用裂缝读数仪检测裂缝宽度，对较宽典型裂缝采用非金属超声检测分析仪检测裂缝的深度；④混凝土强度：采用回弹仪（或取芯）检测混凝土强度；⑤碳化深度：采用碳化深度尺检测混凝土的碳化深度
	桥墩盖梁和系梁	蜂窝、麻面；剥落、露筋；空洞、孔洞；钢筋锈蚀；混凝土碳化、腐蚀；裂缝	
	桥台台身	剥落；空洞、孔洞；磨损；混凝土碳化、腐蚀；圬工砌体缺陷；桥头跳车；台背排水状况；位移；裂缝	
	桥台台帽	破损；混凝土碳化；裂缝；空洞、孔洞	
	基础	冲刷、淘空；剥落、露筋；冲蚀；河底铺砌损坏；沉降；滑移和倾斜；裂缝	
	翼墙和耳墙	破损；位移；鼓肚、砌体松动；裂缝	
	锥坡、护坡	缺陷；冲刷	
	河床	堵塞；冲刷；河床变迁	
	调治构造物	损坏；冲刷、变形	

运用各类检测工具和检测方法对规范规定的检测内容进行检测，并对病害进行定量描述只是做了桥梁检测评估的第一步，要对整个桥梁进行整体评估，并制订维修加固方案，则需要进一步了解桥梁评定的方法。

3.2 桥梁技术状况评定

3.2.1 桥梁技术状况评定原则

（1）对于跨径、结构形式相同的多跨桥梁，一般以整座桥作为一个评定单元进行桥梁技术状况的等级评定与分类。亦可逐跨进行桥梁技术状况等级评定，然后以缺损状况最严重、技术等级评定结果最差的一跨作为全桥的评定结果。

（2）对于跨径、结构形式不同的多跨桥梁，一般可根据跨径和结构形式的分布情况采用划分评定单元的方式，先逐一单元进行桥梁技术状况等级评定，然后以缺损状况最严重、技术状况等级评定结果最差的一跨作为全桥的评定结果。

3.2.2 评定的主要方法

目前国内外关于双曲拱桥的最新评定方法主要有以下几种：

(1)综合评定方法：根据桥梁各部件的病害情况对各部件进行评分，根据规范中规定的权重和计算公式对桥梁进行综合评定；当桥梁出现部件缺损状况或技术状况出现超过单项控制指标超限时可采用以下(2)、(3)两种方法直接评定。

(2)直接评定法：根据桥梁各部件的病害情况描述对桥梁各部件进行桥梁缺损状况评定(也可按照桥梁重要部件最差的缺损状况等级评定结果参照)。

(3)经验评定法：根据桥梁技术状况评定来判定桥梁的等级。

(4)其他评定法：包括层次分析法、特尔斐评估法、专家系统法、灰色关联度评价法、模糊综合评判法等。

3.2.2.1 综合评定法

根据《公路桥涵养护规范》(JTG H11—2004)，一般是依据桥梁定期检查资料，通过对桥梁各部件技术状况的综合评定，确定桥梁的技术状况等级，提出各类桥梁的养护措施，一般由负责定期检查者进行，见表 3.4、表 3.5。

桥梁部件缺损状况评定方法 表 3.4

缺损程度及标度		组合评定标度	
		程度	小→大 少→多 轻度→严重
		标度	0 1 2
缺损对结构使用功能的影响程度	无、不重要	0	0 1 2
	小、次要	1	2 2 3
	大、重要	2	2 3 4
以上两项评定组合标度			0 1 2 3 4
缺损发展变化状况修正	趋向稳定	-1	0 1 2 3
	发展缓慢	0	1 2 3 4
	发展较快	+1	1 2 3 4 5
最终评定结果			0 1 2 3 4 5
桥梁技术状况及分类			完好 良好 较好 较差 坏的 危险 一类 二类 三类 四类 五类

注："0"表示完好状态或表示没有设置的构造部件，当缺损程度标度为"0"时，不在进行叠加；"5"表示危险状态或表示原未设置，而调查表明需要补设的部件。

推荐的桥梁各部件权重及综合评定方法 表 3.5

部件	部件名称	权重 w_i	桥梁技术状况评定方法
1	翼墙、耳墙	1	综合评定采用下列计算式： $D_r = 100 - \sum_{l=1}^{n} R_i W_i / 5$
2	锥坡、护坡	1	
3	桥台及基础	23	

续上表

部件	部 件 名 称	权重 w_i	桥梁技术状况评定方法
4	桥墩及基础	24	式中：R_i——按方法对各部件的评定标度(0－5)； W_i——各部件权重，$\sum W_i = 100$； D_r——全桥结构技术状况评分(0～100)；评分高表示结构状况好，缺损少； 评定分类采用下列界限： $D_r \geqslant 88$　　一类 $88 > D_r \geqslant 60$　　二类 $60 > D_r \geqslant 40$　　三类 $40 > D_r$　　四类 $D_r \geqslant 60$ 的桥梁，并不排除其中评定有评定标度 $R_i \geqslant 3$ 的部件，仍有维修的需求
5	地基冲刷	8	
6	支座	3	
7	上部主要承重构件	20	
8	上部一般承重构件	5	
9	桥面铺装	1	
10	桥头跳车	3	
11	伸缩缝	3	
12	人行道	1	
13	栏杆、护栏	1	
14	照明、标志	1	
15	排水设施	1	
16	调治构造物	3	
17	其他	1	

公路桥梁技术状况评定包括桥梁构件、部件、桥面系、上部结构、下部结构和全桥进行评定，评定过程可应根据《公路桥梁技术状况评定标准》(JTG/T H21—2011)的规定[图3.1a)、b)]。综合评定法先根据桥梁受损程度评定扣分标度，根据标度确定单项扣分 DP_{ij}，按《公路桥梁技术状况评定标准》(JTG/T H21—2011)中规定的公式计算得出构件技术状况评分 $PMCI_l$($BMCI_l$或 $DMCI_l$)和部件技术状况评分 $PCCI_i$($BCCI_i$或 $DCCI_i$)，根据得到的评定结果可得到桥梁的各部分的技术状况评分，各部分的权重值得到桥梁总体技术状况评分。

综合评定法的特点是概念清晰、应用简单，主要用于对桥梁运营状态的评估，其广泛的适用性说明该方法具有很强的生命力。

3.2.2.2　直接评定法

直接评定法评定的主要步骤有：①根据缺损形式、程度、发展变化状态和可能导致的不良后果以及对桥梁使用功能的影响，以累加记分的方式对结构部、构件的缺损状况作出等级评定。②根据重要部件(如墩台基础、上部主要承重构件、支座)，以其中缺损最严重的构件进行评分，实行一票否决制。对于其他部件，根据多数构件缺损状况评分。③根据重要构件的缺损状况评定分值，对结构总体状况作出评定。对于多孔桥，以缺损最严重一孔的重要构件的评分作为全桥总体状况评分。

表3.4中给出了桥梁某一部件缺损评定表。首先按缺损小至大、少至多、轻至重分成三个标度，分别评分为0、1、2；由于缺损对功能造成影响的程度，再分三个等级；对功能无影响，则对上述标度分不加不减，对功能有较小或次要影响，标度分加1，由0、1、2变成1、2、3；影响功能大而重要，将上述标度分加2，变为2、3、4。由上述两项评定某一构件可能有5个等级，即1、2、3、4、5。根据这6个等级，便可将部件进行划分类别，决定维修方式。

双曲拱桥直接评定为5类桥的状况：在单项指标超限时，即在双曲拱桥桥梁技术状况评价中，出现：①上部结构有落梁或有梁、板断裂；②结构出现明显的永久变形，变形大于规范值；

③关键部位混凝土出现压碎或杆件失稳倾向或桥面板出现严重塌陷;④拱脚严重错台、位移,造成拱顶挠度大于限值或拱圈严重变形;⑤圬工拱桥拱圈大范围砌体断裂,脱落现象严重;⑥腹拱、侧墙、立墙或立柱产生破坏造成桥面板严重塌落;⑦系杆或吊杆出现严重锈蚀或断裂现象;⑧扩大基础冲刷深度大于设计值,冲空面积达20%以上;⑨桥墩(桥台或基础)不稳定,出现严重滑动、下沉、位移、倾斜等现象;可运用直接评定法或经验评定法评定整座桥为5类桥。

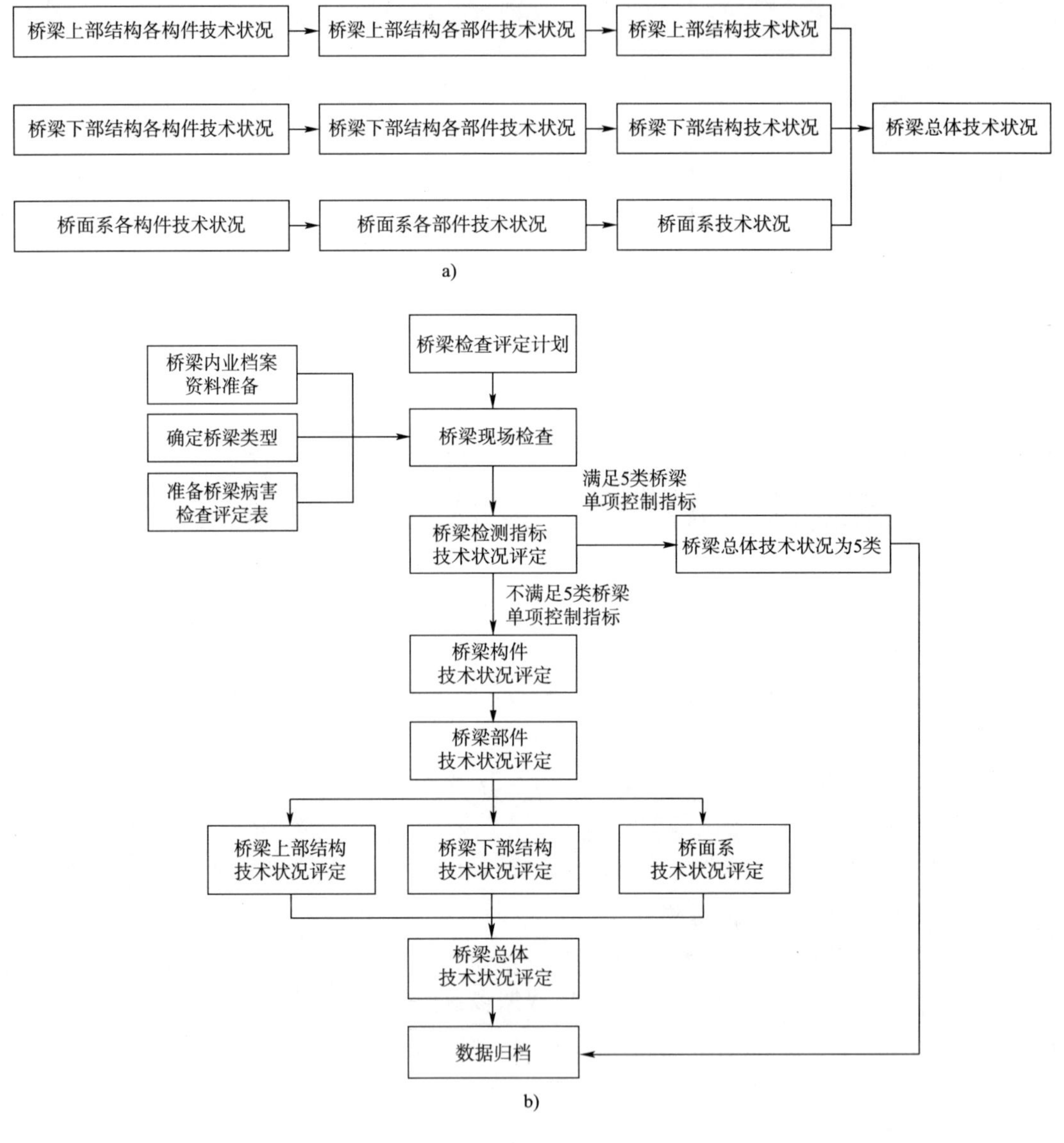

图 3.1

a)桥梁技术状况评定指标;b)桥梁技术状况评定工作流程图

3.2.2.3 经验评定法

经验评定法主要对照桥梁技术状况评定标准,桥梁技术状况评定等级,分为一类、二类、三类、四类、五类。桥梁总体及部件的技术状况评定标准见表3.6。

要求桥梁的养护措施是:一类桥梁进行正常保养;二类桥梁需进行小修;三类桥梁需进行中修;四类、五类桥梁需进行大修或重建。

桥梁技术状况评定标准 表3.6

	一类	二类	三类	四类	五类
总体评定	完好、良好状态 1. 重要部件功能与材料均良好; 2. 次要部件功能良好,材料有少量(3%以内)轻度缺损或污染; 3. 承载能力与桥面行车条件符合设计指标	较好状态 1. 重要部件功能良好,材料有局部(3%以内)轻度缺损或污染,裂缝宽小于限值; 2. 次要部件有较多(10%以内)中等缺损或污染; 3. 承载能力和桥面行车条件达到设计指标	较差状态 1. 重要部件材料有较多(10%以内)中等缺损,裂缝宽超限值;或出现轻度功能性病害,但发展缓慢,尚能维持正常使用功能; 2. 次要部件有大量(10% ~20%)严重缺损,功能降低,进一步恶化将不利于重要部件和影响正常交通; 3. 承载能力比设计降低10%以内,桥面行车不舒适	差的状态 1. 重要部件材料有大量(10% ~20%)严重缺损,裂缝宽超限值,风化、剥落、露筋、锈蚀严重或出现轻度性病害,且发展较快。结构变形小于或等于规范值,功能明显降低; 2. 次要部件有20%以上的严重缺损,失应有功能,严重影响正常交通; 3. 承载能力比设计降低10% ~25%	危险状态 1. 重要部件出现严重的功能性病害,且有继续扩张现象;关键部位的部分材料强度达到极限,出现部分钢筋断裂、混凝土压碎或压杆失稳变形的破损现象、变形大于规范值,结构的强度、刚度、稳定性和动力响应不能达到平时交通安全通行的要求; 2. 承载能力比设计降低25%以上
墩台与基础	1. 墩台各部分完好; 2. 基础及地基状况良好	1. 墩台部分基本完好; 2. 3%以内的表面有风化麻面、短细裂缝,缝宽小于限值,砌体灰缝脱落; 3. 表面长有青苔、杂草; 4. 基础无冲蚀现象	1. 墩台3% ~10%的表面有各种缺损,裂缝缝宽超限值,有风化、剥落、露筋、锈蚀现象;砌体灰缝脱落,局部变形等; 2. 出现轻微的下沉、倾斜滑动等现象,发展缓慢或趋向稳定; 3. 基础有局部冲蚀现象,桩基顶段被磨损	1. 墩台10% ~20%的表面有各种缺损,裂缝宽而密,剥落、露筋、锈蚀严重,砌体大面松动、变形; 2. 墩台出现下沉倾斜滑动冻拔现象,台背填土有沉降裂缝或挤压隆起变形发展较快,变形不大于规范值; 3. 基础冲刷大于设计值,基底冲空面在10% ~20%以内。桩基顶段被侵蚀、露筋、颈缩,或有环状冻裂,木桩腐蚀、蛀蚀严重	1. 墩台不稳定,下沉、倾斜、滑动、冻拔现象严重,变形大于规范值,造成上部结构和桥面变形过大,不能正常行车; 2. 墩台、桩基出现结构性断裂缝,裂缝有开合现象; 3. 基底冲刷面达20%以上,冲刷深度大于设计值,地基失效,承载力降低,桥台岸坡滑移
支座	1. 各部分清洁完好,位置正确; 2. 支座工作状态正常	1. 支座有尘土堆积,略有腐蚀; 2. 支座滑动面干涩	1. 钢支座固定螺栓松动,锈蚀严重; 2. 橡胶支座开始老化; 3. 混凝土支座有剥落、露筋、锈蚀现象	1. 钢支座的组件出现断裂; 2. 橡胶支座开始老化开裂; 3. 混凝土支座碎裂; 4. 活动支座坏死,不能活动; 5. 支座上下错位过大,有倾倒脱落的危险	支座错位、变形、破损严重,已失去正常支承功能,使上下部结构受到异常约束,造成支承部位的缺损和桥面的不平顺

续上表

	一类	二类	三类	四类	五类
砖、石、混凝土上部结构	1. 结构完好，无渗水，无污染； 2. 次要部位有少量短细裂纹，裂纹宽度小于限值	1. 结构基本完好； 2. 3% 以内的表面有风化、麻面、短细裂缝，缝宽小于限值，砌体灰缝脱落； 3. 上、下游侧表面有水迹污染，砌体滋生杂草	1. 结构 3% ~10% 的表面有各种缺损，裂缝缝宽超限值，有风化、剥落、露筋、锈蚀，桥面板裂缝渗水； 2. 石砌拱桥砌体砌体灰缝脱落，局部松动、外鼓； 3. 横向联结件断裂、脱焊或松动，边梁或边拱肋有横移或外倾迹象	1. 结构 10% ~20% 的表面有各种缺损，重点部位出现接近全截面的开裂，裂缝缝宽超限值，顺主筋方向有纵向裂缝，钢筋锈蚀和混凝土剥落严重，砌体有较大松动、变形； 2. 结构存在明显的永久变形，变形小于或等于规范值，桥面竖向成波形	1. 结构永久变形大于规范值； 2. 重点部位出现全截面开裂，裂缝宽度超过限值，部分钢筋屈服或断裂，混凝土压碎；主拱圈出现四铰，成不稳定结构； 3. 受压构件有严重的横向扭曲变形； 4. 承载能力比设计降低 25% 以上
人行道栏杆	完整清洁，无松动，少数构件局部有细裂纹、麻面	个别构件破损、脱落，3% 以内构件有松动、开裂、剥落和污染	10% 以内构件有松动、开裂、剥落、露筋、锈蚀、破损、脱落	10% ~20% 构件严重损坏、错位、变形、脱落、残缺	
桥面铺装、伸缩缝	1. 铺装层完好、平整、清洁或有个别细裂缝； 2. 防水层完好、泄水管完好、畅通； 3. 伸缩缝完好、清洁； 4. 桥头平顺，无跳车现象	1. 铺装层 10% 以内的表面有纵横裂缝、浅坑槽、波浪； 2. 防水层基本完好；泄水管堵塞，周围渗水； 3. 伸缩缝局部破损； 4. 桥头轻度跳车，台背路面下沉在 2cm 以内	1. 铺装层 10% ~20% 的表面有严重的龟裂、深坑槽、波浪； 2. 桥面板接缝处防水层断裂渗水，泄水管破损、脱落； 3. 伸缩缝普遍缺损； 4. 桥头跳车明显，台背路面下沉 2 ~5cm	1. 铺装层 20% 以上表面有严重的破碎、坑槽，桥面普遍坑洼不平、积水； 2. 防水层老化失效，普遍断裂、渗水、泄水管脱落，泄水孔堵塞； 3. 伸缩缝严重破损、失效，难以修补； 4. 桥头跳车严重，台背路面下沉大于 5cm	
调治构造物	1. 构造设置合理，功能正常； 2. 构造物完好	1. 构造物功能基本正常； 2. 构造物局部断裂，砌体松动、变形	1. 构造本身抗洪能力不足，基础局部冲蚀； 2. 构造物 20% 以内出现下沉、倾斜、局部坍塌	1. 构造本身抗洪能力太低，基础冲蚀严重； 2. 构造物 20% 以上被破坏，部分丧失功能或功能下降	

续上表

	一类	二类	三类	四类	五类
翼(耳)墙、锥(护)坡	1. 翼(耳)墙完好无损、清洁； 2. 锥(护)坡完好，无垃圾堆积，无草木滋生； 3. 桥头排水沟和行人台阶完好	1. 翼(耳)墙出现个别裂缝，缝宽小于限值，局部剥落，砌体灰缝脱落面积在10%以内； 2. 锥坡局部塌陷，铺砌缺损，垃圾堆积，草木丛生； 3. 桥头排水沟堵塞不畅通，行人台阶局部塌落	1. 翼墙断裂与桥台前墙脱开，但无明显外倾、下沉、砌体灰缝脱落、局部松动外鼓，面积小于20%； 2. 锥坡出现大面积塌陷，铺砌缺损，形成冲沟或积水坑，坡脚有局部冲蚀； 3. 桥头排水沟和行人台阶损坏，功能降低	1. 翼墙断裂、下沉、外倾失稳，砌体变形，严重部分倒塌； 2. 锥(护)坡体和坡脚冲蚀严重，有滑坡、坍塌，坡顶下降较大，护坡作用明显减小； 3. 桥头排水沟和行人台阶全部损坏，几乎消失	
照明、标志、附属设施	完好无缺，布置合理	照明灯泡坏，灯柱锈蚀，标志不正、脱落，附属设施基本完好	灯柱歪斜不正，灯具损坏，标志倾斜损坏，附属设施保养维修	照明线路老化坡断或短路，灯柱、灯具残缺不齐，标志损失严重，附属设施需维修与更换	

3.2.2.4 其他评定法

(1)层次分析法

层次分析法(Analytical Hierarchy Process，简称AHP)把复杂问题中的各种因素通过划分为相互联系的有序层次，使之条理化，并把数据、专家意见和分析者的主客观判断直接而有效地结合起来，就每一层次的相对重要性给予定量表示，然后利用数学方法确定表达每一层次全部要素的相对重要性。

(2)特尔斐评估法

该方法以匿名的方式通过几轮函询征求专家意见，每一轮意见由题目进行汇总分析，并作为参考资料反馈给每个专家供其分析判断，在下轮填表中作出新论证。如此多次反复，最终获得满意结果，达到预测评估的目的。我国交通部科学研究院于20世纪90年代研制的公路桥梁管理系统就是采用该方法。

(3)专家系统评估法

专家系统具有知识处理、表达、利用和推理的能力，这种能力尤其适用于像桥梁评估这样复杂问题的模糊处理。所谓桥梁评估专家系统法，就是利用计算机模拟有经验专家的决策机理，对既有桥梁进行综合评估的方法。

(4)灰色关联度评价法

灰色系统理论认为人们对客观事物的认识具有广泛的灰色性，即信息的不完全性和不确定性，因而由客观事物所形成的是一种灰色系统，即部分信息已知、部分信息未知的系统。同时人们对被评价事物的认识也具有灰色性，故可以借助灰色系统的相关理论进行综合评价。

(5)模糊综合评判法

模糊综合评判法以模糊数学为基础,应用模糊关系和合成的原理,将一些边界不清、不易低定量的因素定量化进行评定。

综合评定法的特点是概念清晰、应用简单,主要用于对桥梁运营状态的评估,其广泛的适用性说明该方法具有很强的生命力;直接评定法可根据桥梁的缺损状况直接对桥梁进行评定分类,具有快速、便捷的特点,但直接评定只能针对桥梁技术状况较差的桥梁进行评定;经验评定法所有方法中综合评定法应用最为广泛,并最为实用,要对桥梁进行综合评定,首先要对桥梁结构缺损状况和桥梁技术状况进行评定,对于受损严重的桥还要进行结构检算和承载能力评定。

对通过评定划分的各类桥梁,应采取不同的养护措施。一类桥梁进行正常保养;二类小桥需进行小修;三类桥梁需进行中修,酌情进行交通管制;四类桥梁需进行大修或改造,及时进行交通管制,如限载、限速通过,当缺损较严重时应关闭交通:五类桥梁需要进行改建或重建,及时关闭交通。

3.2.3 桥梁技术状况等级评分方法

对通过评定划分的各类桥梁,应采取不同的养护措施。一类桥梁进行正常保养;二类小桥需进行小修;三类桥梁需进行中修,酌情进行交通管制;四类桥梁需进行大修或改造,及时进行交通管制,如限载、限速通过,当缺损较严重时应关闭交通;五类桥梁需要进行改建或重建,及时关闭交通。

3.2.4 桥梁技术状况等级评定标准

桥梁技术状况评定等级,分为一类、二类、三类、四类、五类。桥梁总体及部件的技术状况评定标准见表3.6,拱、墩台恒载下的裂缝宽度最大限值规定见表3.7。裂缝超过表列数据时应进行修补,以保证结构耐久性。

裂缝缝宽限值 表3.7

结构类型	裂缝各类	允许最大缝宽(mm)	其他要求
砖、石、混凝土拱墩台	拱圈横向	0.30	裂缝高度小于截面高度一半
	拱圈纵向(裂缝)	0.50	裂缝长小于跨径1/8
	拱波与拱肋结合处	0.20	
	墩台帽	0.30	不允许贯通墩台身截面一半
	墩台身	经常受侵蚀性环境水影响	有筋
			无筋
	梁体纵向裂缝	常年有水,但无侵蚀性水影响	有筋
			无筋
	拱圈纵向(裂缝)	干沟或季节性有水河流	0.40
	有冻结作用部分	0.40	

注:表中所列除特指外适用于一般条件,对于潮湿和空气中含有较多腐蚀性气体等条件下的缝宽限制应要求严格一些。

3.3 桥梁材质状况与状态参数检测评定及危桥判断

3.3.1 一般规定

(1)在用桥梁有下列情况之一时,应进行承载能力检测评定:

①技术状况等级为四、五类的桥梁。

②拟提高荷载等级的桥梁。

③需通过特殊重型车辆荷载的桥梁。

④遭受重大自然灾害或意外事件的桥梁。

(2)在用桥梁承载能力检测评定应包含以下工作内容,必要时还应进行荷载试验评定:

①桥梁缺损状况检测评定。

②桥梁材质状况与状态参数检测评定。

③桥梁承载能力检测评定。

(3)对于多跨或多孔桥梁,应根据桥梁技术状况检测评定情况,选择具有代表性的或最不利的桥跨进行承载能力检测评定。

3.3.2 结构缺损状况的评定原则和方法

双曲拱桥的评定是一个综合评价的问题,涉及评定方法与评定标准(依据相关标准、规范、试验结果及专家经验等所制定的分类等级)。桥梁状况评定,涉及许多相关因素:一条线路包括许多桥梁;一座桥梁包括上部、下部和基础,每部分又包含许多基本构件;一个基本构件,因设计、施工、使用中的多种原因可能存在一种或多种缺损;

评定原则:①根据缺损形式、程度、发展变化状态和可能导致的不良后果以及对桥梁使用功能的影响,以累加记分的方式对结构部、构件的缺损状况做出等级评定。②根据重要部件(如墩台基础,上部主要承重构件、支座),以其中缺损最严重的构件进行评分,实行一票否决制。对于其他部件,根据多数构件缺损状况评分。③根据重要构件的缺损状况评定分,对结构总体状况做出评定。对于多孔桥,以缺损最严重一孔的重要构件的评分作为全桥总体状况评分。

缺损小至大,少至多,轻至重分成三个标度,分别评分为0、1、2;由于缺损对功能造成影响的程度,再分三个等级;对功能无影响,则对上述标度分不加不减,对功能有较小或次要影响,标度分加1,由0、1、2变成1、2、3;影响功能大而重要,将上述标度分加2,变为2、3、4。由上述两项评定某一构件可能有5个等级,即1、2、3、4、5。根据这6个等级,便可将部件进行划分类别,决定维修方式。

3.3.3 桥梁材质状况与状态参数检测评定

3.3.3.1 桥梁几何形态参数检测评定

(1)应测定桥跨结构纵向线形、拱轴线形和墩(台)顶的竖向和水平变位。

(2)拱轴线宜按桥跨的8等分点分别在拱背和拱腹布点。

3.3.3.2 桥梁恒载变异状况调查评估

(1)桥梁总体尺寸的测量。

(2)桥梁构件尺寸的测量。

(3)桥梁铺装厚度及拱上填料重度测定。

(4)其他附加荷载调查。

3.3.3.3 桥梁材质强度检测

桥梁的主要构件,应采用无损、半破损或钻、截取试样等方法检测其材质强度。

构件实测截面强度推定值或测区平均换算强度(表3.8),按下式计算强度均质系数 K_{bt} 或平均强度均质系数 K_{bm},按下式确定混凝土强度评定标准:

①强度均质系数:

$$K_{bt} = \frac{R_{it}}{R}$$

式中:R_{it}——混凝土实测强度推定值;

R——混凝土设计强度等级。

②平均强度均质系数:

$$K_{bm} = \frac{R_{im}}{R}$$

式中:R_{im}——混凝土测区平均换算强度值。

桥梁混凝土强度评定标准 表3.8

K_{bt}	K_{bm}	强度状况	评定标准
≥0.95	≥1.00	良好	1
(0.95,0.90]	(1.00,0.95]	较好	2
(0.90,0.80]	(0.95,0.90]	较差	3
(0.80,0.70]	(0.90,0.85]	差	4
<0.70	<0.85	危险	5

3.3.3.4 混凝土桥梁钢筋锈蚀电位检测评定

混凝土桥梁主要构件或主要受力部位,每个测区测点数不宜少于20个。

应根据表3.9评定混凝土桥梁钢筋发生锈蚀的概率或锈蚀活动性,并应按照测区锈蚀电位水平最低值,确定钢筋锈蚀电位评定标度。

混凝土桥梁钢筋锈蚀电位评定标准 表3.9

电位水平(mV)	钢筋状况	评定标准
≥-200	无锈蚀活动性或锈蚀活动性不确定	1
(-200,-300]	有锈蚀活动性,但锈蚀状态不确定,可能坑蚀	2
(-300,-400]	有锈蚀活动性,发生锈蚀概率大于90%	3
(-400,-500]	有锈蚀活动性,严重锈蚀可能性极大	4
<-500	构件存在锈蚀开裂区域	5

3.3.3.5 混凝土桥梁氯离子含量检测评定

对钢筋锈蚀电位评定标度值为3、4、5的主要构件或主要受力部位,应布置测区,每一个测区数量不宜少于3个,见表3.10。

混凝土氯离子含量评定标准 表3.10

氯离子含量(占水泥含量的百分比)	诱发钢筋锈蚀的可能性	评定标准
<0.15	很小	1
[0.15,0.40)	不确定	2
[0.40,0.70)	有可能诱发钢筋锈蚀	3
[0.70,1.00)	会诱发钢筋锈蚀	4
≥1.00	钢筋锈蚀活化	5

3.3.3.6 混凝土桥梁电阻率检测评定

对于钢筋锈蚀电位评定标度值为3、4、5的主要构件或主要受力部位,应进行电阻率测量,测区数量不宜少于30个。

应根据表3.11评定钢筋锈蚀速率,按照测区电阻率最小值确定混凝土电阻率评定标度。

混凝土电阻率评定标准 表3.11

电阻率(Ω·cm)	可能的锈蚀速率	评定标度
≥20 000	很慢	1
[15 000,20 000)	慢	2
[10 000,15 000)	一般	3
[5 000,10 000)	快	4
<5 000	很快	5

3.3.3.7 混凝土桥梁碳化状况检测评定

对钢筋锈蚀电位评定标度值为3、4、5的主要构件或主要受力部位,应进行混凝土碳化状况检测。被测构件或部位的测区数量不应少于3个或混凝土强度测区数量的30%。

应根据测区混凝土碳化深度平均值与实测保护层厚度平均值的比值K_c,按表3.12的规定确定混凝土碳化评定标度。

混凝土碳化评定标准 表3.12

K_c	评定标度	K_c	评定标度
<0.5	1	[1.5,2.0)	4
[0.5,1.0)	2	≥2.0	5
[1.0,1.5)	3		

3.3.3.8 混凝土桥梁钢筋保护层厚度检测评定

(1)混凝土桥梁钢筋保护层厚度检测应包括钢筋位置和混凝土保护层厚度测量,对缺失资料的桥梁还应包括直径的检测。

(2)混凝土桥梁钢筋保护层厚度检测部位应包括：

①主要构件或主要受力部位。

②钢筋锈蚀电位测试结果表明钢筋可能锈蚀活化的部位。

③发生钢筋锈蚀胀裂的部位。

④布置混凝土碳化测区的部位。

(3)检测构件或部位的钢筋保护层厚度平均值 $\overline{D}_n$ 应按下式计算：

$$\overline{D}_n=\frac{\sum_{i=1}^{n}D_{ni}}{n}$$

式中：D_{ni}——钢筋保护层厚度实测值，精确至 0.1mm；

n——检测构件或部位的测点数。

检测构件或部位的钢筋保护层厚度特征值 D_{ne} 应按下式计算：

$$D_{ne}=\overline{D}-K_{p}S_{D}$$

式中：S_D——钢筋保护层厚度实测标准差，精确至 0.1mm；

$$S_{D}=\sqrt{\frac{\sum_{i=1}^{n}(D_{ni})^{2}-n(\overline{D}_{n})^{2}}{n-1}}$$

K_p——判定系数，按表 3.13 取用。

钢筋保护层厚度判定系数　　表 3.13

n	10～15	16～24	≥25
K_p	1.695	1.645	1.595

应根据检测构件或部位的钢筋保护层厚度特征值 D_{ne} 与设计值 D_{nd} 的比值，按表 3.14 的规定确定钢筋保护层厚度评定标度。

钢筋保护层厚度评定标准　　表 3.14

D_{ne}/D_{nd}	对结构钢筋耐久性的影响	评定标度
>0.95	影响不显著	1
(0.85,0.95]	有轻度影响	2
(0.70,0.85]	有影响	3
(0.55,0.70]	有较大影响	4
≤0.55	钢筋失去碱性保护，发生锈蚀	5

3.3.3.9 桥梁结构自振频率检测评定

宜根据实测自振频率 f_{mi} 与理论计算频率 f_{di} 的比值，按表 3.15 的规定确定自振频率评定标度。

3.3.3.10 桥梁基础与地基检测评定

桥梁基础变位检测评定应包括以下三个方面：

(1)基础的竖向沉降、水平变位和转角。

(2)相邻基础的沉降差。

(3)基础的不均匀沉降、滑移、倾斜和冻坡等。

桥梁自振频率评定标准　　表 3.15

上部结构	下部结构	评定标度
f_{mi}/f_{di}	f_{mi}/f_{di}	
≥1.1	≥1.2	1
[1.00,1.10)	[1.00,1.20)	2
[0.90.1.00)	[0.95,1.00)	3
[0.75,0.90)	[0.80,0.95)	4
<0.75	<0.80	5

3.3.4 危桥判断

目前我国在役公路桥梁多建于 20 世纪 50 年代以后,限于当时技术水平和历史条件,桥梁设计和施工水平不高,留下质量隐患,加上超重车辆作用频繁、养护不及时等原因,我国在役桥梁技术现状不容乐观,主要表现在如下几个方面:

一是相当比例的桥梁设计承载力低,不能满足重载交通要求。我国桥梁设计荷载标准,20 世纪 50 年代至 90 年代末为汽车—10 级、汽车—13 级、汽车—15 级、汽车—20 级、汽车—超 20 级,现行标准为公路—Ⅱ级、公路—Ⅰ级。建于 20 世纪 80 年代前的桥梁,设计荷载一般为汽车—10 级、汽车—13 级、汽车—15 级。根据现行《公路工程技术标准》(JTG B01—2003),桥梁设计荷载公路—Ⅱ级、公路—Ⅰ级。根据荷载等级公路—Ⅱ级相当于汽车—20 级这一标准判定,我国这些桥梁承载力不符合现行标准,属“等外”桥梁,属于承载力不达标桥梁。而且,有关研究分析表明,设计荷载为汽车—20 级的桥梁承载力仍稍低于公路—Ⅱ级标准,因此按此标准判定,建于 20 世纪 80 年代至 90 年代末的汽车—20 级的桥梁,也属于等外桥梁。因此,我国在役桥梁中承载力属于“等外”的桥梁占相当大的比例。这些桥梁应予加固提级,使其承载力至少达到公路—Ⅱ级。

二是目前我国绝大多数在役桥梁设计时仅进行构件强度验算,而未进行耐久性设计,目前构件材料老化退化严重,病害严重。众所周知,桥梁使用寿命不仅取决于其构件强度,还取决于构件的耐久性,也就是构件在使用期内保持强度和结构完整的性能。限于当时知识水平和经济发展水平,2004 年我国公路桥梁设计未规定使用寿命,桥梁设计是仅要求满足强度指标。2004 年实施的《公路桥涵设计通用规范》(JTG D60—2004)提出桥梁设计基准期 100 年,而设计基准期概念并不明确,不等同于使用寿命,而且也没有实现设计基准期 100 年的技术措施的具体方法;2004 年实施的《公路工程技术标准》(JTG B01—2003)提出了实现设计基准期的技术要求,但仅为“推荐性标准”,强制性不足。因此,目前我国桥梁设计时尚未充分考虑桥梁使用寿命,设计文件缺构件耐久性设计。实际上,发达构件的桥梁设计尚未充分考虑使用寿命。例如,上海的“外白渡桥”是一家英国公司设计的,20 世纪 90 年代,该公司来函告知中国政府部门,称到某年某月某日,该桥寿命已到 100 年,“我们对该桥的责任已经终止”,这就是寿命期问责的体现。

在我国,部分氯盐环境(海洋环境)的桥梁,设计时未对构件进行耐久性设计,使用仅数年即产生混凝土剥落、钢筋锈蚀等严重病害，其寿命可想而知；有的桥梁虽然投入巨资维修加固，但由于有的部位，如海水海床中桥墩无法维修，留下了隐患。

三是目前我国多数在役桥梁尤其是中小桥设计时对次要构件和附属设施不够重视。例如，桥面混凝土层配筋少甚至无钢筋，钢筋混凝土栏杆的保护层过薄，泄水管过短，桥面排水系统不合理，采用油毡支座，未预留支座更换空间等。又如，由于不重视支座养护，支座损坏，橡胶支座老化变形破损，原钢支座锈蚀失效，原活动支座变为固定支座，主梁由受弯构件成弯拉构件。

四是失养问题严重。尽管多次强调建养并重，但地方重建轻养的现象依然存在，有的还相当严重。目前，我国公路桥梁养护管理仍存在各种观念和技术问题，甚至体制障碍。由于近年来交通量增长迅猛，大件运输车和超重车日益增多，公路运输对公路桥梁的通行能力和承载能力的要求越来越高，而一些旧桥陈旧老化，破损现象日趋严重，许多旧桥难以适应日趋增长的交通量需要。据有关资料介绍，目前我国危拱桥数量为 4 万余座，载重荷载标准低的情况也相当严重，虽然改建了一部分危桥旧桥，但仍有相当大数量的危桥还在使用。

危桥，即处于危险状态的桥梁，具体可划分为三类：一是通行安全不足的危桥；二是桥梁结构承载能力不足的危桥；三是抗灾能力不足的危桥。

通行安全不足的危桥是指表征桥梁使用功能的主要技术指标（如非主要承重构件的完好程度、桥面的平顺度、行车和行人的安全防护装置或构造物的安全可靠性等），不能满足设计技术标准所规定的最低限度的使用功能行要求，可能会危及桥梁正常使用状况下的通行安全的桥梁。

抗灾能力不足的危桥是指实际承载能力不能满足有关技术标准规定的最低承载能力或不满足实际通行荷载要求的桥梁。

抗灾能力不足的危桥是在可能的突发灾难或意外事件的状态下，会出现危险状况的桥梁。

现从通行安全、结构安全和抗灾安全三个方面阐述公路危桥判定的主要技术指标。

3.3.4.1 通行安全有关的指标

(1)桥面净宽与桥下净空

①桥面净宽。

高速公路行车道宽	小于引道行车道宽	
一级公路行车道宽	小于引道行车道宽	
二级公路行车道宽	双向	小于 7m
	单向	小于 3.5m
三、四级公路行车道宽	双向	小于 6m
	单向	小于 3m

②桥下净空。

跨线桥	净高小于 4m
	净宽小于 3m
跨河桥下通航　最高水位时	净高小于 4m
	净高小于 3m
跨河桥下不通航　最高水位时	净高小于 0.5m

(2)桥面平顺度指标

包括桥头高低差（跳车现象）以及由于墩台沉降和桥面铺装损坏等原因所致其他病害。

①桥头高低差。

高速公路(一级公路)桥	大于 5cm
二级公路桥	小于 7cm
三、四级公路桥	小于 9cm

②墩台沉降(无明显倾斜)。

高速公路(一级公路)桥	大于 15cm
二级公路桥	小于 20cm
三、四级公路桥	小于 25cm

③桥面铺装损坏深度。

高速公路(一级公路)桥	大于 5cm
二级公路桥	小于 7cm
三、四级公路桥	小于 9cm

(3)桥梁防撞护栏

①防撞护栏安全等级不满足实际要求。

②防撞护栏严重缺损,不能正常发挥防护作用。

③人行道栏杆缺失重要构件。

(4)桥梁线形指标

指桥头接线不满足相应路线等级的线形要求。

3.3.4.2 与结构安全有关的指标

桥梁结构不能承受在桥梁正常运营期间可能出现的各种荷载、外加变形、约束变形及环境作用等。

(1)结构构件表观缺损状况按公路旧桥检测评定规程规定方法评其状态为危险状态(五类桥)。

①上部结构承重构件主要表观特征。

a. 行车道板出现严重的横、纵向受力裂缝,裂缝宽度大于 0.5mm,裂缝特征呈典型的构件受力开裂特征,且裂缝开裂程度已达到或超出构件的开裂临界特征。

b. 行车道板集中受力部位(如承压部位)出现受力破坏。

c. 拱肋等上部主要承重构件发生较大下挠变形或出现不稳定的持续下挠现象。

d. 主梁(板)正、负弯矩或弯曲正应力最大部位大量出现弯曲裂缝,且裂缝宽度、间距和裂缝延伸高度超出理论计算值。

e. 主梁(板)最不利剪刀或主拉应力控制截面附近集中出现斜向主拉应力裂缝,或导致主梁有明显下挠变形。

f. 拱结构弯矩控制截面(拱顶、拱脚等)出现典型的弯曲受力裂缝,且裂缝的延伸高度大于截面高度的 1/2。

g. 拱结构受力集中部位(拱脚、预制拼装构件连接部位等)出项局部受力破坏。

h. 上部结构承重构件实际承载能力比设计承载能力降低 25% 以上。

②下部结构。

a. 考虑结构实际检测结果后检算的承载能力不满足要求。

b. 稳定的持续变位。

c. 造成上部结构出现不稳定现象。

(2)结构强度与稳定性、地基与基础、构刚度与开裂状况不符合《公路桥涵设计通用规范》(JTG D60—2004)、《公路桥梁承载能力检测评定规程》(JTG/T J21—2011)等有关规定。

(3)墩台基础沉降趋于稳定,但总沉降量及沉降差不满足有关规范的技术要求。

3.3.4.3 与抗灾安全有关的指标

与抗灾安全有关的指标主要是指桥梁在偶然荷载(地震、强风、洪水)或偶然事件(爆炸、撞击等)发生时和发生后,结构能否保持整体稳定性,不发生倒塌。

(1)泄洪能力 1/50。

(2)1/20 洪水造成基础冲刷异常。

(3)已出现冲刷造成基底淘空,或桥梁墩台基础埋置深度、桩基入土深度不满足洪水冲刷要求。

(4)已出现冲刷,造成桩基础颈缩。

(5)持力层位于有滑动迹象的地基上。

(6)可能遭受泥石流冲击的桥梁。

(7)对有通航要求的桥梁,桥墩(台)及预防设施的抗撞击能力不满足实际通航要求。

3.4 实　　例

3.4.1 益阳市志溪河桥技术状况评定

3.4.1.1 桥梁概况

志溪河大桥位于益阳船舶厂至黄泥湖市郊公路上,位于李家洲跨越志溪河出口入资水处,1974 年建,跨径布置: 1 × 30m + 2 × 40m,桥长 108.10m,宽 6.0m,下部构造为石砌墩台(图 3.2)。

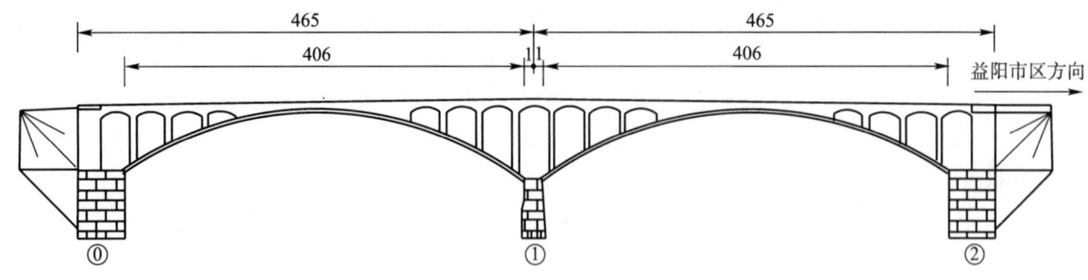

图 3.2　志溪河大桥全桥布置图

3.4.1.2 病害描述

主拱圈:拱肋为钢筋混凝土结构,拱波为预制混凝土结构,厚 10cm,拱北现浇混凝土,厚约 20cm 拱圈。拱肋存在混凝土老化,剥落现象;主拱肋存在的细微裂缝,全桥 8 根拱肋中有 3 根拱肋发现了 5 条微裂缝,宽度都在 0.05 ~0.1mm,没有发现大的裂缝,见表 3.16。拱脚处露筋和锈蚀比较严重,全桥 16 个拱脚中有 8 个出现不同程度的混凝土脱落,露筋。拱圈碳化深度大,通过对主拱肋混凝土取芯的强度检测结果表明,混凝土的强度的推定值均小于 C25。

主拱圈检查情况汇总表 表 3.16

部件	拱肋病害描述	横梁病害	拱板描述
第一跨	材料老化严重；大部分横梁与拱肋间连接较好 6 个拱脚处有露筋、钢筋锈蚀、混凝土剥落； 跨中拱肋三分之一区域出现贯通性裂缝，裂缝宽度在 0.20mm 以上	材料老化严重； 横梁表面无裂缝； 表面粗糙，未发现裂缝	拱脚处拱背有宽 0.2mm 的裂缝
第二跨	材料老化严重；横梁表面无裂缝； 露筋，钢筋锈蚀；桥台处拱脚有露筋钢筋锈蚀； 跨中拱肋三分之一区域出现贯通性裂缝，裂缝宽度在 0.20mm 以上	材料老化严重，表面粗糙，未发现裂缝； 横梁与拱肋联系较好	拱脚处拱背有宽 0.2mm 的裂缝

综合评定法主要检测内容可以得到拱上建筑检测结果，立柱检测结果，见表 3.17、表 3.18。拱图病害见图 3.3。

拱上建筑检查情况 表 3.17

第一跨	8	8m	10mm	材料老化严重，局部混凝土剥落； 立柱上的拱形盖梁拱顶处均有纵向贯通裂缝，部分裂缝渗水严重	连接较差，部分有空隙	连接较差，部分有空隙

立柱检测结果情况表 表 3.18

柱位置号	检测方法	病害描述
1	首先用目测，发现病害后，进行测量和记录	引桥与主桥连接柱，偏移，顶部向河中方向偏移 30cm
2		2 号位的四根立柱病害十分严重，每根柱子都有钢筋锈蚀，混凝土脱落严重，柱底露筋严重；柱上渗水严重；柱顶处有偏移
3		3 号四根立柱病害十分严重，每根柱子都有钢筋锈蚀，混凝土脱落严重，柱底露筋严重；风化严重
4		横墙渗水
5		横墙渗水
6		横墙渗水
7		横墙渗水
8		四根立柱病害十分严重，每根柱子都有钢筋锈蚀，混凝土脱落严重，柱底露筋严重；柱上渗水严重
9		四根立柱病害十分严重，每根柱子都有钢筋锈蚀，混凝土脱落严重，柱底露筋严重，柱下的横梁有两条裂缝；长约 0.7m，宽 0.2mm
10		四根立柱病害十分严重，每根柱子都有钢筋锈蚀，混凝土脱落严重，柱底露筋严重
11		柱子都有钢筋锈蚀，混凝土部分脱落严重，但不是十分严重，露筋
12		横墙，有部分混凝土脱落，渗水严重
13		墙上渗水严重
14		墙上渗水严重

续上表

柱位置号	检测方法	病 害 描 述
15	首先用目测，发现病害后，进行测量和记录	墙上渗水
16		柱子都有钢筋锈蚀，混凝土部分脱落，但不是十分严重；柱上有渗水
17		四根立柱病害十分严重，每根柱子都有钢筋锈蚀，混凝土脱落严重，露筋长度长达0.5~1.5m，特别是柱底位置
18		桥台处主桥与引桥连接处横墙，在横向1/2处有竖向裂缝，长约2.4m，宽0.1cm

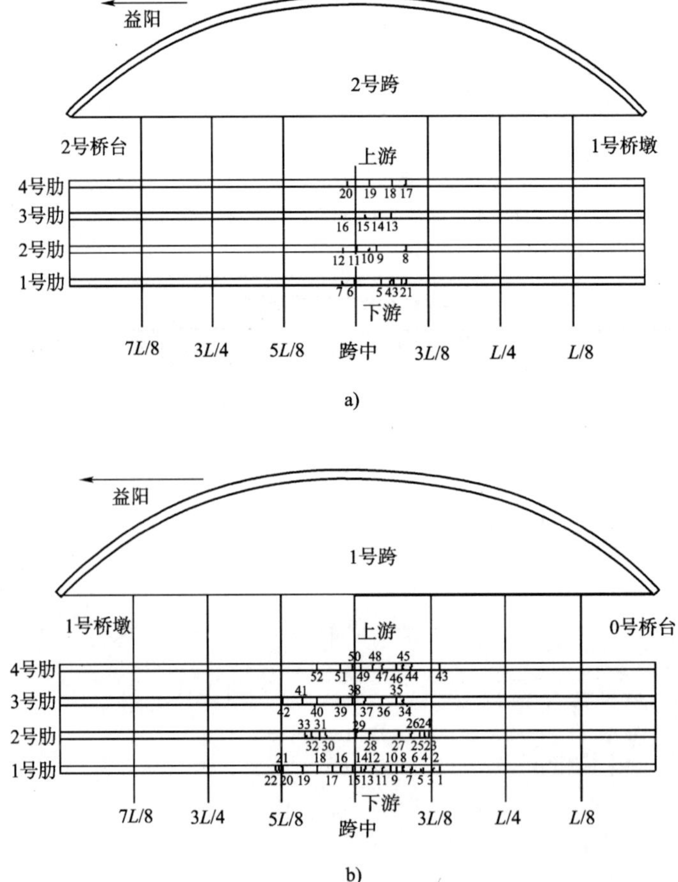

图3.3 拱圈病害示意图(尺寸单位：m)

3.4.1.3 评定

(1)综合评定法

根据《公路桥梁技术状况评定标准》(JTG/T H21—2011)先对桥梁受损程度评定扣分标度，根据第2节中综合评定法标度确定单项扣分 DP_{ij}(表3.19)，按标准中规定的公式计算得出构件技术状况评分 $PMCI_1$($BMCI_1$ 或 $DMCI_1$)和部件技术状况评分 $PCCI_i$($BCCI_i$ 或 $DCCI_i$)，再根据得到的结果确定桥梁的各部分的技术状况评分。

志溪河大桥上部结构的评定见表3.20，部分计算过程如下：

构件各检测指标扣分值 表 3.19

<table>
<tr><th rowspan="2">检测指标所能达到的最高等级类别</th><th colspan="5">指标类别</th></tr>
<tr><th>1 类</th><th>2 类</th><th>3 类</th><th>4 类</th><th>5 类</th></tr>
<tr><td>3 类</td><td>0</td><td>20</td><td>35</td><td>-</td><td>-</td></tr>
<tr><td>4 类</td><td>0</td><td>25</td><td>40</td><td>50</td><td>-</td></tr>
<tr><td>5 类</td><td>0</td><td>35</td><td>45</td><td>60</td><td>100</td></tr>
</table>

上部结构评分 表 3.20

<table>
<tr><th></th><th>要素</th><th>损坏类型</th><th colspan="2">标度</th><th>单项扣分 DP_{ij}</th><th>计算变量 U_x</th><th colspan="2">构件技术状况评分 $PMCI_l$</th><th>部件技术状况评分 $PCCI_l$</th><th>权重 W_i</th><th>$PCCI_l \times W_i$</th></tr>
<tr><td rowspan="16">上部结构</td><td rowspan="4">主拱圈</td><td rowspan="2">裂缝</td><td>第一跨</td><td>3</td><td>45</td><td>45</td><td rowspan="2">第一跨</td><td rowspan="2">38.9</td><td rowspan="4">23.63</td><td rowspan="4">0.7</td><td rowspan="4">22.95</td></tr>
<tr><td>第二跨</td><td>3</td><td>45</td><td>45</td></tr>
<tr><td rowspan="2">横向联系变形</td><td>第一跨</td><td>2</td><td>35</td><td>16.1</td><td rowspan="2">第二跨</td><td rowspan="2">38.9</td></tr>
<tr><td>第二跨</td><td>2</td><td>35</td><td>16.1</td></tr>
<tr><td rowspan="7">拱上建筑</td><td rowspan="2">立柱倾斜</td><td>第一跨</td><td>4</td><td>60</td><td>60</td><td colspan="2" rowspan="7">9.01</td><td rowspan="7">0</td><td rowspan="7">0.2</td><td rowspan="7">0</td></tr>
<tr><td>第二跨</td><td>4</td><td>60</td><td></td></tr>
<tr><td>主拱圈裂缝</td><td colspan="2">4</td><td>60</td><td>16.97</td></tr>
<tr><td>表面缺陷</td><td colspan="2">4</td><td>50</td><td>6.64</td></tr>
<tr><td>拱上填料开裂</td><td colspan="2">3</td><td>40</td><td>3.28</td></tr>
<tr><td>拱上结构裂缝</td><td colspan="2">3</td><td>40</td><td>2.35</td></tr>
<tr><td>渗水</td><td colspan="2">3</td><td>4</td><td>1.75</td></tr>
<tr><td rowspan="5">桥面板</td><td>跨中挠度</td><td colspan="2">4</td><td>60</td><td>60</td><td rowspan="3">第一跨</td><td rowspan="3">15.28</td><td rowspan="5">6.8</td><td rowspan="5">0.1</td><td rowspan="5">0.68</td></tr>
<tr><td>钢筋锈蚀</td><td colspan="2">3</td><td>45</td><td>12.73</td></tr>
<tr><td>混凝土保护层厚度</td><td colspan="2">3</td><td>40</td><td>6.30</td></tr>
<tr><td>剥落、掉角</td><td colspan="2">4</td><td>40</td><td>4.19</td><td rowspan="2">第二跨</td><td rowspan="2">15.28</td></tr>
<tr><td>蜂窝、麻面</td><td colspan="2">2</td><td>20</td><td>1.5</td></tr>
</table>

$$U_1 = 60$$

$$U_2 = 60(100 - 60)/100\sqrt{2} = 16.97$$

$$U_3 = 50(100 - 60 - 16.97)/100\sqrt{3} = 6.64$$

$$U_4 = 40(100 - 60 - 16.97 - 6.64)/100\sqrt{4} = 3.28$$

$$U_5 = 40(100 - 60 - 16.97 - 6.64 - 3.28)/100\sqrt{5} = 2.35$$

$$U_6=40(100-60-16.97-6.64-3.28-2.35)/100\sqrt{6}=1.75$$

故拱上建筑技术状况评分为：

$$\begin{aligned}\text{PMCI}_{拱上建筑(1)}&=100-U_1-U_2-U_3-U_4-U_5-U_6\\&=100-60-16.97-6.64-3.28-2.35-1.75\\&=9.01\end{aligned}$$

$$\begin{aligned}\text{PMCI}_{拱上建筑(2)}&=100-U_1-U_2-U_3-U_4-U_5-U_6\\&=100-60-16.97-6.64-3.28-2.35-1.75\\&=9.01\end{aligned}$$

$$\text{PCCI}_{拱上建筑}=\overline{\text{PMCI}}-(100-\text{PMCI}_{\min})/t=\frac{9.01+9.01}{2}-(100-9.01)/10=0\ 分$$

则上部结构得分为：

$$\text{SPCI}=\sum_{i=1}^{m}\text{PCCI}_i\times W_i=32.79\times0.7+0\times0.2+6.8\times0.1=23.63\ 分$$

志溪河大桥桥面系的评定(表3.21)：

桥面系各部件的得分计算 表3.21

	部　件	评定指标	标度	单项扣分 DP_{ij}	计算变量 U_x	构件技术状况评分 $DMCI_l$	部件技术状况评分 $DCCI_l$
桥面系	桥面铺装	裂缝	3	40	40	42.26	42.26
		坑洞	2	25	10.61		
		磨光、脱皮	2	25	7.13		
	伸缩缝	缺失	—	100	100	0	0
	人行道	破损	2	25	25	75	75
	栏杆、护栏	破损	3	40	40	60	60
	排水系统	排水不畅	3	40	40	60	60
	照明、标志	缺失	—	100	100	0	0

则桥面系得分为：

$$\text{BDCI}=\sum_{i=1}^{m}\text{DCCI}_i\times W_i=36.40$$

志溪河大桥下部结构的评定(表3.22)：

下 部 结 构 评 分 表3.22

评 价 部 件		评 定 指 标	病害等级	扣分值(DP_{ij})	$BMCI_l$	$BCCI_i$
桥台	0号台	桥台有孔洞	2	25	61.74	57.9
		砌体局部灰缝脱落	2	25		
	2号台	桥墩有孔洞	2	25	61.74	
		砌体局部灰缝脱落	2	25		
桥墩	1号墩	桥台有孔洞	2	25	61.74	61.7
		砌体局部灰缝脱落	2	25		

则下部结构得分为：

桥梁下部构件其他部件没有明显病害，不扣分。

综合桥墩、桥台、基础等病害等级划分及相应扣分值得桥梁下部结构得分。

$$\mathrm{SBCI}=\sum_{i=1}^{m}\mathrm{BCCI}_i \times W_i = 42.70$$

根据《公路桥梁技术状况评定标准》(JTG/T H21—2011)，桥梁结构组成权重(表3.23)，得到志溪河大桥桥梁总体技术状况得分为：

桥梁结构组成权重表 表3.23

桥梁部位	权重值	桥梁部位	权重值
桥面系	0.20	下部结构	0.40
上部结构	0.40		

$$D_r=\mathrm{BDCI}\times W_D+\mathrm{SPCI}\times W_{SP}+\mathrm{SBCI}\times W_{SB}=36.40\times 0.2+23.63\times 0.4+42.70\times 0.4=33.81$$

根据《公路桥梁技术状况评定标准》(JTG H21—2011)(表3.24)规定，40分以下的桥梁评定为5类桥，故此桥可评定为5类桥。

桥梁技术状况分类界限 表3.24

技术状况评分	技术状况等级 D_j				
	1类	2类	3类	4类	5类
D_r(SPCI、SBCI、BDCI)	[95,100]	[80,95)	[60,80)	[40,60)	[0,40)

(2)直接评定法

双曲拱桥中主拱圈病害的描述：拱圈碳化深度大，通过对主拱肋混凝土取芯的强度的检测结果表明，混凝土的强度的推定值均小于C25，拱波存在纵桥向裂缝，全桥共发现裂缝多条，其中最长的裂缝为1.2m，裂缝最大宽度为0.46mm，而且这些裂缝部分还存在渗水，漏水的情况。另外，桥头两侧距拱脚1m处拱板横向裂缝，最大宽度约为0.3mm，贯穿拱波宽度；主拱圈位移超过限定值。

故此桥可根据直接评定为5类桥的情况中的第二条：结构出现明显的永久变形，变形大于规范值；直接评定此桥为5类桥。

3.4.2 益阳市三叉河中桥技术状况评定

3.4.2.1 桥梁概况

三叉河中桥位于益阳市，始建于1976年。为单跨净跨径38m的钢筋混凝土排柱式空腹双曲拱桥，主拱圈有3条拱肋。桥面铺装为混凝土；下部构造为组合式桥台。全长48.50m，净4.0m +2×0.25m，净矢高4.9m，矢跨比1/8，见图3.4。

图3.4 三叉河中桥全桥概貌照片

3.4.2.2 评定过程(综合评定法)

在桥梁检测过程中根据规范中的检测内容，和常用的检测工具和方法，得到了三叉桥的检测结果，根据病害检测结果得到单项扣分值 DP_{ij} 见表3.19。

三叉河中桥桥面系评定：

$$\mathrm{DMCI}_l = 100 - \sum_{x=1}^{k} U_x$$

$$U_1 = \mathrm{DP}_{ij}$$

$$U_x = \frac{\mathrm{DP}_{ij}}{100 \times \sqrt{x}} \times (100 - \sum_{y=1}^{x-1} U_y)\ (其中 j = x)$$

$$\mathrm{DCCI}_i = \overline{\mathrm{DMCI}} - (100 - \mathrm{DMCI}_{min})/t$$

得到表 3.25：

桥面系各部件的得分计算 表 3.25

	部 件	评定指标	标度	单项扣分 DP_{ij}	计算变量 U_x	构件技术状况评分 DMCI_l	部件技术状况评分 DCCI_l
桥面系	桥面铺装	裂缝	3	40	40	42.26	42.26
		坑洞	2	25	10.61		
		磨光、脱皮	2	25	7.13		
	伸缩缝	失效	1	0	0	100	100
	人行道	破损	2	25	25	75	75
	栏杆、护栏	破损	3	40	40	60	60
	排水系统	排水不畅	3	40	40	60	60
	照明、标志	污损或损坏	1	0	0	100	100

得到桥面系技术状况评分：

$$\mathrm{BDCI} = \sum_{i=1}^{m} \mathrm{DCCI}_i \times W_i$$

$$= 42.26 \times 0.4 + 100 \times 0.25 + 75 \times 0.1 + 60 \times 0.1 + 60 \times 0.1 + 100 \times 0.05$$

$$= 66.40$$

同理上部结构各部件的得分：

$$\mathrm{SPCI} = \sum_{i=1}^{m} \mathrm{PCCI}_i \times W_i = 32.77$$

同理下部结构各部件的得分：

$$\mathrm{SBCI} = \sum_{i=1}^{m} \mathrm{BCCi}_i \times W_i = 59.15$$

根据表 3.23 中桥梁结构组成权重值，计算得到三叉河中桥总体技术状况评分：

$$D_r = \mathrm{BDCI} \times W_D + \mathrm{SPCI} \times W_{SP} + \mathrm{SBCI} \times W_{SB} = 32.77 \times 0.4 + 59.15 \times 0.4 + 66.40 \times 0.2 = 50.05$$

根据表 3.24 中桥梁技术状况分类界限表，可以评定此桥为四类桥。

3.4.2.3 结构验算

由于此桥为四类桥，还需要进行结构检算，根据规范计算要求，结合桥梁的基本尺寸，综合考虑材料的碳化、缺损以及钢筋的锈蚀等各种因素的影响，对主拱圈的结构承载能力进行检算检算结果见表3.26。

内力计算结果一览表 表3.26

	拱脚最大负弯矩	拱脚最大轴力	1/4 最大正弯矩	1/4 最大负弯矩	拱顶最大正弯矩
公路Ⅱ级(考虑拱上建筑并折减)	-405.62kN·m	613.78kN	202kN·m	-154.66kN·m	258.92kN·m
	拱脚弯矩	拱脚轴力	1/4 弯矩		拱顶弯矩
恒载	0	106.10kN	0		0
人群荷载	1.11kN·m	92.24kN		-3.21kN·m	3.71kN·m
整体升温15℃(考虑折减)	825.33kN·m	155.73kN	89.887kN·m		-477.49kN·m
整体降温15℃(考虑折减)	-825.33kN·m	-155.73kN	2.247kN·m		477.49kN·m
承载能力极限状态荷载组合	-1609.75kN·m	596.73kN	426.6192kN·m	-220.11kN·m	958.48kN·m

根据承载能力极限状态荷载组合情况,选择拱脚截面作为验算截面(偏心受压,单向偏心),通过计算:

偏心矩:2.698m >0.195m;

强度验算:596.7kN >457.5kN;

根据《公路圬工桥涵设计规范》(JTG D61—2005),截面强度验算表明该拱肋截面不满足现行设计规范要求,承载能力偏低。

第 4 章　双曲拱桥结构计算分析

对于中小跨径的双曲拱桥结构计算分析，应该在现场调查的基础上进行确定双曲拱桥总体布置、细部尺寸及施工方案等。计算内容包括成桥状态受力分析和强度、刚度、稳定验算以及必要的动力分析，施工阶段结构受力分析和验算。计算的基本原则按《公路桥梁承载能力检测评定规程》(JTG/T J21—2011)要求进行，即按结构承载能力极限状态验算，并应考虑荷载横向分布、拱上建筑联合作用以及连拱作用。

公路中小跨径双曲拱桥建成后，经过一段时间的使用，由于自然环境、车辆荷载等的影响，会使拱桥结构产生一些病害，主要分成以下两类：

(1)造成结构承载能力的降低。

(2)造成拱桥结构的整体性变差和改变了结构的受力边界条件。

对于第二类病害，必须在结构计算中予以考虑。

4.1　双曲拱桥结构理论分析

4.1.1　结构整体计算的一般规定

(1)《公路圬工桥涵设计规范》(JTG D61—2004)规定：

①多跨无铰拱桥应按连拱计算。

②当桥墩抗推刚度与主拱抗推刚度之比大于 37 时，可按单跨拱桥计算。

计算拱圈的温度变化和混凝土收缩影响时，温度作用效应乘以 0.7 的折减系数，混凝土收缩作用效应乘以 0.45 的折减系数。

③计算超静定拱桥由相邻墩台引起的不均匀沉降或桥台水平位移引起的作用效应时，其计算作用效应可乘以 0.5 的折减系数。

④拱桥应按《公路桥涵设计通用规范》(JTG D60—2004)规定的作用短期效应组合，在一个桥跨范围内的正负挠度的绝对值之和的最大值不应大于计算跨径的 1/1000。

(2)《公路钢筋混凝土及预应力混凝土桥涵设计规范》(JTG D62—2004)规定：

①双曲拱桥的计算可不考虑拱上建筑与主拱圈的联合作用。

②计算如考虑拱上建筑与主拱圈的联合作用，拱上建筑的结构应符合计算所预设的条件。

③计算由车道荷载引起的拱的正弯矩时，拱顶、拱跨 1/4 应乘以折减系数 0.7，拱脚应乘以折减系数 0.9，中间各截面的正弯矩折减系数，可用直线插入法确定。

④拱上建筑为立柱排架式墩的双曲板拱，应考虑活载的横向不均匀分布。

⑤拱上建筑为墙式墩的双曲板拱，如活载横桥向布置不超过拱圈以外，活载可均匀分布于拱圈全宽。

⑥上承式肋式拱桥活载可通过拱上排架墩的盖梁和立柱分配于拱肋。

⑦拱上建筑横桥向排架的盖梁可参照《公路钢筋混凝土及预应力混凝土桥涵设计规范》(JTG D62—2004)第8.2节计算。

(3)对钢筋混凝土及预应力混凝土桥梁,砖、石及混凝土桥梁检算时应考虑日照温差引起的温度影响力。

混凝土收缩产生的内力计算可折算成温度额外降低引起拱圈内力,参考折算值可为:整体浇筑的混凝土结构的收缩影响,对于一般地区相当于降温20℃,干燥地区为30℃;整体浇筑的钢筋混凝土的收缩影响,相当于降温15~20℃;分段浇筑的混凝土和钢筋混凝土的收缩影响,相当于降低温度10~15℃。

(4)墩台与基础变位引起超静定拱的附加内力,应结合桥梁竣工测量和养护资料,以及现场调查测量的位移值进行分析后,再进行拱的内力计算。其计算内力可乘以(0.4~0.5)的折减系数。

(5)对于上承式钢筋混凝土拱,应考虑活载的横向分布。拱上建筑为排架立柱式的双曲拱可采用弹性支承连续梁计算反力的方法近似计算活载的横向分布系数;对于中、小跨径的双曲拱也可采用活载横向分布增大系数的简化计算方法;上承式肋拱的活载可考虑通过拱上排架立柱的盖梁和立柱分配于肋拱。

4.1.2 荷载横向分布系数计算

根据《公路双曲拱桥——上部构造设计计算》,针对一般行车道为净-7m或净-9m,波数在一定范围内的双曲拱桥,根据弹性支承连续梁法进一步简化,可以得到活载横向分布下各计算单元承受最大的横向分布系数,以这个系数与活载平均分布于各单元的平均数比,称为活载横向分布增大系数η。

①一般公路的净宽是按标准规定的,为了便于计算应用,现按桥宽和计算单元数算出系数,可以直接查图选用(图4.1、图4.2)。

②对于多孔圬工拱、双曲拱、肋拱和箱形拱等简单体系拱桥,其连拱计算简图应采用裸拱圈,不考虑拱上建筑的影响;对于多孔桁架拱、刚架拱等,其连拱计算简图应包括拱上建筑。

③计算拱跨上、下部结构弹性常数时,圬工材料宜取砌体的受压弹性模量E,上部结构为钢筋混凝土,宜取受压弹性模量E_c,而对钢筋混凝土桩(柱)或桥墩,宜取用$0.67E_c$。

④等跨双曲拱桥连拱中,计算拱中最大活载内力时,以中孔按截面弯矩M_{max}或M_{min}布载最不利。

⑤控制拱圈计算的情况一般是拱脚截面按M_{min}布载,孔跨$3L/8$和拱顶按M_{max}布载。计算桥墩时,以边墩为不利。

⑥控制边墩计算的情况是边孔按H_{max}(墩顶水平力最大)布载控制计算,计算桩柱式桥墩时可近似根据边孔按M_{max}(墩顶弯矩最大)布载,求得墩顶的最大弯矩值。

4.1.3 考虑拱上建筑联合作用的计算

计算拱圈内力时,需要考虑拱上建筑联合作用影响有6种情况:

①当拱上建筑的结构符合计算所预设的条件时,空腹式拱桥主拱圈截面活载内力的计算应考虑拱上建筑与主拱圈的联合作用。

②主拱圈与拱上建筑联合作用的计算属解高次超静定结构的问题，宜采用平面杆系有限单元法进行内力计算，也可以根据具体情况采用简化方法——弯矩折减系数法进行计算。

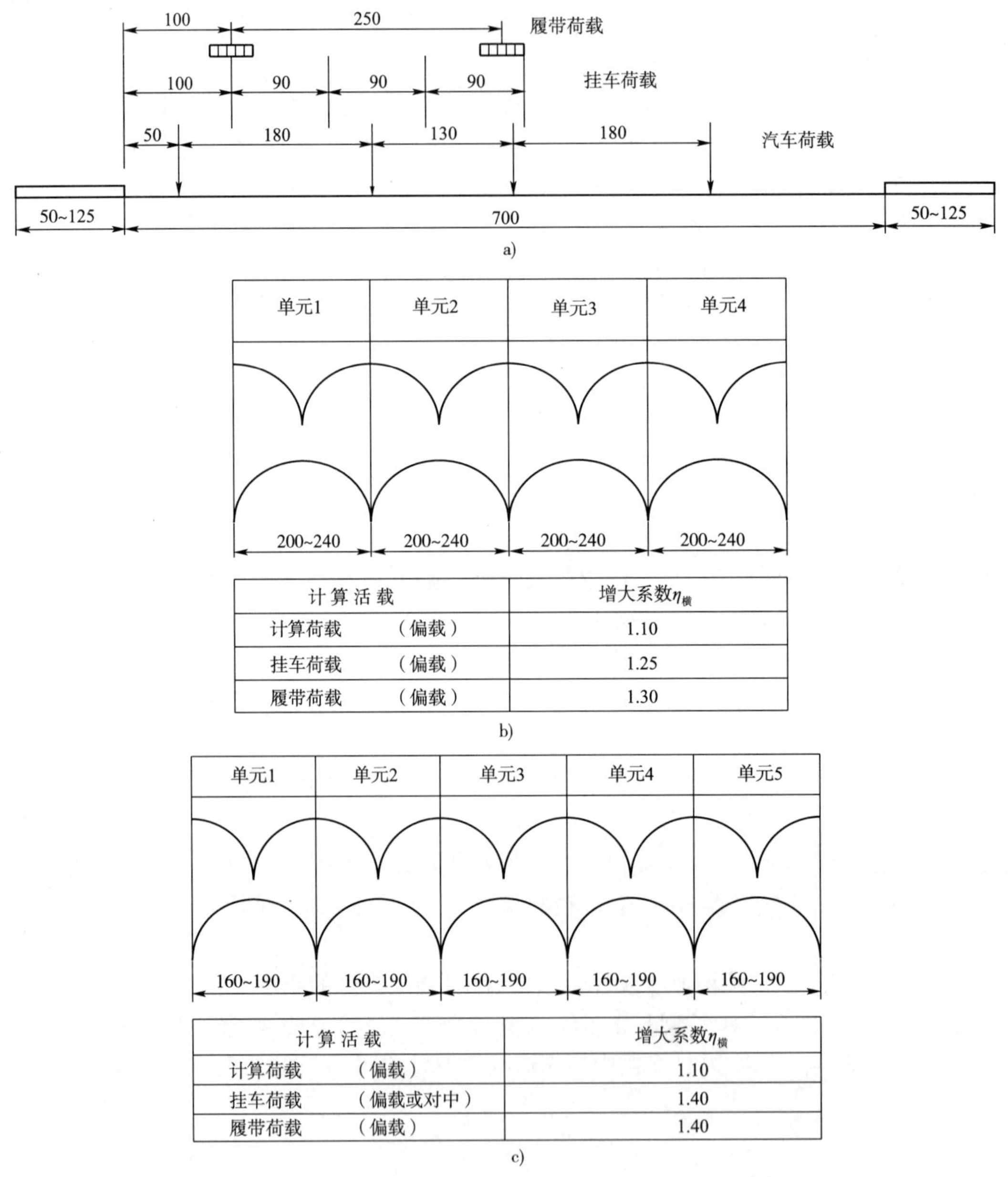

b)

计 算 活 载	增大系数$\eta_{横}$
计算荷载 （偏载）	1.10
挂车荷载 （偏载）	1.25
履带荷载 （偏载）	1.30

c)

计 算 活 载	增大系数$\eta_{横}$
计算荷载 （偏载）	1.10
挂车荷载 （偏载或对中）	1.40
履带荷载 （偏载）	1.40

图 4.1 按桥面宽和计算单元数计算荷载横向分布系数(一)(尺寸单位:cm)

a)桥面净 -7，双车道；b)拱宽为 4 个计算单元；c)拱宽为 5 个计算单元

③对于拱式拱上建筑的双曲拱桥，采用弯矩折减系数法计算主拱圈活载弯矩时，可根据主拱、腹拱和立柱的基本几何参数 E_1I_1，E_2I_2，E_3I_3，由表 4.1 ~ 表 4.7 中查找得活载弯矩折减系数 β，乘以相应的裸拱截面弯矩，即得到考虑拱上建筑联合作用的主拱圈活载弯矩。活载在拱圈截面产生的轴向力仍采用裸拱的计算值，不必修正。

④计算联合作用的活载弯矩时，在立柱的刚度中应计入垫梁和柱帽影响。计算联合作用的主拱圈活载弯矩时，可根据具体情况考虑活载横向分布系数。

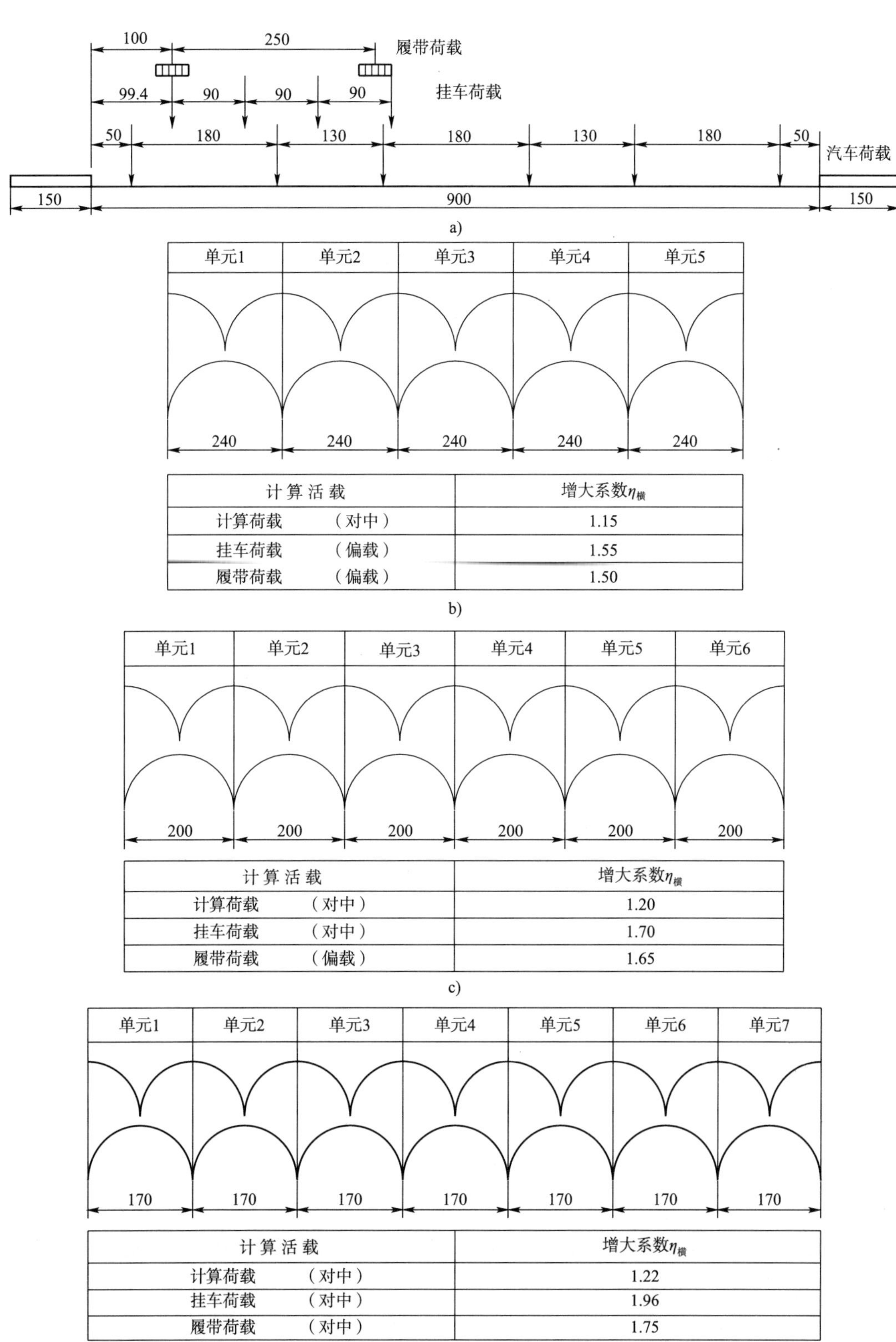

计算活载	增大系数$\eta_{横}$
计算荷载　（对中）	1.15
挂车荷载　（偏载）	1.55
履带荷载　（偏载）	1.50

计算活载	增大系数$\eta_{横}$
计算荷载　（对中）	1.20
挂车荷载　（对中）	1.70
履带荷载　（偏载）	1.65

计算活载	增大系数$\eta_{横}$
计算荷载　（对中）	1.22
挂车荷载　（对中）	1.96
履带荷载　（对中）	1.75

图4.2　按桥面宽和计算单元数计算荷载横向分布系数(二)(尺寸单位:cm)

a)桥面净宽-9,三车道;b)拱宽为5个计算单元;c)拱宽为6个计算单元;d)拱宽为7个计算单元

⑤对于简支梁板式拱上建筑的空腹式拱桥,不考虑拱上建筑的联合作用。

⑥对于拱式拱上建筑的空腹式拱桥,在计算均匀降温、收缩和拱脚向外水平位移产生主拱圈的附加内力时,不考虑拱上建筑的联合作用,仍采用裸拱图式。

拱上建筑联合作用的计算方法——弯矩折减系数法。

制定活载弯矩折减系数表的依据:

根据图 4.3,用杆件系统有限单元法计算弯矩影响线纵坐标和面积,求得带拱上建筑拱和裸拱的最大弯矩纵坐标比值和面积比值。由于实际活载作用下的弯矩折减介于两者之间,活载弯矩折减系数近似采用两者的比值。

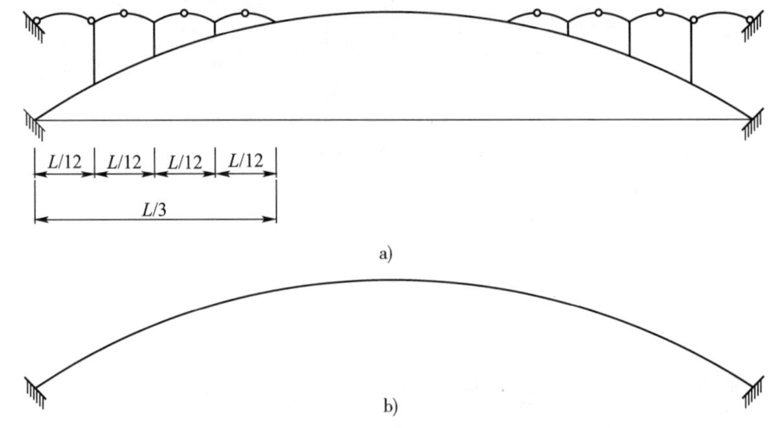

图 4.3　活载内力计算图式

建筑拱采用四个腹拱设到 $L/3$ 处。这种布置方式的拱上建筑联合作用较小,略偏安全。

弯矩折减系数 β 与下列因素有关:

①腹拱越平坦,其抗推刚度越大,联合作用越显著,β 值越小;反之亦然。

②腹拱拱圈对主拱圈的相对刚度越大,联合作用越显著,β 值越小;反之亦然。

③立柱或横墙对主拱圈的相对刚度越大,联合作用越显著,β 值越小;反之亦然。

4.1.4　拱上建筑结构的验算

对于拱上建筑为横桥向的钢筋混凝土排架立柱式结构进行验算时,主要检算排架立柱和横梁。

(1)当横梁的线刚度 (EI/L) 与立柱的线刚度之比大于 5 时,双柱式横梁可按简支梁计算,多柱式横梁可按连续梁计算。

(2)当横梁的线刚度与立柱的线刚度之比等于或小于 5 时,可按刚构计算。以上 E、I、L 分别为横梁或排架立柱混凝土的弹性模量、毛截面惯性矩、横梁计算跨径或排架立柱高度。

横梁的计算跨径 l,取 l_c 和 $1.15l_n$ 两者中较小值,其中 l_c 为横梁支承中心之间的距离,l_n 为横梁的净跨径。当横梁作为刚构分析时,横梁跨径可取相邻排架柱中心之间的距离。

(3)当盖梁按连续梁计算在与柱相交部位的负弯矩时,可考虑排架立柱支承宽度对弯矩折减的影响,折减后的弯矩按下列公式计算,但折减后的弯矩不得小于未经折减的弯矩的0.9 倍。

(4)当横梁的跨高比 $l/h>5.0$ 时,按一般钢筋混凝土受弯构件进行检算;当横梁的跨高比为简支梁 $5.0\geqslant l/h>2.0$,连续梁 $5.0\geqslant l/h>2.5$ 时,应作为钢筋混凝土深梁受弯构件来验算。

有填料拱式拱上建筑联合作用时主拱圈各截面的弯矩折减系数 $\boldsymbol{\beta}$ 值表($f/L=1/4$)　　表 4.1

		1/3				1/4				1/5				1/6				1/8			
		10	20	10	10	10	20	30	40	10	20	30	40	30	40	30	40	10	20	30	40
2	拱脚 $M-$	0.564	0.630	0.668	0.699	0.522	0.579	0.615	0.647	0.497	0.547	0.579	0.609	0.480	0.524	0.556	0.578	0.461	0.496	0.523	0.542
	$L/4$ 处 $M+$	0.558	0.667	0.718	0.767	0.496	0.584	0.641	0.694	0.463	0.554	0.597	0.656	0.434	0.521	0.571	0.599	0.410	0.483	0.526	0.568
	拱顶 $M+$	0.772	0.831	0.862	0.880	0.736	0.796	0.829	0.849	0.711	0.771	0.802	0.824	0.688	0.749	0.783	0.803	0.651	0.713	0.747	0.770
4	拱脚 $M-$	0.598	0.660	0.697	0.722	0.552	0.610	0.644	0.678	0.524	0.574	0.612	0.64[illegible]	0.503	0.551	0.584	0.609	0.482	0.519	0.548	0.569
	$L/4$ 处 $M+$	0.567	0.677	0.730	0.769	0.497	0.606	0.663	0.726	0.464	0.557	0.626	0.677	0.436	0.531	0.585	0.624	0.415	0.492	0.539	0.584
	拱顶 $M+$	0.800	0.853	0.881	0.897	0.769	0.824	0.853	0.867	0.748	0.800	0.832	0.851	0.729	0.783	0.815	0.833	0.696	0.753	0.785	0.806
10	拱脚 $M-$	0.650	0.724	0.763	0.787	0.604	0.665	0.712	0.750	0.566	0.627	0.677	0.710	0.544	0.598	0.640	0.670	0.514	0.552	0.587	0.622
	$L/4$ 处 $M+$	0.577	0.699	0.769	0.784	0.519	0.631	0.696	0.751	0.486	0.593	0.650	0.692	0.461	0.556	0.609	0.642	0.435	0.508	0.554	0.596
	拱顶 $M+$	0.840	0.883	0.902	0.917	0.823	0.863	0.885	0.900	0.811	0.848	0.874	0.887	0.801	0.837	0.860	0.873	0.776	0.814	0.839	0.855
20	拱脚 $M-$	0.736	0.774	0.817	0.848	0.675	0.744	0.777	0.806	0.628	0.696	0.733	0.767	0.594	0.658	0.699	0.733	0.550	0.601	0.639	0.673
	$L/4$ 处 $M+$	0.629	0.723	0.787	0.815	0.561	0.673	0.719	0.775	0.515	0.631	0.676	0.712	0.489	0.578	0.634	0.669	0.460	0.527	0.582	0.621
	拱顶 $M+$	0.877	0.903	0.920	0.936	0.868	0.894	0.918	0.921	0.861	0.885	0.899	0.912	0.855	0.879	0.893	0.903	0.839	0.862	0.877	0.888
40	拱脚 $M-$	0.828	0.869	0.885	0.900	0.760	0.823	0.849	0.876	0.715	0.776	0.815	0.843	0.667	0.742	0.787	0.810	0.612	0.672	0.713	0.749
	$L/4$ 处 $M+$	0.672	0.775	0.820	0.845	0.611	0.712	0.765	0.800	0.567	0.668	0.719	0.758	0.521	0.618	0.677	0.713	0.508	0.562	0.612	0.652
	拱顶 $M+$	0.913	0.930	0.940	0.948	0.909	0.925	0.935	0.939	0.911	0.922	0.929	0.936	0.910	0.922	0.926	0.934	0.895	0.910	0.919	0.924

注:表中第一行为腹拱矢跨比;第二行为主拱刚度与腹拱刚度的比值$\frac{E_1 I_1}{E_2 I_2}$;第一列为主拱刚度与立柱刚度的比值$\frac{E_1 I_1}{E_3 I_3}$。

有填料拱式拱上建筑联合作用时主拱圈各截面的弯矩折减系数β值表($f/L=1/5$) 表 4.2

		1/3				1/4				1/5				1/6				1/8			
		10	20	10	10	10	20	30	40	10	20	30	40	30	40	30	40	10	20	30	40
2	拱脚 $M-$	0.592	0.661	0.698	0.725	0.542	0.601	0.642	0.68	0.512	0.565	0.605	0.633	0.492	0.541	0.557	0.602	0.466	0.507	0.538	0.561
	$L/4$ 处 $M+$	0.579	0.702	0.738	0.787	0.518	0.623	0.676	0.744	0.479	0.583	0.633	0.676	0.455	0.554	0.603	0.627	0.422	0.507	0.562	0.584
	拱顶 $M+$	0.796	0.853	0.882	0.9	0.758	0.817	0.851	0.871	0.732	0.79	0.825	0.847	0.708	0.768	0.802	0.826	0.675	0.735	0.769	0.792
4	拱脚 $M-$	0.622	0.688	0.726	0.75	0.571	0.636	0.676	0.707	0.54	0.595	0.638	0.664	0.517	0.573	0.607	0.633	0.491	0.535	0.565	0.593
	$L/4$ 处 $M+$	0.594	0.712	0.765	0.805	0.528	0.638	0.706	0.761	0.492	0.595	0.669	0.695	0.461	0.569	0.632	0.669	0.428	0.514	0.568	0.615
	拱顶 $M+$	0.815	0.87	0.897	0.911	0.783	0.842	0.870	0.886	0.761	0.817	0.846	0.868	0.743	0.800	0.829	0.847	0.714	0.770	0.800	0.823
10	拱脚 $M-$	0.681	0.756	0.784	0.819	0.631	0.664	0.744	0.788	0.592	0.657	0.709	0.749	0.563	0.63	0.671	0.713	0.528	0.578	0.627	0.667
	$L/4$ 处 $M+$	0.609	0.743	0.79	0.854	0.562	0.685	0.737	0.802	0.511	0.62	0.689	0.747	0.483	0.588	0.647	0.696	0.451	0.546	0.599	0.645
	拱顶 $M+$	0.849	0.895	0.915	0.93	0.825	0.866	0.895	0.912	0.812	0.855	0.88	0.896	0.8	0.845	0.866	0.883	0.782	0.822	0.848	0.867
20	拱脚 $M-$	0.754	0.799	0.825	0.853	0.704	0.753	0.793	0.836	0.665	0.729	0.756	0.79	0.63	0.693	0.741	0.765	0.581	0.638	0.698	0.713
	$L/4$ 处 $M+$	0.658	0.743	0.794	0.843	0.595	0.682	0.752	0.83	0.549	0.659	0.698	0.743	0.513	0.611	0.628	0.714	0.474	0.556	0.635	0.659
	拱顶 $M+$	0.874	0.911	0.93	0.943	0.859	0.892	0.912	0.926	0.858	0.885	0.901	0.915	0.852	0.879	0.896	0.91	0.84	0.866	0.885	0.895
40	拱脚 $M-$	0.842	0.872	0.872	0.889	0.79	0.836	0.86	0.903	0.749	0.804	0.829	0.851	0.709	0.771	0.812	0.838	0.647	0.712	0.755	0.782
	$L/4$ 处 $M+$	0.705	0.797	0.809	0.838	0.646	0.732	0.791	0.84	0.594	0.696	0.73	0.764	0.552	0.66	0.709	0.767	0.507	0.594	0.645	0.701
	拱顶 $M+$	0.904	0.931	0.942	0.954	0.9	0.922	0.932	0.947	0.899	0.914	0.928	0.938	0.899	0.913	0.927	0.932	0.893	0.911	0.919	0.922

注:表中第一行为腹拱矢跨比;第二行为主拱刚度与腹拱刚度的比值$\frac{E_1 I_1}{E_2 I_2}$;第一列为主拱刚度与立柱刚度的比值$\frac{E_1 I_1}{E_3 I_3}$。

有填料拱式拱上建筑联合作用时主拱圈各截面的弯矩折减系数 β 值表($f/L=1/6$) 表 4.3

		1/3				1/4				1/5				1/6				1/8			
		10	20	10	10	10	20	30	40	10	20	30	40	30	40	30	40	10	20	30	40
2	拱脚 $M-$	0.615	0.69	0.717	0.752	0.562	0.627	0.67	0.702	0.529	0.587	0.624	0.655	0.505	0.56	0.595	0.626	0.476	0.522	0.553	0.579
	$L/4$ 处 $M+$	0.614	0.742	0.761	0.808	0.548	0.658	0.722	0.779	0.512	0.613	0.664	0.712	0.476	0.582	0.628	0.676	0.441	0.527	0.581	0.627
	拱顶 $M+$	0.809	0.866	0.893	0.913	0.772	0.833	0.868	0.882	0.747	0.806	0.837	0.86	0.724	0.783	0.817	0.839	0.692	0.751	0.784	0.807
4	拱脚 $M-$	0.648	0.709	0.747	0.771	0.59	0.658	0.701	0.734	0.56	0.62	0.655	0.685	0.535	0.589	0.628	0.657	0.503	0.554	0.589	0.613
	$L/4$ 处 $M+$	0.638	0.741	0.806	0.814	0.55	0.678	0.738	0.807	0.513	0.63	0.682	0.733	0.484	0.586	0.644	0.698	0.445	0.552	0.61	0.632
	拱顶 $M+$	0.826	0.88	0.903	0.921	0.793	0.851	0.879	0.898	0.771	0.827	0.855	0.875	0.753	0.809	0.84	0.86	0.725	0.78	0.813	0.833
10	拱脚 $M-$	0.698	0.764	0.784	0.823	0.647	0.712	0.759	0.788	0.615	0.674	0.728	0.753	0.585	0.651	0.699	0.73	0.545	0.608	0.658	0.69
	$L/4$ 处 $M+$	0.645	0.771	0.806	0.86	0.576	0.687	0.761	0.817	0.535	0.641	0.719	0.77	0.504	0.617	0.678	0.726	0.463	0.564	0.638	0.665
	拱顶 $M+$	0.851	0.897	0.919	0.934	0.826	0.876	0.9	0.917	0.812	0.856	0.885	0.901	0.802	0.847	0.871	0.888	0.782	0.826	0.853	0.872
20	拱脚 $M-$	0.761	0.819	0.823	0.852	0.717	0.772	0.806	0.832	0.685	0.743	0.782	0.809	0.662	0.715	0.759	0.777	0.61	0.67	0.716	0.745
	$L/4$ 处 $M+$	0.677	0.797	0.817	0.876	0.605	0.718	0.778	0.828	0.566	0.684	0.737	0.785	0.546	0.646	0.723	0.745	0.495	0.589	0.654	0.689
	拱顶 $M+$	0.873	0.914	0.829	0.942	0.859	0.896	0.914	0.93	0.849	0.881	0.907	0.913	0.843	0.874	0.895	0.905	0.833	0.862	0.883	0.896
40	拱脚 $M-$	0.835	0.861	0.865	0.907	0.802	0.844	0.859	0.902	0.777	0.818	0.852	0.877	0.735	0.795	0.829	0.849	0.68	0.743	0.779	0.814
	$L/4$ 处 $M+$	0.719	0.803	0.828	0.892	0.668	0.754	0.801	0.867	0.632	0.721	0.786	0.827	0.586	0.698	0.743	0.786	0.532	0.637	0.689	0.734
	拱顶 $M+$	0.896	0.928	0.94	0.95	0.891	0.919	0.931	0.941	0.89	0.91	0.925	0.934	0.884	0.906	0.92	0.928	0.881	0.899	0.911	0.925

注:表中第一行为腹拱矢跨比;第二行为主拱刚度与腹拱刚度的比值$\frac{E_1I_1}{E_2I_2}$;第一列为主拱刚度与立柱刚度的比值$\frac{E_1I_1}{E_3I_3}$。

有填料拱式拱上建筑联合作用时主拱圈各截面的弯矩折减系数 β 值表（$f/L=1/7$） 表 4.4

		1/3				1/4				1/5				1/6				1/8			
		10	20	10	10	10	20	30	40	10	20	30	40	30	40	30	40	10	20	30	40
2	拱脚 $M-$	0.628	0.673	0.722	0.781	0.578	0.642	0.68	0.701	0.543	0.606	0.637	0.668	0.518	0.575	0.614	0.637	0.485	0.533	0.568	0.59
	$L/4$ 处 $M+$	0.61	0.717	0.75	0.813	0.578	0.674	0.734	0.743	0.527	0.636	0.666	0.721	0.502	0.601	0.664	0.695	0.447	0.537	0.61	0.628
	拱顶 $M+$	0.724	0.876	0.902	0.931	0.787	0.845	0.872	0.894	0.762	0.823	0.847	0.87	0.74	0.791	0.831	0.849	0.705	0.746	0.797	0.819
4	拱脚 $M-$	0.654	0.723	0.761	0.798	0.559	0.673	0.703	0.832	0.574	0.633	0.668	0.704	0.548	0.6	0.647	0.676	0.515	0.567	0.601	0.629
	$L/4$ 处 $M+$	0.632	0.766	0.809	0.818	0.546	0.696	0.744	0.765	0.535	0.634	0.69	0.758	0.502	0.585	0.685	0.72	0.464	0.566	0.624	0.673
	拱顶 $M+$	0.834	0.886	0.908	0.935	0.799	0.861	0.883	0.907	0.784	0.838	0.864	0.885	0.761	0.819	0.849	0.871	0.735	0.79	0.82	0.839
10	拱脚 $M-$	0.714	0.758	0.779	0.852	0.648	0.715	0.751	0.771	0.629	0.705	0.723	0.767	0.601	0.668	0.712	0.733	0.559	0.622	0.665	0.699
	$L/4$ 处 $M+$	0.682	0.74	0.804	0.888	0.569	0.691	0.756	0.78	0.548	0.711	0.743	0.794	0.516	0.63	0.717	0.742	0.481	0.574	0.664	0.695
	拱顶 $M+$	0.857	0.901	0.916	0.94	0.828	0.88	0.9	0.92	0.82	0.866	0.876	0.905	0.805	0.854	0.875	0.889	0.783	0.828	0.854	0.871
20	拱脚 $M-$	0.758	0.785	0.813	0.871	0.721	0.78	0.804	0.813	0.697	0.763	0.773	0.808	0.673	0.727	0.768	0.783	0.627	0.686	0.727	0.744
	$L/4$ 处 $M+$	0.68	0.753	0.824	0.894	0.622	0.744	0.819	0.798	0.584	0.716	0.733	0.795	0.566	0.656	0.742	0.771	0.516	0.603	0.665	0.693
	拱顶 $M+$	0.875	0.909	0.927	0.948	0.854	0.897	0.909	0.934	0.847	0.891	0.902	0.919	0.84	0.876	0.895	0.904	0.828	0.862	0.881	0.894
40	拱脚 $M-$	0.823	0.868	0.849	0.901	0.79	0.822	0.875	0.876	0.783	0.831	0.838	0.895	0.756	0.799	0.833	0.849	0.706	0.75	0.729	0.821
	$L/4$ 处 $M+$	0.715	0.841	0.812	0.903	0.649	0.733	0.874	0.83	0.641	0.75	0.783	0.906	0.616	0.693	0.784	0.802	0.552	0.615	0.712	0.747
	拱顶 $M+$	0.895	0.925	0.938	0.959	0.885	0.911	0.929	0.944	0.883	0.912	0.919	0.932	0.881	0.909	0.913	0.926	0.88	0.889	0.907	0.917

注：表中第一行为腹拱矢跨比；第二行为主拱刚度与腹拱刚度的比值$\frac{E_1I_1}{E_2I_2}$；第一列为主拱刚度与立柱刚度的比值$\frac{E_1I_1}{E_3I_3}$。

有填料拱式拱上建筑联合作用时主拱圈各截面的弯矩折减系数β值表($f/L=1/8$) 表 4.5

		1/3				1/4				1/5				1/6				1/8			
		10	20	10	10	10	20	30	40	10	20	30	40	30	40	30	40	10	20	30	40
2	拱脚 $M-$	0.653	0.721	0.769	0.808	0.593	0.66	0.692	0.748	0.555	0.629	0.654	0.69[illegible]	0.528	0.591	0.627	0.651	0.491	0.545	0.577	0.604
	$L/4$ 处 $M+$	0.663	0.78	0.808	0.855	0.585	0.696	0.742	0.822	0.536	0.676	0.704	0.763	0.53	0.629	0.67	0.699	0.46	0.562	0.601	0.635
	拱顶 $M+$	0.834	0.885	0.914	0.933	0.799	0.858	0.882	0.906	0.774	0.835	0.86	0.885	0.752	0.815	0.844	0.863	0.719	0.779	0.811	0.834
4	拱脚 $M-$	0.675	0.748	0.792	0.841	0.622	0.698	0.725	0.753	0.583	0.653	0.687	0.719	0.557	0.622	0.658	0.677	0.521	0.577	0.611	0.641
	$L/4$ 处 $M+$	0.672	0.796	0.836	0.879	0.602	0.738	0.79	0.79	0.539	0.683	0.726	0.79	0.515	0.638	0.685	0.717	0.473	0.576	0.635	0.681
	拱顶 $M+$	0.844	0.893	0.916	0.942	0.813	0.874	0.89	0.914	0.791	0.849	0.876	0.895	0.772	0.835	0.861	0.877	0.743	0.803	0.829	0.851
10	拱脚 $M-$	0.705	0.783	0.801	0.844	0.664	0.745	0.769	0.809	0.638	0.72	0.736	0.777	0.603	0.677	0.721	0.751	0.566	0.63	0.672	0.711
	$L/4$ 处 $M+$	0.653	0.806	0.827	0.852	0.614	0.762	0.799	0.858	0.569	0.738	0.742	0.812	0.527	0.67	0.742	0.765	0.5	0.609	0.666	0.712
	拱顶 $M+$	0.863	0.904	0.922	0.953	0.835	0.887	0.909	0.927	0.824	0.875	0.893	0.915	0.809	0.857	0.88	0.897	0.786	0.832	0.86	0.877
20	拱脚 $M-$	0.757	0.809	0.857	0.889	0.719	0.8	0.806	0.82	0.702	0.768	0.779	0.845	0.674	0.736	0.761	0.802	0.639	0.698	0.734	0.762
	$L/4$ 处 $M+$	0.678	0.802	0.896	0.906	0.623	0.785	0.81	0.812	0.602	0.747	0.762	0.889	0.567	0.683	0.724	0.814	0.54	0.635	0.694	0.747
	拱顶 $M+$	0.879	0.919	0.932	0.954	0.858	0.907	0.919	0.943	0.847	0.891	0.905	0.926	0.841	0.881	0.902	0.911	0.83	0.867	0.885	0.9
40	拱脚 $M-$	0.819	0.845	0.858	0.902	0.805	0.846	0.847	0.865	0.775	0.84	0.825	0.866	0.748	0.806	0.884	0.867	0.713	0.765	0.802	0.813
	$L/4$ 处 $M+$	0.715	0.807	0.852	0.921	0.673	0.801	0.825	0.848	0.642	0.802	0.77	0.842	0.607	0.73	0.826	0.858	0.577	0.663	0.743	0.74
	拱顶 $M+$	0.893	0.929	0.94	0.959	0.888	0.918	0.93	0.947	0.879	0.911	0.924	0.936	0.874	0.905	0.916	0.929	0.87	0.895	0.907	0.916

注：表中第一行为腹拱矢跨比；第二行为主拱刚度与腹拱刚度的比值$\frac{E_1I_1}{E_2I_2}$；第一列为主拱刚度与立柱刚度的比值$\frac{E_1I_1}{E_3I_3}$。

表 4.6

有填料拱式拱上建筑联合作用时主拱圈各截面的弯矩折减系数 β 值表（$f/L=1/9$）

		1/3				1/4				1/5				1/6				1/8			
		10	20	10	10	10	20	30	40	10	20	30	40	30	40	30	40	10	20	30	40
2	拱脚 $M-$	0.656	0.749	0.779	0.813	0.606	0.682	0.718	0.778	0.572	0.632	0.675	0.731	0.537	0.612	0.647	0.676	0.502	0.559	0.599	0.627
	$L/4$ 处 $M+$	0.652	0.802	0.837	0.825	0.589	0.741	0.789	0.844	0.572	0.659	0.732	0.821	0.515	0.66	0.707	0.75	0.482	0.582	0.648	0.639
	拱顶 $M+$	0.844	0.895	0.924	0.944	0.813	0.871	0.893	0.918	0.785	0.845	0.874	0.894	0.746	0.829	0.856	0.874	0.732	0.793	0.827	0.844
4	拱脚 $M-$	0.685	0.711	0.812	0.815	0.633	0.706	0.775	0.809	0.602	0.677	0.713	0.761	0.584	0.638	0.688	0.696	0.534	0.589	0.637	0.659
	$L/4$ 处 $M+$	0.665	0.797	0.837	0.827	0.594	0.748	0.851	0.841	0.584	0.727	0.769	0.833	0.548	0.638	0.751	0.756	0.498	0.588	0.682	0.71
	拱顶 $M+$	0.858	0.903	0.927	0.947	0.824	0.877	0.903	0.925	0.802	0.86	0.882	0.906	0.808	0.842	0.875	0.886	0.756	0.812	0.842	0.865
10	拱脚 $M-$	0.735	0.791	0.832	0.87	0.675	0.749	0.78	0.82	0.648	0.732	0.732	0.798	0.618	0.695	0.738	0.769	0.584	0.643	0.699	0.728
	$L/4$ 处 $M+$	0.733	0.813	0.87	0.915	0.632	0.747	0.807	0.833	0.591	0.746	0.733	0.845	0.553	0.707	0.761	0.811	0.516	0.613	0.715	0.763
	拱顶 $M+$	0.868	0.908	0.931	0.947	0.846	0.898	0.91	0.936	0.829	0.881	0.901	0.922	0.811	0.864	0.829	0.907	0.795	0.842	0.871	0.882
20	拱脚 $M-$	0.751	0.812	0.82	0.868	0.725	0.767	0.816	0.842	0.712	0.767	0.767	0.83	0.687	0.748	0.812	0.816	0.659	0.718	0.748	0.775
	$L/4$ 处 $M+$	0.689	0.797	0.815	0.886	0.64	0.747	0.853	0.837	0.62	0.747	0.749	0.876	0.59	0.706	0.837	0.839	0.557	0.674	0.722	0.76
	拱顶 $M+$	0.88	0.924	0.939	0.953	0.864	0.904	0.92	0.943	0.852	0.892	0.914	0.929	0.842	0.889	0.91	0.914	0.83	0.87	0.886	0.902
40	拱脚 $M-$	0.833	0.846	0.86	0.92	0.793	0.84	0.82	0.88	0.79	0.816	0.84	0.895	0.79	0.814	0.842	0.851	0.735	0.78	0.801	0.831
	$L/4$ 处 $M+$	0.76	0.826	0.846	0.947	0.689	0.813	0.8	0.873	0.662	0.748	0.81	0.925	0.678	0.746	0.803	0.842	0.6	0.677	0.739	0.786
	拱顶 $M+$	0.895	0.929	0.948	0.956	0.883	0.921	0.927	0.957	0.883	0.916	0.925	0.943	0.878	0.907	0.925	0.927	0.874	0.896	0.909	0.92

注：表中第一行为腹拱矢跨比；第二行为主拱刚度与腹拱刚度的比值$\frac{E_1I_1}{E_2I_2}$；第一列为主拱刚度与立柱刚度的比值$\frac{E_1I_1}{E_3I_3}$。

有填料拱式拱上建筑联合作用时主拱圈各截面的弯矩折减系数 β 值表（$f/L=1/10$） 表 4.7

		1/3				1/4				1/5				1/6				1/8			
		10	20	10	10	10	20	30	40	10	20	30	40	30	40	30	40	10	20	30	40
2	拱脚 $M-$	0.68	0.776	0.801	0.845	0.628	0.704	0.74	0.816	0.586	0.659	0.692	0.75	0.557	0.625	0.665	0.687	0.512	0.568	0.605	0.635
	$L/4$ 处 $M+$	0.71	0.802	0.873	0.896	0.628	0.75	0.786	0.869	0.598	0.724	0.763	0.827	0.565	0.664	0.735	0.764	0.499	0.593	0.651	0.7
	拱顶 $M+$	0.848	0.903	0.926	0.945	0.824	0.877	0.9	0.929	0.791	0.854	0.881	0.899	0.773	0.839	0.865	0.881	0.741	0.8	0.835	0.853
4	拱脚 $M-$	0.702	0.785	0.796	0.849	0.644	0.732	0.799	0.82	0.61	0.687	0.721	0.76	0.582	0.655	0.692	0.729	0.543	0.602	0.642	0.671
	$L/4$ 处 $M+$	0.704	0.786	0.825	0.868	0.628	0.759	0.868	0.864	0.588	0.718	0.772	0.8	0.553	0.68	0.758	0.798	0.509	0.628	0.693	0.729
	拱顶 $M+$	0.857	0.913	0.925	0.949	0.829	0.883	0.904	0.931	0.806	0.868	0.887	0.911	0.789	0.852	0.873	0.89	0.761	0.82	0.849	0.871
10	拱脚 $M-$	0.748	0.811	0.838	0.881	0.686	0.755	0.799	0.839	0.646	0.726	0.76	0.794	0.625	0.707	0.729	0.798	0.59	0.65	0.659	0.722
	$L/4$ 处 $M+$	0.739	0.825	0.854	0.885	0.652	0.752	0.858	0.859	0.591	0.751	0.773	0.828	0.578	0.708	0.768	0.865	0.525	0.627	0.7	0.735
	拱顶 $M+$	0.827	0.914	0.933	0.955	0.847	0.9	0.909	0.943	0.826	0.88	0.899	0.922	0.816	0.873	0.892	0.912	0.794	0.846	0.873	0.892
20	拱脚 $M-$	0.764	0.847	0.835	0.89	0.736	0.781	0.831	0.855	0.72	0.789	0.796	0.843	0.694	0.766	0.8	0.805	0.659	0.708	0.747	0.78
	$L/4$ 处 $M+$	0.726	0.846	0.838	0.919	0.667	0.775	0.866	0.881	0.639	0.775	0.8	0.876	0.613	0.752	0.83	0.822	0.554	0.653	0.712	0.78
	拱顶 $M+$	0.883	0.926	0.937	0.957	0.865	0.907	0.921	0.945	0.853	0.9	0.915	0.932	0.842	0.887	0.905	0.92	0.83	0.866	0.892	0.903
40	拱脚 $M-$	0.81	0.841	0.857	0.921	0.772	0.842	0.876	0.89	0.8	0.848	0.848	0.88	0.759	0.823	0.852	0.87	0.725	0.772	0.817	0.837
	$L/4$ 处 $M+$	0.739	0.794	0.853	0.93	0.652	0.834	0.925	0.895	0.704	0.808	0.835	0.922	0.651	0.79	0.86	0.793	0.585	0.691	0.796	0.803
	拱顶 $M+$	0.892	0.931	0.942	0.961	0.882	0.918	0.929	0.958	0.875	0.912	0.925	0.94	0.867	0.905	0.923	0.925	0.865	0.892	0.906	0.924

注：表中第一行为腹拱矢跨比；第二行为主拱刚度与腹拱刚度的比值$\frac{E_1I_1}{E_2I_2}$；第一列为主拱刚度与立柱刚度的比值$\frac{E_1I_1}{E_3I_3}$。

4.1.5 拱轴线的确定

拱轴线的形状直接影响主拱截面内力分布与大小,选择拱轴线的原则,也就是尽可能降低由于荷载产生的弯矩值。一般说来,拱桥设计中所选择的拱轴线需满足以下三方面的要求:

(1)尽量减小拱圈截面的弯矩,使主拱圈在考虑各种因素影响下各主要截面的应力相差不大,且最大限度减小截面的拉应力,最好不出现拉应力。

(2)满足各施工阶段的要求。

(3)外形美观、施工简便。

常见的拱轴线形包括圆弧线、二次或高次抛物线及悬链线。圆弧线常用于20m以下的小跨径拱桥。对于恒载分布比较均匀的拱桥,可以采用二次抛物线作为拱轴线;在一些大跨径拱桥中,为了使拱轴线尽量与恒载压力线相吻合,也常采用高次多项式(四次甚至六次抛物线)作为拱轴线。实腹式拱桥通常采用悬链线作为其合理拱轴线。空腹拱桥由于其恒载压力线是一条不光滑的曲线,难以用连续函数来表达,通常采用悬链线作为空腹拱的拱轴线,并使拱轴线与恒载压力线在拱顶、跨径四分之一点和拱脚五个点相重合(称为"五点重合法")。

计算表明,采用悬链线拱轴对空腹拱主拱的受力是有利的,因此,悬链线是大、中跨径双曲拱桥普遍采用的拱轴线形。

假设拱轴线即为恒载压力线(图4.4),在恒载作用下,拱轴线方程(悬链线方程)见式(4.1):

$$y_1 = \frac{f}{m-1}(\text{ch}k\xi - 1) \tag{4.1}$$

式中:f——矢高;

m——拱轴系数,$m = \frac{g_j}{g_d}$。

$$k^2 = \frac{l_1^2 g_d}{H_g f}(m-1)$$

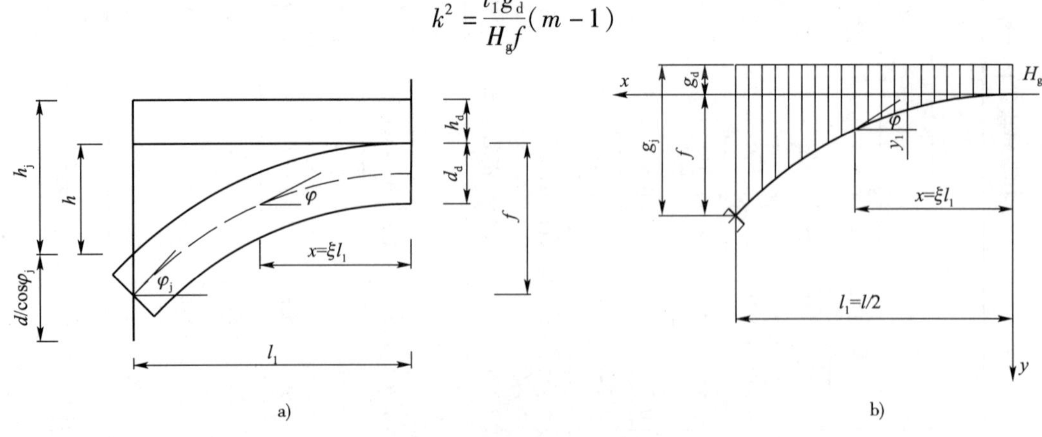

图4.4 悬链线拱轴计算图式

由悬链线方程可以看出,当拱的矢跨比确定以后,悬链线的形状取决于拱轴系数 m,其线形特征可用1/4点纵坐标 $y_{1/4}$ 的大小表示。拱跨1/4点的纵坐标 $y_{1/4}$ 与 m 之间关系见式(4.2):

$$\frac{y_{1/4}}{f}=\frac{1}{m-1}\left(\mathrm{ch}\frac{k}{2}-1\right)=\frac{1}{\sqrt{2(m+1)}+2} \tag{4.2}$$

由式(4.2)可见,$y_{1/4}$随 m 的增大而减小(拱轴线抬高),随 m 减小而增大(拱轴线降低)。确定拱轴系数 m 一般采用无矩法,即认为拱圈截面仅承受轴力。

4.1.5.1 实腹式悬链线拱的拱轴系数的确定方法

拱顶和拱脚处的荷载集度分别见式(4.3)、式(4.4)。

$$g_d=h_d\gamma_1+\gamma d \tag{4.3}$$

$$g_j=h_g\gamma_1+h\gamma_2+\frac{d}{\cos\varphi_j}\gamma \tag{4.4}$$

式中:h_d——拱顶填料厚度,一般为 30 ~ 50cm;

d——拱圈厚度;

γ——拱圈材料重力密度;

γ_1——拱顶填料及路面的平均重力密度;

γ_2——拱上材料重力密度;

φ_j——拱脚处拱轴线的水平倾角。

由几何关系有:

$$h=f+\frac{d}{2}-\frac{d}{2\cos\varphi_j} \tag{4.5}$$

式(4.3) ~ 式(4.5)中,φ_j 未知,需用逐次渐进法确定,计算步骤如下:先根据跨径和矢高假定 m 值,由《拱桥(上)》附录Ⅲ表(Ⅲ) -20 查得 $\cos\varphi_j$ 值,代入式(4.4)求得 g_j 后,得出 m 值,再根据前后两次的 m 值进行对比,直至两者之差小于 0.025 为止。上述过程可以采用程序或者用 Excel 电子表格完成。

4.1.5.2 空腹式悬链线拱的拱轴系数确定方法

空腹式拱桥中,桥跨结构的恒载可视为由两部分组成,即主拱圈与实腹段自重的分布力与空腹部分通过腹孔墩传下的力。

由于集中力的存在,拱的恒载压力线是一条在集中力作用点处有转折的曲线,是一条不光滑的曲线。在设计空腹式拱桥时,由于悬链线的受力情况较好,又有完整的计算表格可供利用,故多用悬链线作为拱轴线。为使悬链线拱轴线与其恒载压力线接近,一般采用“五点重合法”确定悬链线拱轴的 m 值,即要求拱轴线在全拱有五点(拱顶、两 1/4 点和两拱脚)与其相应的三铰拱恒载压力线重合(图 4.5)。欲达此目的,可以根据上述五点弯矩为零的条件确定 m 值。由拱顶弯矩为零及恒载的对称条件知,拱顶仅有通过截面重心的恒载推力 H_g,弯矩及剪力为零。

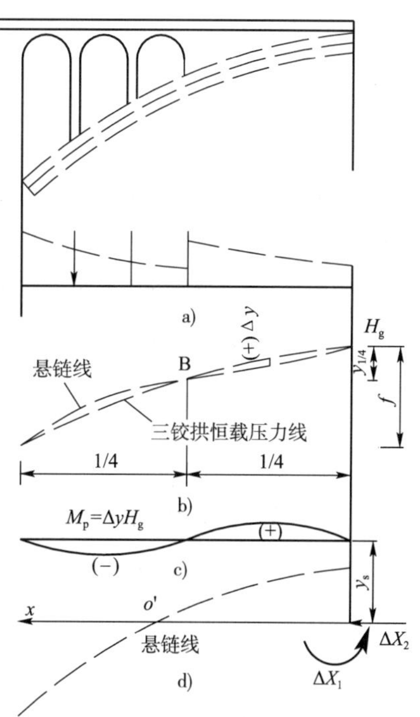

图 4.5 空腹式悬链线拱轴计算图式集中力

在图 4.5 中，由 $\sum M_{A}=0$ 得：

$$H_{g}=\frac{\sum M_{j}}{f} \tag{4.6}$$

由 $\sum M_{B}=0$ 得：

$$H_{g}=\frac{\sum M_{1/4}}{y_{1/4}} \tag{4.7}$$

式中：$\sum M_{j}$——半拱恒载对拱脚截面的弯矩；

$\sum M_{1/4}$——拱顶至拱跨 1/4 点区域的恒载对 $L/4$ 截面的弯矩。

联立式(4.6)和式(4.7)可得：

$$\frac{y_{1/4}}{f}=\frac{\sum M_{1/4}}{\sum M_{j}} \tag{4.8}$$

等截面悬链线拱主拱圈恒载对 1/4 及拱脚截面的弯矩 $M_{1/4}$，M_{j} 可由《拱桥（上）》附录Ⅲ表（Ⅲ）－19 查得。求得$\frac{y_{1/4}}{f}$之后，可由式(4.2)反求 m。

空腹式拱桥的 m 值，仍可按逐次渐近法确定。即先假定一个 m 值，定出拱轴线，作图布置拱上建筑，然后计算拱圈和拱上建筑恒载对 1/4 和拱脚截面的力矩 $\sum M_{1/4}$ 和 $\sum M_{j}$，利用式(4.8)算出 m 值，如与假定的 m 值不符，则应以求得的 m 值作为假定值，重新计算，直至两者之差小于 0.025 为止。

4.1.5.3　拱轴线的水平倾角

将悬链线拱轴方程式(4.1)对 ξ 取导数，见式(4.9)。

$$\tan f=\frac{dy_{1}}{dx}=\frac{2dy_{1}}{ld\xi}=\frac{2}{1}\times\frac{fk}{m-1}\text{sh}k\xi=\eta\text{sh}k\xi \tag{4.9}$$

式中：$\eta=\frac{2kf}{l(m-1)}$。

由式(4.9)可见，拱轴水平倾角与拱轴系数 m 有关。拱轴线上各点的水平倾角 $\tan f$，可直接由《拱桥（上）》附录Ⅲ表（Ⅲ）－2 查出，也可通过编程计算或者在 Excel 中的编程计算功能得出。

4.1.5.4　悬链线无铰拱的弹性中心

在计算无铰拱的内力（恒载、活载、温度变化、混凝土收缩和拱脚变位等）时，为了简化计算，常利用拱的弹性中心。对于对称拱，弹性中心在对称轴上。基本结构的取法有两种，见图 4.6。

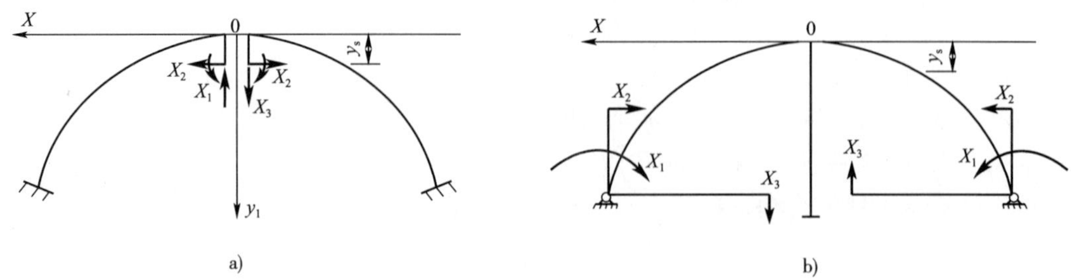

图 4.6　拱的弹性中心

a）为以悬臂曲梁为基本结构；b）为以简支曲梁为基本结构

在计算无铰拱的内力影响线时,常用简支曲梁为基本结构。由结构力学可知,拱的弹性中心坐标见式(4.10):

$$y_s = \frac{\int_s \frac{y_1 ds}{EI}}{\int_s \frac{ds}{EI}} \tag{4.10}$$

代入悬链线拱轴方程式(4.1)和拱轴线水平倾角 φ 的计算公式(4.9),得式(4.11):

$$y_s = \frac{f}{m-1} \times \frac{\int_0^1 (\mathrm{ch}k\xi - 1)\sqrt{1+\eta^2 \mathrm{sh}^2 k\xi}\,d\xi}{\int_0^1 \sqrt{1+\eta^2 \mathrm{sh}^2 k\xi}\,d\xi} = \alpha_1 f \tag{4.11}$$

系数 α_1 可由《拱桥(上)》附录Ⅲ表(Ⅲ)-3 查得。

双曲拱桥(旧桥)计算分析时,主拱的拱轴线形应考虑以下几方面的因素:

(1)计算模型的主要尺寸应为旧拱圈的实际跨径与矢高。

(2)现场实测拱圈跨径与设计相差不大时可采用设计线形,当没有设计文件时,采用实测值。

(3)现场检测发现拱脚存在水平位移时,应按原桥的设计线形计算实测水平位移产生的附加内力。

(4)中小跨径双曲拱桥主拱的变形对恒载和活载的影响不大,计算时可采用设计值,对于大跨径双曲拱桥,应考虑拱轴线形变化的内力影响。

4.1.6 拱桥内力计算

查表法计算拱桥内力就是利用现成计算表格进行内力计算,或直接用解析法求解无表格可用的桥梁结构内力。现在随着计算机的发展,也可以采用有限元程序计算桥梁结构内力。

4.1.6.1 等截面悬链线拱恒载(自重)内力计算

当采用恒载压力线作拱轴线时,如果拱是绝对刚性的,即拱轴长度是不变的,则在恒载作用下拱内仅产生轴向压力而无弯矩和剪力。但拱并非绝对刚性,主拱圈在轴向压力作用下,将产生弹性压缩变形,拱轴要缩短,由此会在无铰拱中产生弯矩和剪力,这就是所谓弹性压缩影响。计算主拱内力时,先计算不考虑弹性压缩时的内力,再计算弹性压缩引起的内力,然后将两者叠加起来。如果拱轴线和恒载压力线有偏离,则还要计算拱轴偏离引起的恒载内力。

上述叠加法计算主要是针对手算法(查表法)而言的。当采用电算时,内力计算则不需分步进行。

(1)不考虑弹性压缩的恒载内力——无矩法计算恒载内力

①实腹拱。

如前所述,此时实腹式悬链线拱的拱轴线与压力线完全吻合,所以,在恒载作用下,拱圈任何截面上都只存在轴向力而无弯矩,此时,拱中的内力可按纯压拱的公式计算。

由公式 $k^2 = \frac{l_1^2 g_d}{H_g f}(m-1)$,可得恒载水平推力,见式(4.12):

$$H_g = \frac{(m-1)g_d l^2}{4k^2 f} = k_g \frac{g_d l^2}{f} \tag{4.12}$$

式(4.12)中：$k_g=\dfrac{m-1}{4k^2}$。

在恒载作用下，拱脚的竖向反力为半拱的恒载重力，即 $V_g=\int_0^{l_1}g_x\mathrm{d}x=\int_0^1 g_x l_1\mathrm{d}\xi$。

将任意点的恒载集度 $g_x=g_d+\gamma y_1$ 和悬链线拱的拱轴方程式(4.1)代入上式并积分得：

$$V_g=\frac{\sqrt{m^2-1}}{2[\ln(m+\sqrt{m^2-1})]}g_d l=k_g' g_d l \tag{4.13}$$

式中：$k_g'=\dfrac{\sqrt{m^2-1}}{2[\ln(m+\sqrt{m^2-1})]}$。

系数 k_g、$k_{g'}$ 可自《拱桥(上)》附录Ⅲ表(Ⅲ)-4 查得，也可自己编程求解。

因为恒载弯矩和剪力均为零，拱圈各截面的轴向力 N 按式(4.14)计算：

$$N=\frac{H_g}{\cos\varphi} \tag{4.14}$$

②空腹拱。

空腹式悬链线无铰拱，由于拱轴线与恒载压力线有偏离，拱顶、拱脚和1/4点都有恒载弯矩。在设计中，为了计算方便，空腹式无铰拱桥的恒载内力又可分为两部分，即先不考虑偏离的影响，将拱轴线视为与恒载压力线完全吻合，然后再考虑偏离的影响，计算由偏离引起的恒载内力，二者叠加，即得空腹式无铰拱不考虑弹性压缩时的恒载内力。

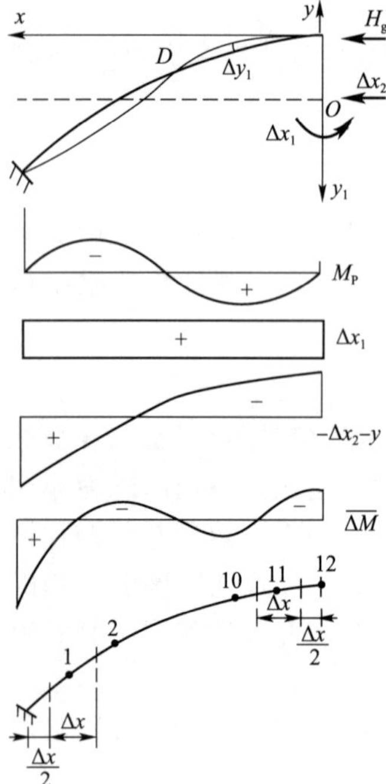

图4.7　赘余力计算图示

不考虑偏离的影响时，空腹拱的恒载内力亦按纯压拱计算。此时，拱的恒载推力 H_g 和拱脚竖向反力 V_g 可直接由静力平衡条件写出：

$$H_g=\frac{\sum M_j}{f} \tag{4.15}$$

$$V_g=\sum P(\text{半拱恒载重}) \tag{4.16}$$

此时拱中的弯矩和剪力均为零，轴力可由式(4.14)计算得到。

在设计中，小跨径的空腹式拱桥时，可偏安全地不考虑偏离弯矩的影响。大跨径空腹式拱桥，恒载压力线与拱轴线的偏离一般比中、小跨径大，应当计入偏离弯矩的影响。

按静力平衡条件可求得空腹拱恒载压力线与拱轴线的偏离引起拱圈产生的内力，见式(4.17)：

轴向：$\Delta N=\Delta X_2\cos\varphi$

弯矩：$\Delta M=\Delta X_1+\Delta X_2(y_1-y_s)+H_g\Delta y$　　(4.17)

剪力：$\Delta Q=\Delta X_2\sin\varphi$

式(4.17)中：赘余力 ΔX_1 和 ΔX_2 见图4.7，计算公式如下：

$$\Delta X_1=-\frac{\Delta_{1p}}{\delta_{11}}=-\frac{\int_s\frac{\overline{M_1}M_P}{EI}\mathrm{d}s}{\int_s\frac{M_1^2\mathrm{d}s}{EI}}=-\frac{\int_s\frac{M_P}{I}\mathrm{d}s}{\int_s\frac{\mathrm{d}s}{I}}=-H_g\frac{\int_s\frac{\Delta y}{I}\mathrm{d}s}{\int_s\frac{\mathrm{d}s}{I}} \tag{4.18}$$

$$\Delta X_2 = -\frac{\Delta_{2p}}{\delta_{22}} = -\frac{\int_s \frac{\overline{M}_2 M_P}{EI}ds}{\int_s \frac{M_2^2 ds}{EI}} = H_g \frac{\int_s \frac{y\Delta y}{I}ds}{\int_s \frac{y^2 ds}{I}} \tag{4.19}$$

将式(4.17)与式(4.18)、式(4.19)迭加，则得到空腹式拱不计弹性压缩时的恒载内力。

(2)弹性压缩引起的内力

在恒载轴力作用下，拱圈的弹性压缩会在拱中产生相应的内力。取悬臂曲梁为基本结构，弹性压缩使得拱轴在跨径方向缩短 Δl，相应弹性中心必有一水平拉力 ΔH_g（图4.8），使拱顶的相对水平变位为零。

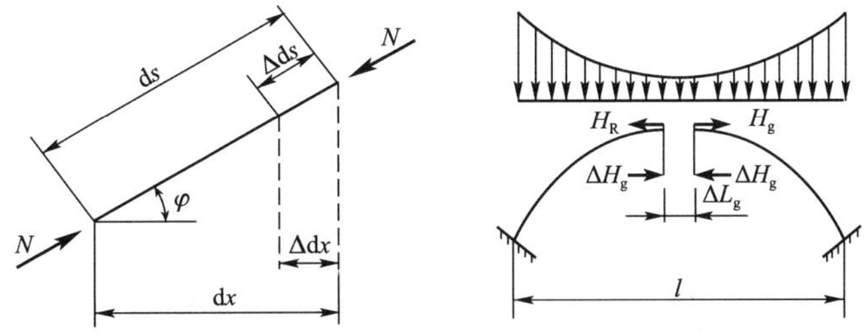

图4.8　拱圈弹性压缩

根据拱顶的变形协调条件 $\Delta H_g \delta'_{22} - \Delta l = 0$，不难求得弹性压缩产生的赘余力 ΔH_g，见式(4.20)。

$$\Delta H_g = H_g \frac{\mu_1}{1+\mu} \tag{4.20}$$

式(4.20)中：

$$\mu = \frac{\int_s \frac{\cos^2\varphi ds}{EA}}{\int_s \frac{y^2 ds}{EI}}, \quad \mu_1 = \frac{\int_0^l \frac{dx}{EA\cos\varphi}}{\int_s \frac{y^2 ds}{EI}} \tag{4.21}$$

$\int_s \frac{y^2 ds}{EI}$可自《拱桥》附表（Ⅲ）-5 查得，等截面拱的 μ_1 和 μ，也可直接由表（Ⅲ）-9、表（Ⅲ）-11 查出。

由于恒载作用而在拱内产生内力，各内力的方向见图4.9，则在恒载作用下，弹性压缩引起的内力见式(4.22)。

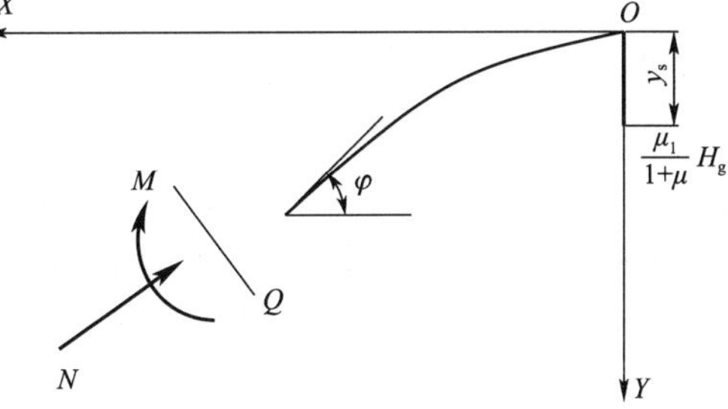

图4.9　弹性压缩产生的内力

轴向力：$\Delta N = -\frac{\mu_1}{1+\mu}H_g\cos\varphi$

弯矩：

$$\Delta M = \frac{\mu_1}{1+\mu}H_g(y_s - y_1) \tag{4.22}$$

剪力：

$$\Delta Q = m\frac{\mu_1}{1+\mu}H_g\sin\varphi$$

式(4.22)中上边符号适用于左半拱，下边符号适用于右半拱。

(3)恒载作用下拱圈各截面的总内力

当不考虑空腹拱恒载压力线偏离拱轴线的影响时，拱圈各截面的恒载内力为：不考虑弹性压缩的恒载内力计算的轴向力 N[按式(4.14)计算]加上弹性压缩产生的内力，见式(4.23)：

$$\begin{aligned} &\text{轴向力：} && N=\frac{H_g}{\cos\varphi}-\frac{\mu_1}{1+\mu}H_g\cos\varphi \\ &\text{弯矩：} && M=\frac{\mu_1}{1+\mu}H_g(y_s-y_1) \\ &\text{剪力：} && Q=m\frac{\mu_1}{1+\mu}H_g\sin\varphi \end{aligned} \tag{4.23}$$

由以上各式可见，考虑了恒载弹性压缩之后，即使是不计偏离弯矩的影响，拱中仍有恒载弯矩。这就说明，不论是空腹式拱还是实腹式拱，考虑弹性压缩之后的恒载压力线，将无法与拱轴线重合。

计入偏离的影响之后，各截面的总内力见式(4.24)。

$$\begin{aligned} &\text{轴向力：} && N=\frac{H_g}{\cos\varphi}+\Delta X_2\cos\varphi-\frac{\mu_1}{1+\mu}(H_g+\Delta X_2)\cos\varphi \\ &\text{弯矩：} && M=m\frac{\mu_1}{1+\mu}(H_g+\Delta X_2)(y_s-y_1)+\Delta M \\ &\text{剪力：} && Q=m\frac{\mu_1}{1+\mu}(H_g+\Delta X_2)\sin\varphi\pm\Delta X_2\sin\varphi \end{aligned} \tag{4.24}$$

4.1.6.2 活载作用下等截面悬链线拱的内力计算

拱的活载内力计算仍分两步进行：先计算不考虑弹性压缩的活载内力，然后再计入弹性压缩对活载内力的影响。

(1)不考虑弹性压缩的活载内力

由于活载在桥梁上的作用位置不同，拱圈各截面产生的内力也不同。计算不考虑弹性压缩的活载内力一般采用内力影响线来加载，拱中内力影响线计算常采用简支曲梁为基本结构。《拱桥(上)》附录Ⅲ表(Ⅲ)－13 列有拱中各截面不考虑弹性压缩的弯矩影响线坐标。由《拱桥(上)》附录Ⅲ表(Ⅲ)－14 列有不计弹性压缩的弯矩 M 及相应的拱中水平推力 H、拱脚竖向反力 V 影响线面积表，供计算活载内力时选用。

汽车荷载内力或赘余力可由式(4.25)计算。

$$S=\xi m(q_k\omega+P_k\eta_k) \tag{4.25}$$

式中：q_k、P_k——分别为公路车道荷载均布荷载标准值和集中荷载标准值；

ω——同号影响线面积之和；

η_k——与 ω 相应影响线中的一个最大影响线峰值；

ξ——多车道横向折减系数；

m——荷载横向分布系数。

(2)活载作用下弹性压缩引起的内力

活载弹性压缩与恒载弹性压缩相似，是考虑由活载产生的轴向力引起拱圈弹性压缩，也在弹性中心产生赘余水平拉力 ΔH(图 4.6)。若不考虑弹性压缩时，活载作用下的拱脚内力有：弯矩 M，竖向剪力 V，通过弹性中心的水平力 H_1，则根据拱顶变形协调条件可得：

$$\Delta H=-H_1\times\frac{\mu_1}{1+\mu}$$

考虑弹性压缩后的活载推力(总推力)见式(4.26):

$$H = H_1 + \Delta H = H_1(1 - \frac{\mu_1}{1+\mu}) = H_1(\frac{1+\mu-\mu_1}{1+\mu}) \tag{4.26}$$

考虑到 $\Delta\mu = \mu_1 - \mu$ 远小于 μ_1,实际应用时可将式(4.26)进一步简化为式(4.27):

$$H = H_1(\frac{1+\mu-\mu_1}{1+\mu}) \gg \frac{H_1}{1+\mu_1} \tag{4.27}$$

考虑活载弹性压缩,总的内力见式(4.28):

弯矩: $$\Delta M = -\Delta H y = \frac{\mu_1}{1+\mu}H_1 y$$

轴向力: $$\Delta N = \Delta H\cos\varphi = -\frac{\mu_1}{1+\mu}H_1\cos\varphi \tag{4.28}$$

剪力: $$\Delta Q = \pm\Delta H\sin\varphi = m\frac{\mu_1}{1+\mu}H_1\sin\varphi$$

将不考虑弹性压缩的活载与活载弹性压缩产生的内力迭加起来,即得活载作用下的总内力。需要注意的是,计算由车道荷载引起的拱的各个截面的正弯矩时,应考虑《公路钢筋混凝土及预应力混凝土桥涵设计规范》(JTG D62—2004)的折减。

4.1.6.3 等截面悬链线拱其他内力计算

在超静定拱中,温度变化、混凝土收缩和徐变以及拱脚变位都会产生附加内力。我国许多地区温度变化幅度大,温度变化产生的附加内力不容忽视,尤其是就地浇筑的混凝土在结硬过程中由于收缩变形可使拱桥开裂。在软土地基上建造圬工拱桥,墩台变位的影响比较突出,水平位移的影响更为严重。

(1)温度变化产生的附加内力计算

根据热胀冷缩的道理,当大气温度比成拱时的温度(即主拱圈施工合龙时的温度,称为合龙温度)高时,称为温度上升,引起拱体膨胀;反之,当大气温度比合龙温度低时,称为温度下降,引起拱体收缩。不论是拱体膨胀(拱轴伸长)还是拱体收缩(拱轴缩短),都会在拱中产生内力,只不过两者的符号不同而已。见图 4.10。

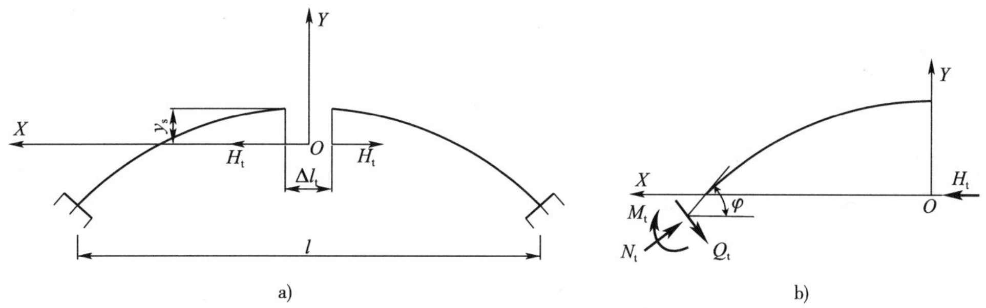

图 4.10 拱温度变化内力计算示意图

a)温度变化引起赘余力计算图式;b)温度变化引起拱中的内力

假设温度变化引起拱轴在水平方向的变位为 Δl_t[图 4.8a)],与弹性压缩同样道理,必定在弹性中心产生一对水平力 H_t,由典型方程得:

$$H_t = \frac{\Delta l_t}{\delta_{22}} \tag{4.29}$$

$$\Delta l_t = \alpha l \Delta t$$

式中：Δt——温度变化值，即最高（或最低）温度与合龙温度之差，温度上升时，Δt 和 H_t 均为正；温度下降时，Δt 和 H_t 均为负；

α——材料的线膨胀系数，混凝土或钢筋混凝土 $\alpha = 1 \times 10^{-5}$，混凝土砌体 $\alpha = 0.9 \times 10^{-5}$，石砌体 $\alpha = 0.8 \times 10^{-5}$。

由温度变化引起拱中任意截面的附加内力见式（4.30）。

$$
\begin{aligned}
&\text{弯矩：} && M_t = -H_t y = -H_t(y_s - y_1) \\
&\text{轴力：} && N_t = H_t \cos\varphi \\
&\text{剪力：} && Q_t = \pm H_t \sin\varphi
\end{aligned}
\tag{4.30}
$$

（2）混凝土收缩、徐变引起的内力

混凝土在结硬过程中的收缩变形，其作用与温度下降相似。通常将混凝土收缩的影响折算为温度的额外降低。

计算拱圈的温度变化和混凝土收缩影响时，可根据实际资料考虑混凝土徐变对温度变化和混凝土收缩在拱圈内引起内力变化减小的影响。但是，徐变虽然对上述温变、收缩引起的内力有调整作用，但徐变本身也引起拱轴线缩短，因而应按有关规定计算徐变引起的附加内力。

（3）拱脚变位引起的内力计算

在软土地基上修建的拱桥以及桥墩较柔的多孔拱桥，拱脚变位是难以避免的。拱脚的变位包括拱脚的水平位移、垂直位移（沉降）和转动（角变），每一种变位都会在拱中产生内力。用力法求解内力如下（忽略轴向力的影响）：

①拱脚相对水平位移引起的内力。

在图4.11中，两拱脚发生的相对水平位移为 $\Delta_h = \Delta_{hB} - \Delta_{hA}$（$\Delta_{hA}$、$\Delta_{hB}$——左、右拱脚的水平位移，自原位置右移为正、左移为负）。

由于两拱脚发生相对水平位移，在弹性中心产生的赘余力见式（4.31）：

$$X_2 = -\frac{\Delta_h}{\delta_{22}} = -\frac{\Delta_h}{\int_s \frac{y^2 \mathrm{d}s}{EI}} \tag{4.31}$$

如两拱脚相对靠拢 Δ_h（为负），X_2 为正，反之为负。

②拱脚相对垂直位移引起的内力。

在图4.12中，拱脚相对垂直位移为 $\Delta_V = \Delta_{VB} - \Delta_{VA}$（$\Delta_{VB}$、$\Delta_{VA}$——左、右拱脚的垂直位移，均以自原位置下移为正，上移为负）。

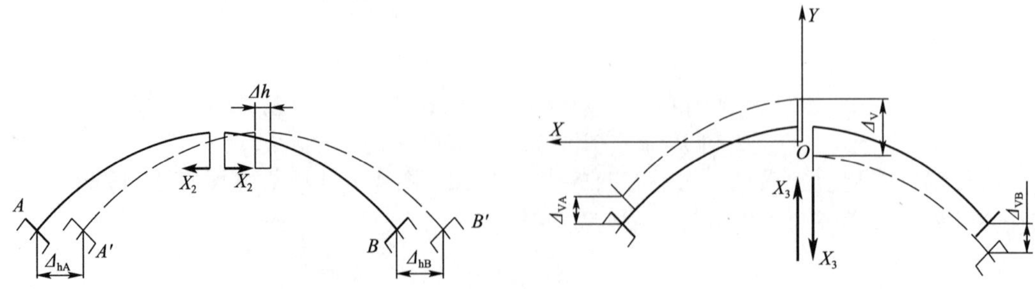

图4.11　拱脚水平位移引起的内力计算图示　　图4.12　拱脚竖向位移引起的内力计算图示

由两拱脚相对垂直位移引起弹性中心的赘余力见式（4.32）：

$$X_3 = -\frac{\Delta_V}{\delta_{33}} = -\frac{\Delta_V}{\int_s \frac{x^2 ds}{EI}} \tag{4.32}$$

等截面悬链线拱的 $\int_s \frac{x^2 ds}{EI}$ 可由《拱桥(上)》附录Ⅲ表(Ⅲ)-6查得。

③拱脚相对角变位引起的内力。

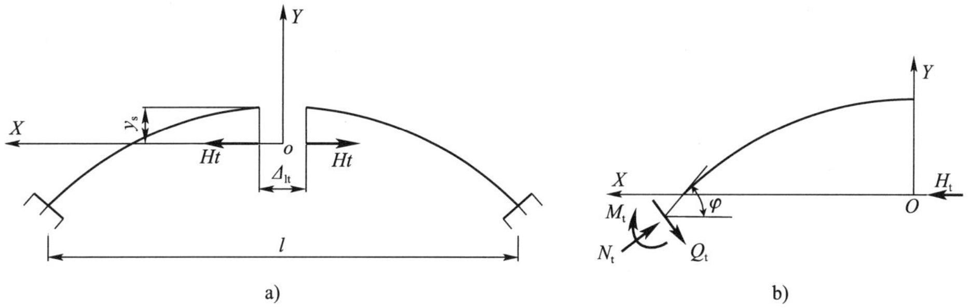

图4.13 拱脚相对角变位引起的赘余力及各截面的内力图

在图4.13a)中,拱脚 B 发生转角 θ_B(θ_B顺时针为正)之后,除了在弹性中心产生相同的转角 θ_B 外,还引起相对水平位移 Δ_h 和垂直位移 Δ_v。因此,在弹性中心会产生三个赘余力 X_1、X_2、X_3。

由典型方程得:

$$\begin{aligned} X_1\delta_{11} + \theta_B &= 0 \\ X_2\delta_{22} + \Delta_h &= 0 \\ X_3\delta_{33} - \Delta_V &= 0 \end{aligned} \tag{4.33}$$

式(4.33)中 θ_B为已知,根据图4.13b)的几何关系,$\Delta_h = \theta_B(f - y_s)$,$\Delta_V = \frac{\theta_B \times 1}{2}$,将其代入式(4.33)得式(4.34):

$$X_1 = -\frac{\theta_B}{\delta_{11}}, \quad X_2 = -\frac{\theta_B(f - y_s)}{\int_s \frac{y^2 ds}{EI}}, \quad X_3 = \frac{\theta_B \times 1}{2\int_s \frac{x^2 ds}{EI}} \tag{4.34}$$

式(4.34)中 $\delta_{11} = \int_s \frac{\overline{M_1^2} ds}{EI} = \int_s \frac{ds}{EI} = \frac{1}{EI}\int_0^1 \frac{d\xi}{\cos f} = \frac{1}{EI}\frac{1}{v_1}$,$\frac{1}{v_1}$可自《拱桥(上)》附录Ⅲ表(Ⅲ)-8查得。

拱脚相对角变位引起各截面的内力为[图4.13b)]:

$$\begin{aligned} M &= X_1 - X_2 y \pm X_3 x \\ N &= mX_3\sin\varphi + X_2\cos\varphi \\ Q &= X_3\cos\varphi \pm X_2\sin\varphi \end{aligned} \tag{4.35}$$

4.1.7 强度、刚度及稳定性分析

求出各种荷载作用下的内力后,即可进行最不利情况下的荷载组合,进而验算拱圈控制截面的强度、刚度及其稳定性。

《公路钢筋混凝土及预应力混凝土桥涵设计规范》(JTG D62—2004)规定,中小跨径拱桥应验算拱顶、拱跨3/8和拱脚三个截面;大跨径拱桥应验算拱顶、拱跨3/8 拱跨1/4 和拱

脚四个截面;特大跨径拱桥,除上述四个截面外,需视截面配筋情况,另行选择控制截面进行验算。

对于采用无支架施工的大跨径以及其他特大跨径拱桥,1/4 截面往往不一定是控制截面;相反,1/8、3/8 等截面常常是控制截面,故必须对拱脚、1/8、1/4、3/8、拱顶以及其他不利截面进行验算。

4.1.7.1 拱圈强度验算

双曲拱桥在荷载作用下,拱肋主要承受轴力、弯矩及剪力,即为偏心受压构件。砌体和混凝土的单向和双向偏心受压构件,受压偏心距 e 的限值应符合表 4.8 的规定。

受压构件偏心距限制 表 4.8

作用组合	偏心距限制 e
基本组合	$\leqslant 0.6s$
偶然组合	$\leqslant 0.7s$

注:(1)混凝土结构单向偏心的受拉一边或双向偏心的各受拉一边,当设有不小于截面面积 0.05% 的纵向钢筋时,表内规定值可增加 $0.1s$。

(2)表中 s 值为截面或换算截面重心轴至偏心方向截面边缘的距离(图 4.14)。

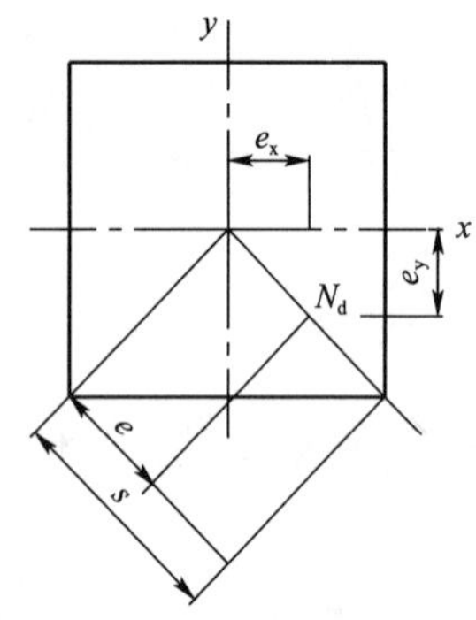

图 4.14 受压构件偏心距

N_d-轴向力;e-偏心距;

s-截面重心至偏心方向截面边缘的距离

根据《公路圬工桥涵设计规范》(JTG D 61—2004),砌体(包括砌体与混凝土组合)受压构件,在符合表 4.1 规定的受压偏心距限值范围内的承载力应按式(4.36)计算:

$$\gamma_0 N_d < \phi A f_{cd} \tag{4.36}$$

式中各个符号意义见《公路圬工桥涵设计规范》(JTG D61—2004)4.0.5 条。

混凝土偏心受压构件,在符合表 4.1 规定的受压偏心距限值范围内,当按受压承载力计算时,假定受压区的法向应力图形为矩形,其应力取混凝土抗压强度设计值,此时,取轴向力作用点与受压区法向应力的合力作用点相重合的原则确定受压区面积 A。受压承载力应按式(4.37)计算:

$$\gamma_0 N_d \leqslant \phi f_{cd} A_c \tag{4.37}$$

式中各个符号意义见《公路圬工桥涵设计规范》(JTG D61—2004)4.0.8 条。具体应用时要注意区分单向偏心受压还是双向偏心受压,分别采用不同的计算公式。

当轴向力的偏心距 e 超过表 4.1 偏心距限值时,构件承载力应按式(4.38)、式(4.39)计算:

单向偏心
$$r_0 N_d \leqslant \phi \frac{A f_{tmd}}{\frac{Ae}{w} - 1} \tag{4.38}$$

双向偏心
$$r_0 N_d \leqslant \phi \frac{A f_{tmd}}{\frac{Ae_x}{w_y} + \frac{Ae_y}{w_x} - 1} \tag{4.39}$$

式中各符号意义见《公路圬工桥涵设计规范》(JTG D61—2004)4.0.10 条。

砌体构件或混凝土构件直接受剪时,应按式(4.40)计算:

$$\gamma_0 V_d \leqslant A f_{vd} + \frac{1}{1.4}\mu_f N_k \tag{4.40}$$

式中：V_d——剪力设计值；

A——受剪截面面积；

f_{vd}——砌体或混凝土抗剪强度设计值，按《公路圬工桥涵设计规范》(JTG D61—2004)表3.3.2、表3.3.3-4和表3.3.4-3采用；

μ_f——摩擦系数采用，$\mu_f = 0.7$；

N_k——与受剪截面垂直的压力标准值。

双曲拱桥应验算各阶段的截面强度和拱的整体"强度—稳定"验算。拱圈应按《公路圬工桥涵设计规范》(JTG D61—2004)第4.0.5条至第4.0.10条验算截面强度。

①砌体截面的强度验算可按《公路圬工桥涵设计规范》(JTG D61—2004)第4.0.5条至第4.0.7条和第4.0.9条至第4.0.10条的规定计算，计算时可不计长细比β_x、β_y对受压构件承载力的影响，即可令本规范公式(4.0.6-2)和公式(4.0.6-3)内β_x、β_y小于3则取为3。

②混凝土截面的强度验算可按《公路圬工桥涵设计规范》(JTG D61—2004)第4.0.8条至第4.0.10条的规定计算，计算时可取混凝土轴心受压构件弯曲系数ϕ为1.0。

4.1.7.2 拱圈稳定性验算

拱是以受压为主的结构，无论是施工过程中，还是成桥运营阶段，除要求其强度满足要求外，还必须对其稳定性进行验算。拱的稳定性验算分为纵向(面内)和横向(面外)两方面。

双曲拱桥的肋拱横向稳定是一个较为复杂的问题，特大、大跨径拱桥宜用稳定计算程序计算，同时也可采用规范推荐方法，见图4.15。

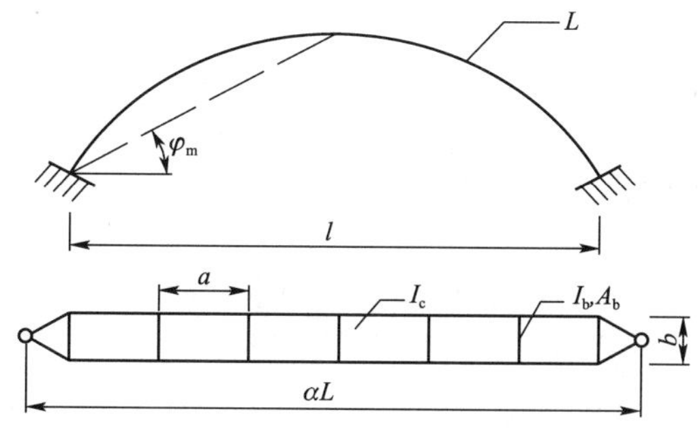

图4.15 肋拱横向稳定计算长度

根据铁摩辛柯研究，以布置较密的横系梁连接的拱肋，其横向(平面外)的临界力见式(4.41)：

$$N_{cr} = \alpha_0 \frac{\pi^2 EI}{(\alpha L)^2}$$

$$\alpha_0 = \frac{1}{1 + \frac{EI\pi^2}{(\alpha L)^2}\left(\frac{ab}{12EI_b} + \frac{a^2}{24EI_c} \times \frac{1}{1-\beta} + \frac{na}{bA_bG}\right)}$$

$$\beta = \frac{N_{cr}a^2}{2\pi^2 EI_c} \tag{4.41}$$

式中：α——拱肋的拱脚支承条件系数，双铰拱 $\alpha=1$，无铰拱 $\alpha=0.5$；

L——拱轴长度；

EI——拱肋抗压弹性模量 E 与惯性矩 I 的乘积；I 为两拱肋对桥纵轴线的横向惯性矩；

α_0——剪力影响线系数；

a——横系梁间距（沿拱轴线量取）；

b——拱肋轴线间距；

I_b——根横系梁横截面对自身竖轴的惯性矩；

I_c——根拱肋横截面对自身竖轴的惯性矩；

A_b——横系梁截面面积；

n——与横系梁截面形状有关系数，矩形截面为1.20，圆形截面为1.11；

G——横系梁的剪变模量。

计算方法：先假定一个 β 值，代入公式求出 α_0，再利用公式求出 β，反复试算，直至两次求得的 β 值接近为止。

根据《公路钢筋混凝土及预应力混凝土桥涵设计规范》（JTG D62—2004）4.3.8条，计算以横系梁连接的双曲拱桥肋拱横向稳定时，可近似地将其视为长度等于拱轴线长度的平面桁架，根据其支承条件，按受压组合构件确定其计算长度和长细比。拱的平均轴向力可按式(4.42)计算：

$$N_d=\frac{H_d}{\cos\varphi_m} \tag{4.42}$$

式中：N_d——拱的轴向力设计值；

H_d——拱的水平推力设计值；

φ_m——拱顶与拱脚的连线与跨径的夹角。

拱圈应按《公路圬工桥涵设计规范》（JTG D61—2004）第4.0.5条至第4.0.9条进行拱的整体“强度—稳定”验算。按公式(4.0.7-1)和公式(4.0.7-2)计算砌体构件长细比 β_x、β_y 和按表4.0.8查取混凝土轴心受压构件弯曲系数 φ 值时，拱圈纵向（弯曲平面内）计算长度 l_0，三铰拱为 $0.58L_a$、双铰拱为 $0.54L_a$、无铰拱为 $0.36L_a$，L_a 为拱轴线长度；拱圈横向（弯曲平面外）计算长度 l_0 见表4.9。

无铰板拱横向稳定计算长度 l_0 表4.9

矢跨比 f/l	1/3	1/4	1/5	1/6	1/7	1/8	1/9	1/10
计算长度 l_0	$1.167r$	$0.962r$	$0.797r$	$0.577r$	$0.495r$	$0.452r$	$0.425r$	$0.406r$

注：r 为圆曲线半径，当为其他曲线时，可近似地取 $r=\frac{l}{2}\left(\frac{1}{4\beta}+\beta\right)$，其中 β 为矢跨比。

拱的轴向力设计值可按式(4.40)计算。轴向力偏心距可取与水平推力计算时同一荷载布置的拱跨1/4处弯矩设计值 M_d 除以 N_d。

①砌体拱可按本规范第4.0.5条至第4.0.7条规定计算。如符合本规范第5.1.1条规定，考虑拱上建筑与拱圈的联合作用时，纵向长细比 β_y，对构件承载力的影响系数 φ，可不考虑，即令 β_y 小于3取为3。

②混凝土拱可按本规范第4.0.8条规定计算。如符合本规范第5.1.1条规定，考虑拱上建筑与拱圈的联合作用时，纵向稳定可不予考虑，即可取纵向轴心受压构件弯曲系数 $\varphi=1.0$。

4.2 有限单元法计算简介

4.2.1 有限元法及结构分析程序

有限元法是为适应使用计算机而发展起来的一种有效的数值计算方法(简称电算法)。如今,工程师们已广泛采用有限元法进行拱桥结构分析与计算。

拱桥结构分析计算可根据需要编制专门的结构有限元分析程序,也可直接使用SAP2000、ANSYS、ADINA、NASTRAN等结构分析通用程序或者MIDAS、桥梁博士等专用软件。但是如果使用通用有限元程序计算桥梁,则必须进行二次开发,使其能够自动计算影响线并自动按照我国的荷载规范进行加载计算。

4.2.2 双曲拱桥有限元法分析

双曲拱桥现已广泛采用有限元法进行结构分析与计算,它可以解决传统计算理论带来的不足,能够建立具有足够精度的全桥统一的有限元模型,采用适当的连接方式模拟拱上建筑和主拱圈的联合作用,从而避免因内力计算误差而导致的设计不当。利用所建立的空间模型进行控制截面某量值的影响面分析,可以比较准确地确定其最不利位置,克服了利用影响线带来的活载横向分布的误差。常见的有限元单元类型有杆单元、梁单元、板单元和实体单元等,每种单元类型的刚度矩阵均不一样,详细内容参见有限元理论。实际应用时要结合具体情况来选用,既要保证计算结果达到所需的精度,又要保证计算时间的合理。针对双曲拱桥应用的最多的还是梁、杆单元—杆系单元。裸拱计算模型如图4.16。

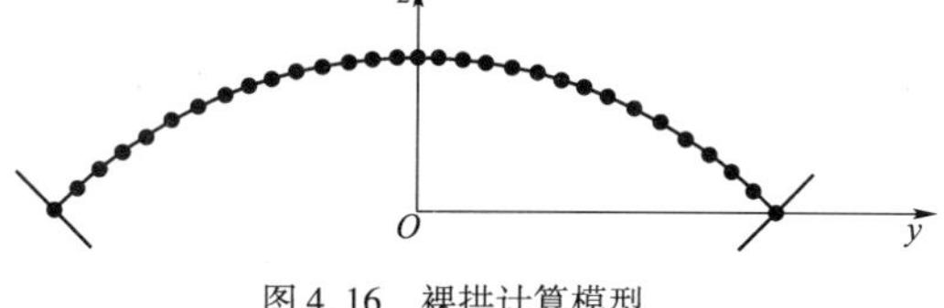

图4.16 裸拱计算模型

分析研究表明,直接建立带拱上建筑的平面杆系有限元计算模型时,对于立柱开裂仍采用立柱两端分别与主拱圈、腹拱刚接的检算图式,对于开裂较为严重的立柱,可以根据现场调查对部分截面进行刚度折减;腹拱抗推作用并没有因为开裂或设置平铰缝而消失,边腹拱开裂可以模拟成具有一定抗推刚度的两铰拱,其余腹拱开裂较为严重的可以模拟成单铰拱。拱式拱上建筑和梁式拱上建筑分别如图4.17、图4.18。

模型由拱圈、横墙、腹拱、填料、桥面等几部分组成,全桥各部分都简化为平面梁单元。在此检算模型上直接进行,按影响线进行加载,计算主拱圈关键截面内力。在建立平面杆系有限元模型时主要考虑以下几个方面:现场应对拱轴线进行检测,如果测拱轴线与设计拱轴线偏差不大,可按设计资料建立拱桥的平面杆系有限元基本模型。

建立计算模型的任务是把拱桥实际结构理想化为有限单元的集合(模型化)。双曲拱桥实际结构形式比较固定(拱肋形式单一,仅拱上建筑形式不一),在分析计算时,必须用某种单元的集合模型来替代原型结构。有限元分析中有多种单元形式,如杆、梁单元(分直杆、曲杆、等截面与变截面杆等)、板单元、实体单元、空间复合梁单元等。

在进行拱桥分析时,通常可将其看成是由多个杆单元或梁单元组成的杆系结构,如果只考虑节点在结构平面内的位移(转角 θ、水平位移 M、垂直位移 v),就可按平面结构进行分析计算(即化空间结构为平面结构)。如果考虑空间作用,则每个节点就有六个自由度,按空间结构进行分析，还可采用实体单元作更为精确的分析。见图4.19。

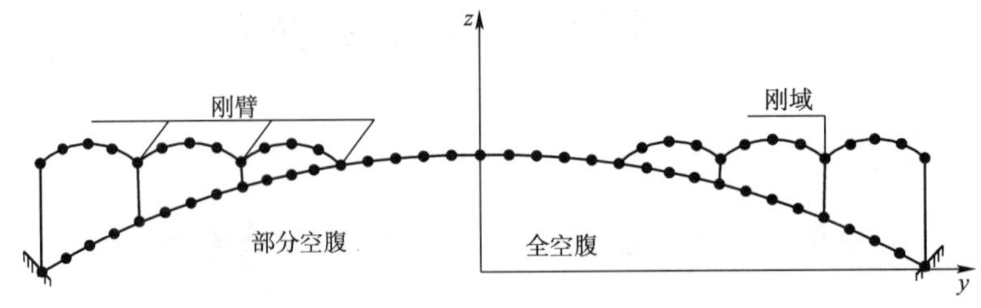

图4.17 拱式拱上建筑

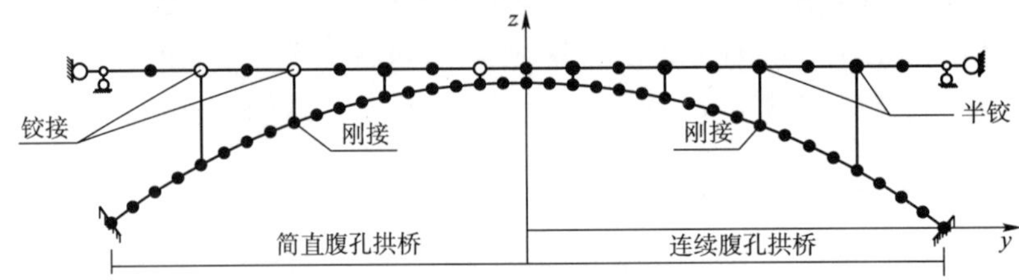

图4.18 梁式拱上建筑

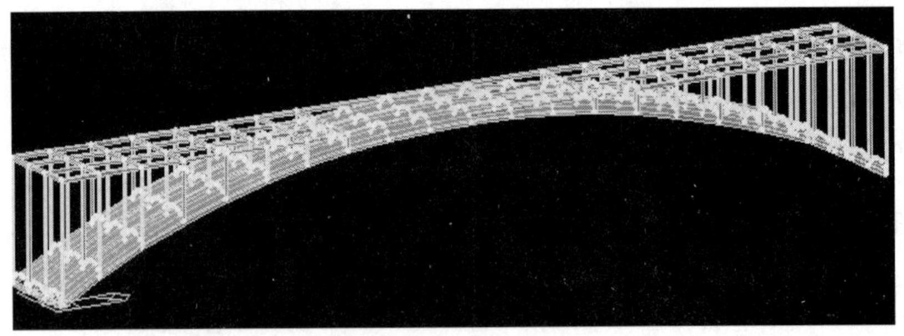

图4.19 肋拱空间分析模型

空间复合梁单元是指单元的组成部分是变化的，单元的形心、扭心不固定且不重合。它是描述主拱圈逐步形成的结构分析所必需的，如劲性骨架施工拱桥分析等。

(1)结构的离散化

通过上面模型化处理后，需按计算程序要求准备数据，并形成数据文件。结构数据主要包括节点数、单元数、约束数、节点坐标、单元编号、材料特性、几何特性、边界条件、荷载(工况)等。单元的划分可大可小，主要应根据计算精度要求、计算机容量等确定。通常在应力与位移变化比较剧烈的区域、杆件截面发生突变、原结构的杆件自然交接点及边界比较曲折的部位，单元的划分应当加密或将其离散成节点。

(2)选择位移模式

完成结构的离散后，对典型单元进行特性分析。为了能用节点位移表示单元体的位移、应力和应变，在分析连续体结构时，须对单元体中位移分布做出假设，也就是假设位移是坐标的某种简单函数，这种函数称为位移模式或插值函数。选择的位移函数还必须保证解的收敛性，建立合理的位移函数是单元分析的关键。

根据选定位移模式，可以导出用节点位移表示单元内任一点位移的关系式，其矩阵形式见式(4.43)：

$$\{\mu\} = [N]\{\delta\}^{e} \tag{4.43}$$

式中：$\{\mu\}$——单元内任一点位移列阵；

$[N]$——形函数矩阵，它的元素是位置坐标的函数；

$\{\delta\}^e$——单元的节点位移列阵。

(3)单元特性分析

利用几何方程，由位移表达式(4.43)可导出用节点位移表达单元应变的关系，见式(4.44)：

$$\{\varepsilon\}=[B]\{\delta\}^e \tag{4.44}$$

式中：$\{\varepsilon\}$——单元内任一点应变列阵；

$[B]$——几何矩阵。

利用本构方程，由应变的表达式(4.44)导出用节点位移表示单元应力的关系，见式(4.45)：

$$\{\sigma\}=[D][B]\{\delta\}^e \tag{4.45}$$

式中：$\{\sigma\}$——单元内任一点应力列阵；

$[D]$——弹性矩阵。

利用变分原理，建立作用于单元的节点力和节点位移之间的关系，单元平衡方程：

$$\{F\}^e=[F]^e\{\delta\}^e \tag{4.46}$$

式中：$\{F\}^e$——单元的节点力列阵；

$[\delta]^e$——单元刚度矩阵。

从而得到式(4.47)：

$$[K]^e=\iiint[B]^T[D][B]\mathrm{d}x\mathrm{d}y\mathrm{d}z \tag{4.47}$$

单刚矩阵集积成整体平衡方程组

根据单元之间的连接情况，按着一定的规则，将各单元刚度矩阵集合成结构。

整体的总刚度矩阵，并将单元等效节点荷载集合成整体等效节点荷载列阵，然后引入结构的位移边界条件，建立结构的整体平衡方程组如下

$$[K]\{\delta\}=\{F\} \tag{4.48}$$

式中：$\{F\}$——结构整体等效节点荷载列阵；

$\{\delta\}$——结构整体的节点位移列阵；

$[K]$——结构整体刚度矩阵。

由方程组(4.48)求解出各节点的位移，然后计算出各单元应变和应力。

运行程序及计算结果分析。在数据文件准备无误后，就可执行程序进行结构分析计算。根据计算目的，对输出的计算结果进行筛选，获取需要的数据和图形，并对输出的数据和图形进行分析，以保证计算结果准确无误。

4.3 双曲拱桥的裂纹分析

4.3.1 裂纹概念及分类

双曲拱桥开裂是很普遍的现象，因此研究裂纹具有很重要的意义。断裂力学是研究带有裂纹的物体在荷载的作用下裂纹扩展规律的一门学科。在本学科中，裂纹含有更为广泛

的意义,除了物体中因开裂而产生的裂纹,还包括材料冶炼过程中的夹渣、气孔、加工过程中引起的刀痕、刻槽等。

按裂纹存在的几何特性,可把裂纹分为穿透裂纹、表面裂纹和深埋裂纹。

裂纹贯穿整个构件厚度,则称为穿透裂纹,也称为贯穿裂纹。有些条件下,虽然裂纹并没有穿透构件厚度,仅在构件的一面出现裂纹,但若其深度已达到构件厚度的一半以上时,该裂纹也常按贯穿裂纹处理。构件中的穿透裂纹常当作理想尖裂纹处理,即裂纹尖端的曲率半径趋近于零,这种简化偏于保守,但在实际应用中比较安全,所以工程中易于接受。

裂纹位于构件的表面或裂纹的深度与构件的厚度相比较小,则称为表面裂纹。在工程中表面裂纹常简化为半椭圆形裂纹。

裂纹处于构件内部,在表面上看不到开裂的痕迹,这种裂纹称为深埋裂纹。计算时,常简化为椭圆片状或圆状裂纹。

在断裂力学中,裂纹常按其受力及裂纹扩展途径分为三种类型,即Ⅰ、Ⅱ、Ⅲ型。

①Ⅰ型裂纹即为张开型裂纹[图4.20a)],拉应力垂直于裂纹扩展面,裂纹上下表面沿着作用力的方向张开,裂纹沿裂纹面向前扩展。工程中属于这类裂纹的如板中有一穿透裂纹,其方向与板所受拉应力方向垂直,或一压力容器中的纵向裂纹[图4.20b)]等。

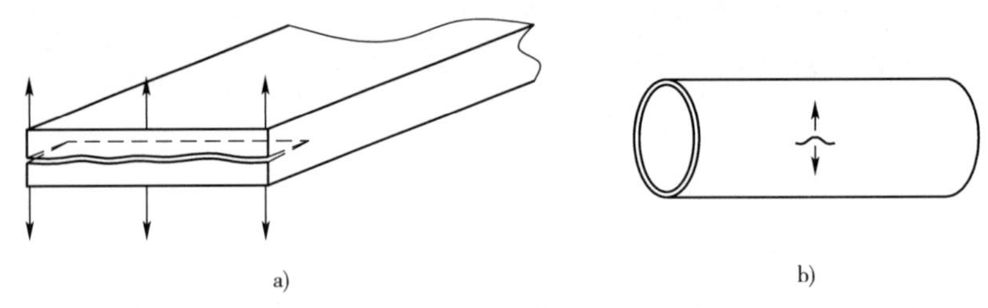

图4.20　张开型(Ⅰ型)裂纹

②Ⅱ型裂纹即为滑开型裂纹。其特征为裂纹的扩展受切应力控制,切应力平行作用于裂纹面而且垂直于裂纹线,裂纹沿裂纹面平行滑开扩展[图4.21a)]。属于这类裂纹的如齿轮或长键根部沿切线方向的裂纹引起的开裂;受扭转的薄壁圆管上贯穿管壁的环向裂纹在扭转力的作用下引起的开裂[图4.21b)]等,均属于Ⅱ型裂纹。

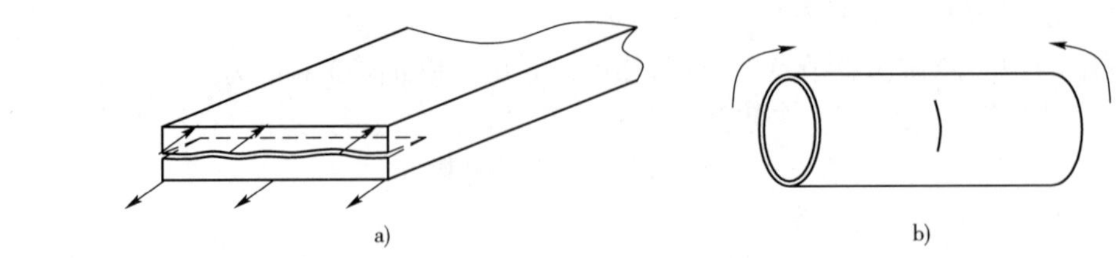

图4.21　滑开型(Ⅱ型)裂纹

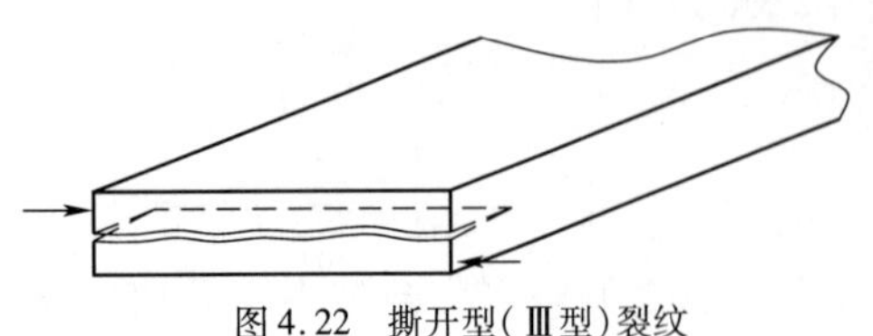

图4.22　撕开型(Ⅲ型)裂纹

③Ⅲ型裂纹即为撕开型裂纹。在平行于裂纹面而与裂纹前沿线方向平行的剪应力的作用下,裂纹面产生沿裂纹面的撕开扩展(图4.22)。

在这三种裂纹中,以Ⅰ型裂纹最为常见,也是最为危险的一种裂纹,研究的最多。

4.3.2 应力场强度因子 K_{I} 及裂纹体断裂韧性 $K_{\text{I}c}$

见图4.23，I型裂纹在拉伸应力作用下裂纹顶端区域内的应力、位移见式(4.49)、式(4.50)。

$$\begin{Bmatrix}\sigma_x\\ \sigma_y\\ \tau_{xy}\end{Bmatrix}=\frac{K_1}{\sqrt{2\pi r}}\cos\frac{\theta}{2}\begin{Bmatrix}1-\sin\dfrac{\theta}{2}\sin\dfrac{3}{2}\theta\\ 1+\sin\dfrac{\theta}{2}\sin\dfrac{3}{2}\theta\\ \sin\dfrac{\theta}{2}\cos\dfrac{3}{2}\theta\end{Bmatrix} \tag{4.49}$$

$$\begin{Bmatrix}u\\ v\end{Bmatrix}=\frac{K_1}{G(1+\mu')}\frac{\sqrt{r}}{\sqrt{2\pi}}\begin{Bmatrix}\cos\dfrac{\theta}{2}\left[(1-\mu')+(1+\mu')\sin^2\dfrac{\theta}{2}\right]\\ \sin\dfrac{\theta}{2}\left[2-(1-\mu')\cos^2\dfrac{\theta}{2}\right]\end{Bmatrix} \tag{4.50}$$

将式(4.49)代入物理方程可求出应变，见式(4.51)：

$$\begin{Bmatrix}\varepsilon_x\\ \varepsilon_y\\ \gamma_{xy}\end{Bmatrix}=\frac{K_{\text{I}}}{\sqrt{2\pi r}}\cos\frac{\theta}{2}\begin{Bmatrix}\dfrac{1}{2G(1+\mu')}\left[(1-\mu')-(1+\mu')\sin\dfrac{\theta}{2}\sin\dfrac{3}{2}\theta\right]\\ \dfrac{1}{2G(1+\mu')}\left[(1-\mu')+(1+\mu')\sin\dfrac{\theta}{2}\sin\dfrac{3}{2}\theta\right]\\ \dfrac{1}{2G}\sin\dfrac{\theta}{2}\cos\dfrac{3}{2}\theta\end{Bmatrix} \tag{4.51}$$

式中：$K_{\text{I}}=\sigma\sqrt{\pi a}$；

G——剪切弹性模量；

μ'——泊松比，平面应力条件下，$\mu'=\mu$；平面应变条件下，$\mu'=\dfrac{\mu}{1-\mu}$。

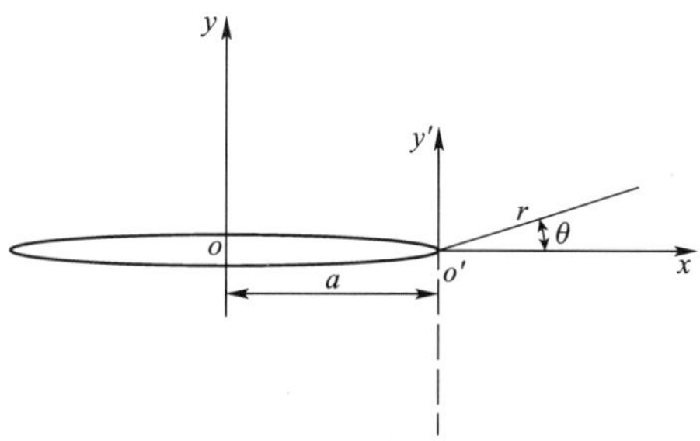

图4.23 以裂纹顶端为原点的坐标系统

分析上述各解的表达式，其右边包含有三类物理量：一是由材料本身所决定的材料常数，如剪切弹性模量 G，泊松比 μ 等，这些量只与材料本身的性质有关；二是裂纹顶端的位置坐标 r、θ，当 r、θ 为一确定值时，则对应着裂纹顶端一个确定的位置，注意到 $r\ll a$，所以上述解答仅适合于裂纹顶端附近区域，这并不影响对整个物体在应力场作用下开裂行为的分析与讨论，因为裂纹的发生与扩展正是在裂纹顶端附近区域进行的；三是外加应力与裂纹长度的复合参量 $\sigma\sqrt{a}$，对于I型裂纹，习惯上采用上述定义，见式(4.52)。

$$K_{\text{I}}=\sigma\sqrt{\pi a} \tag{4.52}$$

K_{I} 的物理意义——裂纹顶端附近区域内某一点的位置一旦确定，该点处的应力、位移及应变便唯一由 K_{I} 来确定。即 K_{I} 控制着裂纹顶端应力、位移、应变场的大小，所以称 K_{I} 为应力场强度因子，其下标I表示的是I型裂纹。同理，对于Ⅱ型、Ⅲ型裂纹问题，其应力场强度因子将分别使用 K_{II}、K_{III} 来表示。

应当说明，式(4.49)~式(4.51)虽然是由具有中心穿透裂纹的无限大板推导出来的，可以证明，该式不仅适合于上述特定情况，而且适用于所有的纯I型裂纹的应力、应变及位移场的分析。但应注意的是，由于各种I型裂纹的具体情况有差别，其应力场强度因子的表达式是不同的。常见的几种不同条件的 I 型裂纹的 K_{I} 表达式见表 4.10。

几种常用应力场强度因子表 表 4.10

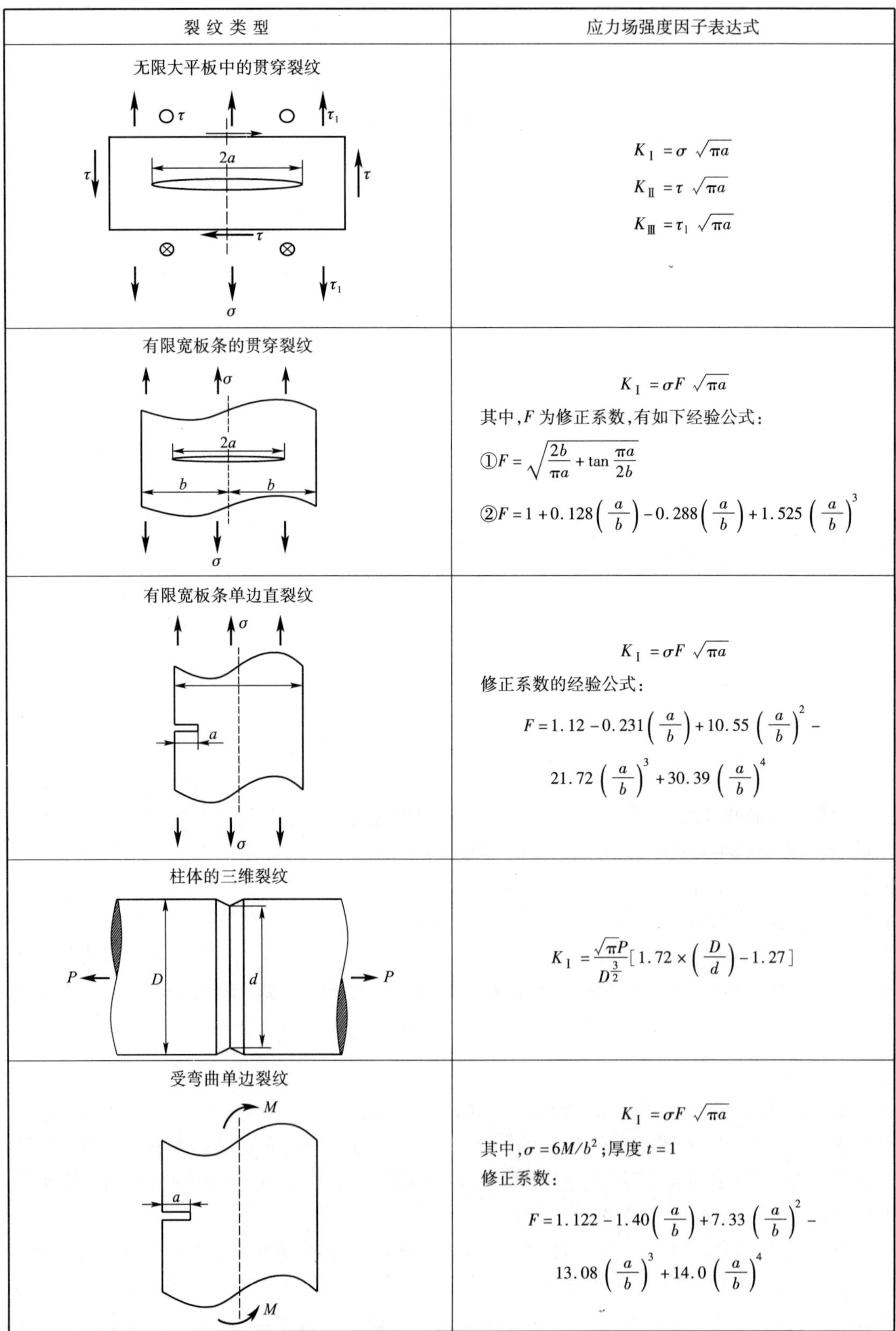

裂纹类型	应力场强度因子表达式
无限大平板中的贯穿裂纹	$K_{\mathrm{I}}=\sigma\sqrt{\pi a}$ $K_{\mathrm{II}}=\tau\sqrt{\pi a}$ $K_{\mathrm{III}}=\tau_1\sqrt{\pi a}$
有限宽板条的贯穿裂纹	$K_{\mathrm{I}}=\sigma F\sqrt{\pi a}$ 其中,F 为修正系数,有如下经验公式: ① $F=\sqrt{\frac{2b}{\pi a}+\tan\frac{\pi a}{2b}}$ ② $F=1+0.128\left(\frac{a}{b}\right)-0.288\left(\frac{a}{b}\right)+1.525\left(\frac{a}{b}\right)^3$
有限宽板条单边直裂纹	$K_{\mathrm{I}}=\sigma F\sqrt{\pi a}$ 修正系数的经验公式: $F=1.12-0.231\left(\frac{a}{b}\right)+10.55\left(\frac{a}{b}\right)^2-21.72\left(\frac{a}{b}\right)^3+30.39\left(\frac{a}{b}\right)^4$
柱体的三维裂纹	$K_{\mathrm{I}}=\frac{\sqrt{\pi}P}{D^{\frac{3}{2}}}\left[1.72\times\left(\frac{D}{d}\right)-1.27\right]$
受弯曲单边裂纹	$K_{\mathrm{I}}=\sigma F\sqrt{\pi a}$ 其中,$\sigma=6M/b^2$;厚度 $t=1$ 修正系数: $F=1.122-1.40\left(\frac{a}{b}\right)+7.33\left(\frac{a}{b}\right)^2-13.08\left(\frac{a}{b}\right)^3+14.0\left(\frac{a}{b}\right)^4$

续上表

裂纹类型	应力场强度因子表达式
半椭圆表面裂纹承受均匀拉应力 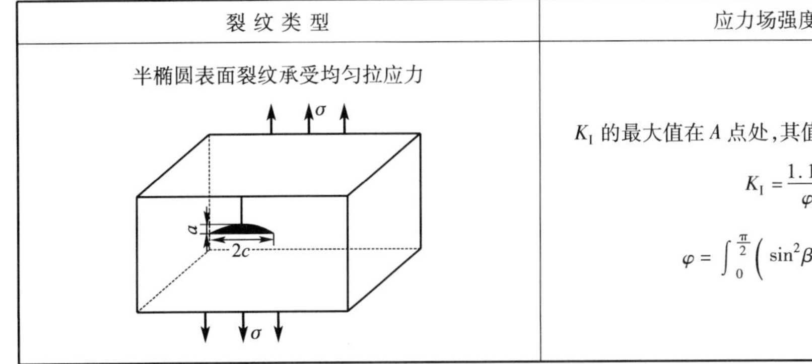	K_{I} 的最大值在 A 点处,其值为: $K_{\mathrm{I}}=\dfrac{1.12}{\varphi}\sigma\sqrt{\pi a}$ $\varphi=\int_{0}^{\frac{\pi}{2}}\left(\sin^{2}\beta+\dfrac{a^{2}}{c^{2}}\cos^{2}\beta\right)^{\frac{1}{2}}\mathrm{d}\beta$

综合表4.10中应力场强度因子的表达式,可得Ⅰ型裂纹 K_{I} 的表达式的一般形式:

$$K_{\mathrm{I}}=Y\sigma\sqrt{a} \tag{4.53}$$

式(4.53)中,Y 称为几何形状因子,其值随裂纹形态、试样形状与加载方式的不同而异,一般 Y 值在1~2。Y 是一个无量纲的系数,显然,对无限板中的贯穿裂纹问题 $Y=\sqrt{\pi}$。

在下面分析Ⅰ型裂纹延长线上的应力(图4.23)。由式(4.49),代入 $\theta=0$,可得在裂纹延长线上(x 轴上),$\tau_{xy}=0$,正应力 σ_x、σ_y 见式(4.54):

$$\sigma_y=\sigma_x=\frac{K_{\mathrm{I}}}{\sqrt{2\pi r}}=\frac{\sigma\sqrt{\pi a}}{\sqrt{2\pi r}} \tag{4.54}$$

由于在 x 轴上剪切应力分量为零,只存在正应力分量,所以图示 x,y 方向即为主方向,σ_x、σ_y 即为主应力,且主应力 σ_y 是引起裂纹扩展的力。由式(4.54)可知,裂纹前沿任一点 r 处的应力完全有 K_{I} 决定,即由 $\sigma\sqrt{\pi a}$ 决定。当 a 一定,外加应力 σ 增加或外加应力 σ 一定,裂纹半长度 a 增加时,均会引起 K_{I} 的增加,从而使主应力 σ_y 增加,当 K_{I} 增加到某一临界值,从而使裂纹顶端区域内足够大的体积内都达到使材料分离的应力而导致裂纹的迅速扩展时,这是的 K_{I} 就称为应力场强度因子的临界值,记作 K_{Ic} 或 K_c,称其为断裂韧性。其中,K_{Ic} 为Ⅰ型裂纹在平面应变的应力条件下的断裂韧性,表示材料在此条件下抵抗裂纹失稳扩展的能力;K_c 为Ⅰ型裂纹在平面应力的应力条件下的断裂韧性,表示在平面应力条件下材料抵抗裂纹失稳扩展的能力。由于平面应变状态是一种三向应力状态,对应变的约束要大,使材料容易产生"脆化"的趋势,因而对同一材料 $K_c>K_{\mathrm{Ic}}$。

对于同一材料而言,其强度极限具有确定的值,因而在不同的应力状态下,其断裂韧性也应是确定的,由此可按应力场强度因子及断裂韧性建立材料的断裂判据如下:

$$K_{\mathrm{I}}\leqslant K_{\mathrm{Ic}}=Y\sigma\sqrt{a} \tag{4.55}$$

该式的意义:当应力场强度因子 K_{I} 达到材料的 K_{Ic} 值时,裂纹即会失稳扩展。为保证带裂纹体构件的安全,其运行 K_{I} 值必须低于 K_{Ic}。

应当注意,K_{I} 与 K_{Ic} 是两个不同的概念,K_{I} 是应力场强度因子,其值与构件中存在的裂纹长度及外加应力的大小有关,与构件材料本身无关。K_{Ic} 是裂纹发生失稳扩展时的应力场强度因子临界值,是一个材料的性能指标,只与材料本事的组织状态有关,与外加荷载无关。K_{I} 与 K_{Ic} 的关系类似于静拉伸时的外加应力 σ 与材料的强度极限 σ_b,当 σ 达到 σ_b 时,材料便发生断裂。σ_b 是材料的性能指标,其大小仅与材料有关而与外加应力无关。

式(4.55)是在外加应力作用下含裂纹构件运行的安全判据。它将含裂纹构件中裂纹长度、外加应力及安全运行条件定量地联系起来了，与传统的构件安全运行设计思想相比较，在应用形式上是相似的，即：

$$\sigma = \frac{P}{A} < [\sigma] = \frac{\sigma_s}{k}\left(\frac{\sigma_b}{k}\right) \tag{4.56}$$

式中，$[\sigma]$为许用应力；k 为安全系数($k>1$)；σ 为构件中的实际应力。

作为材料的一个性能指标，断裂韧性具有如下的工程意义：

若已知一构件中存在一定长度 $2a$ 的裂纹及材料的断裂韧性，则可由下式确定构件允许承担的最大应力：

$$\sigma_c = \frac{K_{\mathrm{I}c}}{Y\sqrt{a}} \tag{4.57}$$

若已知一构件的服役条件，可以确定构件中允许存在的最大长度的裂纹为：

$$a_c = \left(\frac{K_{\mathrm{I}c}}{Y\sigma}\right)^2 \tag{4.58}$$

若已知构件中存在一定尺寸的裂纹及外加应力，可以求出在此条件下，所用材料必须具备的断裂韧性值，选材提供依据如下：

$$K_{\mathrm{I}c} \geqslant K_{\mathrm{I}} = Y\sigma\sqrt{a} \tag{4.59}$$

同理，Ⅱ型，Ⅲ型裂纹的断裂韧性为 $K_{\mathrm{II}c}$，$K_{\mathrm{III}c}$，其断裂判据如下：

$$K_{\mathrm{II}} \leqslant K_{\mathrm{II}c},K_{\mathrm{III}} \leqslant K_{\mathrm{III}c} \tag{4.60}$$

4.3.3 考虑主拱开裂引起的结构内力重分布的计算

对于按无铰拱图式设计的双曲拱桥（旧桥），在荷载组合作用下，主拱圈（肋）的拱脚截面的负弯矩绝对值大于拱顶截面，随着时间的推移，拱脚截面产生裂缝，这时已经改变了原无铰拱的图式，而成为弹塑性铰。由于支承条件的改变，主拱的结构内力产生重分布。关于主拱结构内力重分布已经有一些研究（例如关于拱的极限承载力分布，拱的弹塑铰理论分析和关于双曲拱桥开裂后的内力重分布计算方法，这些方法均是基于拱的弹塑性理论）。由于拱桥的主拱圈形式复杂多变，上述方法工程应用时有相当难度。

下面介绍考虑主拱圈开裂引起的结构内力重分布的工程分析方法。

4.3.3.1 内力重分布的工程分析方法基本原理

拱脚在偏心受压时，偏心距 e 超出截面核心范围后，裂缝张开，拱脚支承产生转角。偏心距越大，受拉边与拱座受压区间压力也越大，转角也越大，这种拱脚支承条件介于无铰拱和两铰拱之间。通过对平铰拱模型试验分析，得知当拱脚水平位移较小时，拱脚上缘未产生拉应力，平铰拱的拱脚弯矩和无铰拱相同；当拱脚水平位移继续增大，平铰拱组合弯矩随铰缝的张开和受压区的减小，与无铰拱的拱脚弯矩相比，比值越来越小。由模型试验的结果可知平铰拱的拱顶由组合荷载产生的弯矩比无铰拱小。

通过模型试验的结构可知，在组合荷载作用下，平铰拱拱脚负弯矩的折减相当于无铰拱增加一个有拱脚支承转角产生的正弯矩，平铰拱支承转角在拱顶产生的弯矩为负，因此平铰拱拱顶由组合荷载产生的弯矩比无铰拱小，可见拱脚产生转角是引起内力重分布的主要原因。

平铰拱适用于由于桥台水平位移引起较大附加内力的情况，此时如按无铰拱计算，拱脚截面往往不能满足承载能力的要求。平铰拱使裂缝集中在拱脚截面，引起内力重分布，减小了拱脚弯矩,使截面满足承载能力的要求。当拱脚截面为正弯矩时,一般拱肋底部设有钢筋不会出现铰缝,仍按无铰拱计算。

4.3.3.2 计算方法与步骤

当拱脚水平位移较大时,在荷载作用下拱脚截面因开裂产生转角,使拱脚截面的负弯矩减小。有关拱脚截面弯矩减小的计算,可以无铰拱计算结果为基础,再进行修正的"拱脚弯矩修正法"。

该方法采用了模型试验实测平铰拱荷载组合下的弯矩,并与按无铰拱计算的相应值对比,得到一系列对无铰拱拱脚弯矩修正的系数 α,将 α 于按无铰拱算得的拱脚偏心距 e 对应,得到 $e-\alpha$ 实验曲线。

①计算弯矩减小值。按一般无铰拱计算拱脚截面在荷载组合下的弯矩和轴力 $\sum M_{左}$、$\sum M_{右}$、$\sum N_{左}$、$\sum N_{右}$,求出偏心距 $e_{左}$、$e_{右}$,由 $e-\alpha$ 曲线查得左、右拱脚弯矩的折减系数 $\alpha_{左}$、$\alpha_{右}$,计算平铰拱弯矩减小值。

$$\left.\begin{aligned} M'_{左} &= (1-\alpha_{左})\sum M_{左} \\ M'_{右} &= (1-\alpha_{右})\sum M_{右} \end{aligned}\right\} \tag{4.61}$$

拱脚作用负弯矩时,才可能出现平铰,因而两拱脚的弯矩折减量 $M'_{左}$、$M'_{右}$ 也必然是负值。当一端拱脚弯矩为正值时,不必计算弯矩的减小值。

②使弯矩产生折减的转角。平铰拱拱脚弯矩的减小是由于拱脚支承产生的转角所致,假设拱脚支承转角 $\varphi_{左}$ 以顺时针方向为正,右拱脚支承转角 $\varphi_{右}$ 以逆时针方向为正,并近似采用无铰拱的弹性常数。根据结构力学原理,可得:

$$\left.\begin{aligned} \varphi_{左} S + \beta\varphi_{右} S &= -M'_{左} \\ \beta\varphi_{左} S + \varphi_{右} S &= -M'_{右} \end{aligned}\right\} \tag{4.62}$$

式中:S——无铰拱抗弯刚度,即拱脚支承产生单位转角而无水平位移时,作用于该拱脚的弯矩;

β——无铰拱弯矩传递系数,即其中一拱脚支承处产生单位转角而无水平位移时,作用于另一拱脚的弯矩与发生单位转角处拱脚弯矩的比值。

解式(4.62)可得拱脚折减弯矩相应的拱脚转角,如式(4.63)所示。

$$\left.\begin{aligned} \varphi_{左} &= -\frac{M'_{左}-\beta M'_{右}}{S(1-\beta^2)} \\ \varphi_{右} &= -\frac{M'_{右}-\beta M'_{左}}{S(1-\beta^2)} \end{aligned}\right\} \tag{4.63}$$

根据 $\varphi_{左}$、$\varphi_{右}$ 方向的假定和平铰拱的概念,两个转角应该均为正值。如果计算的两转角中出现负值,则意味着拱脚下缘出现平铰,但是拱脚作用的是负弯矩,这就出现矛盾。如计算两拱脚中有一转角为负时则两拱脚只有一处产生了平铰,计算转角是负的一端拱脚没有出现平铰,即没有产生支承转角。此时,应按式(4.64)计算,计算中假定左拱脚为平铰,右拱脚没有产生平铰。

$$\left.\begin{aligned} \varphi_{左} &= -\frac{M'_{左}}{S} \\ \varphi_{右} &= 0 \\ M'_{右} &= -\beta\varphi_{左} S \end{aligned}\right\} \tag{4.64}$$

当计算的两转角都为正值时，两拱脚都产生平铰，则按照公式(4.63)计算拱脚产生的转角；当两拱脚转角只有一个是正值时，按照公式(4.64)计算拱脚产生的转角。

③由于拱脚产生转角，在主拱圈各截面产生内力重分布。平铰拱任何截面的内力，为无铰拱内力与拱脚支承转角引起的内力的总和，见式(4.65)。

$$
\begin{aligned}
M_{平} &= M_{无} + M' \\
N_{平} &= N_{无} + N'
\end{aligned}
\tag{4.65}
$$

4.4 桥梁承载能力评定

对于中小跨径的双曲拱桥结构计算分析，应该在现场调查的基础上进行——确定双曲拱桥总体布置、细部尺寸及施工方案等。计算内容包括成桥状态受力分析和强度、刚度、稳定验算及必要的动力分析，施工阶段结构受力分析和验算。计算的基本原则按《公路桥梁承载能力检测评定规程》(JTG/T J21—2011)要求进行，即按结构承载力极限状态验算，并应考虑荷载横向分布、拱上建筑联合作用及连拱作用。

公路中小跨径双曲拱桥建成后，经过一段时间的使用，由于自然环境、车辆荷载的影响，会使拱桥结构产生一些病害，主要分成两类：造成结构承载力的降低；造成拱桥结构的整体性变差和改变了结构的受力边界条件。对于第二类病害，必须在结构计算中予以考虑。

4.4.1 一般规定

对在用桥梁，应从结构或构件的强度、刚度、抗裂性和稳定性四个方面进行承载力检测评定。

钢筋混凝土桥梁在计算桥梁结构承载能力极限状态的抗力效应时，应根据桥梁试验检测结果，采用引入检算系数 Z_1 或 Z_2、承载能力恶化系数 ξ_e、截面折减系数 ξ_s 和 ξ_c 的方法进行修正计算。

4.4.2 钢筋混凝土桥梁承载能力评定

配筋混凝土桥梁承载力极限状态，应根据桥梁检测结果按式(4.66)进行计算评定。

$$\gamma_0 S \leqslant R(f_d, \xi_c a_{dc}, \xi_s a_{ds}) Z_1 (1 - \xi_e) \tag{4.66}$$

式中：γ_0——结构的重要性系数；

S——荷载效应函数；

R——抗力效应函数；

f_d——材料强度设计值；

a_{dc}——构件混凝土几何参数值；

a_{ds}——构件钢筋几何参数值；

Z_1——承载力检算系数；

ξ_e——承载力恶化系数；

ξ_c——配筋混凝土结构的截面折减系数；

ξ_s——钢筋的截面折减系数。

配筋混凝土桥梁正常使用极限状态，宜按现行公路桥涵设计和养护规范及检测结果分

以下三个方面进行评定:

(1)限制应力

$$\sigma_d < Z_1 \sigma_L \tag{4.67}$$

式中:σ_d——计入活载影响修正系数的截面应力计算值;

σ_L——应力限值;

Z_1——承载力检算系数。

(2)荷载作用下的变形

$$f_{d1} < Z_1 f_L \tag{4.68}$$

式中:f_{d1}——计入活载影响修正系数的荷载变形计算值;

f_L——变形限值;

Z_1——承载能力检算系数。

(3)各类荷载组合作用下裂缝宽度

$$\delta_d < Z_1 \delta_L \tag{4.69}$$

式中:δ_d——计入活载影响修正系数的短期荷载变形计算值;

δ_L——变位限值;

Z_1——承载能力检算系数。

4.4.2.1 分项检算系数确定

圬工与配筋混凝土桥梁,应综合考虑桥梁结构或构件表观缺损状况、材质强度和桥梁结构自振频率等的检测评定结果,按下列规定确定承载能力检算系数 Z_1。

①按下式计算确定结构或构件承载能力检算系数评定标度 D。

$$D = \sum \alpha_j D_j \tag{4.70}$$

式中:α_j——某项检测指标的权重值,$\sum_{j=1}^{3} \alpha_j = 1$,按表 4.11 的规定取值;

D_j——结构或构件某项检测指标的评定标度。

承载能力检算系数检测指标权重值 表 4.11

检测指标名称	缺损状况	材质强度	自振频率
权重 α_j	0.4	0.3	0.3

②根据结构或构件承载能力检算系数评定标度,宜按表 4.12 确定桥梁承载力换算系数 Z_1 值。

圬工及配筋混凝土桥梁的承载力检算系数 Z_1 值 表 4.12

承载能力检算系数评定标度 D	受弯	轴心受压	轴心受拉	偏心受压	偏心受拉	受扭	局部承压
1	1.15	1.20	1.05	1.15	1.15	1.10	1.15
2	1.10	1.15	1.00	1.10	1.10	1.05	1.10
3	1.00	1.05	0.95	1.00	1.00	0.95	1.00
4	0.90	0.95	0.85	0.90	0.90	0.85	0.90
5	0.80	0.85	0.75	0.80	0.80	0.75	0.80

注:小偏心受压可参照轴心受压取用承载力检算系数 Z_1 值;检算系数 Z_1 值,可按承载力检算系数评定标度 D 线性内插。

4.4.2.2 配筋混凝土桥梁承载力恶化系数 ξ_e

依据检测结果,按表 4.13 的规定确定构件恶化状况评定标度 E。

配筋混凝土桥梁结构或构件恶化状况评定 表 4.13

序号	检测指标名称	权重 α_j	综合评定方法
1	缺损状况	0.32	恶化状况评定标度 E 按下式计算 $E=\sum_{j=1}^{7}E_j\alpha_j$ 式中：E_j——结构或构件某项检测评定指标的评定标度； α_j——某项检测评定指标的权重。 $\sum_{j=1}^{7}\alpha_j=1$
2	钢筋锈蚀电位	0.11	
3	混凝土电阻率	0.05	
4	混凝土碳化状况	0.20	
5	钢筋保护层厚度	0.12	
6	氯离子含量	0.15	
7	混凝土含量	0.05	

注：对混凝土电阻率、混凝土碳化状况、氯离子含量三项检测指标，按本规定不需要进行检测评定时，其评定标度值取 1。

根据恶化状况评定标度 E 及桥梁所处的环境条件，按表 4.14 确定配筋混凝土桥梁的承载能力恶化系数 ξ_e。

配筋混凝土桥梁的承载能力恶化系数 ξ_e 值 表 4.14

恶化状况评定标度 E	环境条件			
	干燥 不冻 无侵蚀性介质	干、湿交替 不冻 无侵蚀性介质	干、湿交替 冻 无侵蚀性介质	干、湿交替 冻 有侵蚀性介质
1	0.00	0.02	0.05	0.06
2	0.02	0.04	0.07	0.08
3	0.05	0.07	0.10	0.12
4	0.10	0.12	0.14	0.18
5	0.15	0.17	0.20	0.25

注：恶化系数 ξ_e 可按结构或构件恶化状况评定标度值线性内插。

4.4.2.3 圬工与配筋混凝土桥梁结构或构件的截面折减系数 ξ_c

依据材料风化、碳化、物理与化学损伤三项检测指标的评定标度，按式(4.71)计算确定结构或构件截面损伤的综合评定标度 R。

$$R=\sum_{j=1}^{N}R_j\alpha_j \tag{4.71}$$

式中：R_j——某项检测指标的评定标度；

α_j——某项检测指标的权重值，$\sum_{j=1}^{N}\alpha_j=1$；

N——混凝土及配筋混凝土结构，$N=3$。

依据截面损伤的综合评定标度，按表 4.15 确定截面折减系数 ξ_c。

圬工与配筋混凝土桥梁材料风化评定标准 表 4.15

截面损伤综合评定标度 R	截面折减系数 ξ_c	截面损伤综合评定标度 R	截面折减系数 ξ_c
$1\leqslant R<2$	(0.98,1.00]	$3\leqslant R<4$	(0.85,0.93]
$2\leqslant R<3$	(0.93,0.98]	$4\leqslant R<5$	≤0.85

4.4.2.4　配筋混凝土结构中，发生腐蚀的钢筋截面折减系数 ξ_s（表 4.16）

配筋混凝土钢筋截面折减系数 ξ_s 值　　表 4.16

评定标度	性状描述	截面折减系数 ξ_s
1	沿钢筋出现裂缝，宽度小于限值	(0.98,1.00]
2	沿钢筋出现裂缝，宽度大于限值，或钢筋锈蚀引起混凝土发生层离	(0.95,0.98]
3	钢筋锈蚀引起混凝土剥落，钢筋外露、表面有膨胀薄锈层或坑蚀	(0.90,0.95]
4	钢筋锈蚀引起混凝土剥落，钢筋外露、表面膨胀性锈层显著，钢筋断面损失在 10% 以内	(0.80,0.90]
5	钢筋锈蚀引起混凝土剥落，钢筋外露、出现锈蚀剥落，钢筋断面损失在 10% 以上	≤0.80

4.4.2.5　活载影响修正系数 ξ_q

依据实际调查的典型代表交通量、大吨位车辆混入率和轴荷分布情况，可按式（4.72）确定活载影响修正系数 ξ_q。

$$\xi_q = \sqrt[3]{\xi_{q1}\xi_{q2}\xi_{q3}} \tag{4.72}$$

式中：ξ_{q1}——典型代表交通量影响修正系数，按表 4.17 确定；

ξ_{q2}——大吨位车辆混入影响修正系数，按表 4.18 确定；

ξ_{q3}——轴荷分布影响修正系数，按表 4.19 确定。

交通量影响修正系数 ξ_{q1}　　表 4.17

Q_m/Q_d	ξ_{q1}	Q_m/Q_d	ξ_{q1}
$1<\frac{Q_m}{Q_d}\leq1.3$	[1.0,1.05)	$1.7<\frac{Q_m}{Q_d}\leq2.0$	[1.10,1.20)
$1.3<\frac{Q_m}{Q_d}\leq1.7$	[1.05,1.10)	$2.0<\frac{Q_m}{Q_d}$	[1.20,1.35)

注：Q_m 为典型代表交通量；Q_d 为设计交通量。

大吨位车辆混入影响修正系数 ξ_{q2}　　表 4.18

α	ξ_{q2}	α	ξ_{q2}
$\alpha<0.3$	[1.00,1.05)	$0.5\leq\alpha<0.8$	[1.10,1.20)
$0.3\leq\alpha<0.5$	[1.05,1.10)	$0.8\leq\alpha<1.0$	[1.20,1.35)

注：α 为大吨位车辆混入率；ξ_{q2} 值可按 α 值线性内插。

轴荷分布影响修正系数 ξ_{q3}　　表 4.19

β	ξ_{q3}	β	ξ_{q3}
$\beta<5\%$	1.00	$15\%\leq\beta<30\%$	1.30
$5\%\leq\beta<15\%$	1.15	$\beta\geq30\%$	1.40

注：β 为实际调查轴荷分布中轴重超过 14t 所占的百分比。

4.4.3　桥梁荷载试验评定

按有关规定检算的作用效应与抗力效应的比值在 1.0～1.2 时应进行荷载试验评定。

4.4.3.1　静力荷载试验效率

静力荷载试验可按控制内力、应力或应变的原则确定。静力荷载试验效率可按式（4.73）计算，宜介于 0.95～1.05。

$$\eta_q = \frac{S_s}{S'(1+\mu)} \tag{4.73}$$

式中：S_s——静力试验荷载作用下，某一加载试验项目对应的加载控制界面内力、应力或变位的最大计算效应值；

S'——检算荷载产生的同一加载控制截面内力、应力或变位的最不利效应计算值；

μ——按规范取用的冲击系数值；

η_q——静力试验荷载效率。

4.4.3.2 静力荷载试验应针对检算存在疑问的构件或断面及结构主要控制截面进行

(1)拱桥主要加载测试项目

①拱顶截面最大正弯矩和挠度；

②拱脚最大负弯矩。

(2)附加测试项目

①拱脚最大水平推力；

②$L/4$ 截面最大正、负弯矩；

③$L/4$ 截面最大正、负挠度绝对值之和。

4.4.3.3 试验过程发生下列情况时，应立刻停止加载并查找原因，在确保结构及人员安全的情况下方可继续试验

(1)控制测点实测应力、变位(或挠度)已达到或超过计算的控制应力值时。

(2)结构裂缝的长度或缝宽急剧增加，或新裂缝大量出现，或缝宽超过允许值的裂缝大量增多时。

(3)拱桥沿跨长方向的实测挠度曲线分布规律与计算结果相差过大时。

(4)发生其他影响桥梁承载能力或正常使用的损坏时。

4.4.3.4 结构校验系数及相对残余变形计算

(1)主要测点静力荷载试验结构校验系数 ζ 应按式(4.74)计算：

$$\zeta = \frac{S_e}{S_s} \tag{4.74}$$

式中：S_e——试验荷载作用下主要测点的实测弹性变位或应变值；

S_s——试验荷载作用下主要测点的理论弹性变位或应变值。

(2)主要测点相对残余变位或相对残余应变 S'_P应按式(4.75)计算：

$$S'_P = \frac{S_P}{S_t} \times 100\% \tag{4.75}$$

式中：S_P——主要测点的实测残余变位或残余应变；

S_t——试验荷载作用下主要测点的实测总变位或总应变。

(3)当出现下列情况之一时，应判定桥梁承载能力不满足要求：

主要测点静力荷载试验系数大于 1；

主要测点相对残余变位或相对残余应变超过 20%；

试验荷载作用下裂缝扩展宽度超过限值，且卸载后裂缝闭合宽度小于扩展宽度的 2/3；

在试验荷载作用下,桥梁基础发生不稳定沉降变位。

(4)不符合(3)中规定时,应采取主要测点应变校验系数或变位校验系数较大值,按表4.20确定检算系数 Z_2,代替 Z_1 按本规程的有关规定进行承载能力评定。

(5)当按本规程第(4)条检算的荷载效应与抗力效应的比值小于1.05时,应判定桥梁承载能力满足要求,否则应判定桥梁承载能力不满足要求,见表4.20。

经过荷载试验的承载能力检算系数 Z_2 值 表4.20

ζ	Z_2	ζ	Z_2
0.4及以下	1.30	0.8	1.05
0.5	1.20	0.9	1.00
0.6	1.15	1.0	0.95
0.7	1.10		

注:对主要挠度测点和主要应力测点的校验系数,两者中取较大值;Z_2 值可按 ζ 值线性内插。

4.5 益阳市志溪河桥的承载能力评定

4.5.1 桥梁概况

本桥以主拱圈为主要承载能力评定对象,主拱圈属于轴心受压构件,承载能力检算系数 Z_1 取0.89。

(1)主拱圈承载力恶化系数

根据主拱圈(拱肋、横梁)混凝土表观缺损状况、材质强度、钢筋锈蚀电位、混凝土碳化深度、钢筋保护层厚度等检测评定结果,应用综合加权评估的方法来计算,计算结果见表4.21。

主拱圈的承载力恶化状况评定表 表4.21

检测指标名称	权　重	评定标度
缺损状况	0.32	5
钢筋锈蚀电位	0.11	4
混凝土电阻率	0.05	4
混凝土碳化状况	0.20	5
钢筋保护层厚度	0.05	4
氯离子含量	0.15	3
混凝土强度	0.05	3
计算的恶化状况评定值 $E=4.04$		
环境条件为:干、湿交替,冻,无侵蚀性介质		

根据《公路桥梁承载能力检测评定规程》(JTG/T J21—2011)7.7.4计算主拱圈的承载能力恶化系数 ξ_e 为0.103。

(2)主拱圈拱肋截面折减系数

主拱圈的材料风化严重,梁肋表面可见大量砂粒附着,且构件部分表层剥离或混凝土已露粗集料。混凝土表面剥落较严重，拱肋局部有裂缝，见表4.22。

主拱圈拱肋截面折减评定表 表4.22

项　目	权　重	评价标度	R	ξ_c
材料风化	0.10	5	4.45	0.8
混凝土碳化	0.35	4		
物理与化学损伤	0.55	5		
恶化状况评定值 $E=0.10\times5+0.35\times4+0.55\times5=4.45$				

根据以上情况，钢筋混凝土拱肋截面折减系数 ξ_c 为0.80。

(3)主拱圈钢筋截面折减系数

钢筋截面折减系数主要是考虑由于钢筋锈蚀造成的截面损失，主拱圈梁肋的钢筋锈蚀引起混凝土剥落，钢筋外露，出现锈蚀剥落，所以主拱圈的钢筋截面折减评定标度为5，主拱圈的钢筋截面折减系数 ξ_s 取0.8。

(4)活载影响修正系数

汽车荷载分布的特征主要表现在三个方面：典型代表交通量、车重代表值和轴重的频遇值。这三个方面基本上反映出实际汽车荷载的分布特征，因此通过对这三个方面的调查能表现出实际荷载与设计荷载分布模式之间的联系，见表4.23。

①交通量的活载修正系数。现场对经过该桥的交通量观察，调查，实际典型代表交通量与设计荷载交通量之比小于2.0，交通量的活载修正系数 ξ_{q1} 取1.16。

②大吨位车辆混入率的活载影响修正系数。通过现场调查的交通量分析，超过检算荷载的大吨位车辆及超重车重与实际交通量之比小于0.5，大吨位车辆混入率的活载影响修正系数 ξ_{q2} 取1.08。

③轴重分布的活载影响修正系数。根据对现场调查的交通量分析，后轴重超过汽车检算荷载最大轴重的百分数小于30%。轴重分布的活载影响修正系数 ξ_{q3} 取1.30。

活载影响修正系数综合评定 表4.23

交通量的活载修正系数 ξ_{q1}	大吨位车辆混入率的活载影响修正系数 ξ_{q2}	轴重分布的活载影响修正系数 ξ_{q3}	活载影响综合评定 ξ_q
1.07	1.08	1.3	1.15
$\zeta_q=\sqrt[3]{\zeta_{q1}\zeta_{q2}\zeta_{q3}}$			

4.5.2 承载能力检算

4.5.2.1 结构验算说明

公路旧桥承载能力鉴定就是对已建成桥梁使用状况及其承载能力进行综合评价。通过鉴定该桥是否具有原设计结构工作性能及承载能力，是否满足目前及未来交通需要，是否具有挖潜承载能力可能，从而为旧桥养护维修、改造加固决策提供有力支持。

参照《公路钢筋混凝土及预应力混凝土桥涵设计规范》(JTG D62—2004)、《公路桥梁承载能力检测评定规程》(JTG/T J21—2011)，通过无损检测、结构外观缺陷检查，进行深入严谨的技术状况评估，得出旧桥检算系数、配筋混凝土结构的截面折减系数、钢筋的截面折减系数、承载力恶化系数、活载影响修正系数，并将结果列于表4.24。

检算参数取值表 表 4.24

参 数	取 值	说 明
结构的重要系数 γ_0	1.0	按《公路钢筋混凝土及预应力混凝土桥涵设计规范》(JTG D62—2004)
承载力恶化系数 ξ_e	0.103	基于检测结果的技术状况评估结果
配筋混凝土结构的截面折减系数 ξ_c	0.800	
钢筋的截面折减系数 ξ_s	0.800	
活载影响修正系数 ξ_q	1.150	
承载力检算系数 Z_1	0.890	
a_{dc},a_{ds}	见桥梁总体尺寸测量	

4.5.2.2 检算基本资料

2 孔等跨(净跨径 $L_0=40$m)悬链线无铰拱,净矢高 $f_0=6.67$m,净矢跨比 1/6,桥面宽度:净 5.9m + 2 × 1.1m 人行道。拱顶填料平均厚度(包括路面)$h_d=0.5$m,检算荷载:公路—Ⅱ级。

上部结构材料性能:

拱肋 C25 混凝土:重度 $\gamma_1=25\text{kN/m}^3$;Ⅱ级钢筋 $f_{sd}=280$MPa;$E_s=200$GPa

拱波 C25 混凝土:重度 $\gamma_1=25\text{kN/m}^3$(预制)

拱板 C25 混凝土:重度 $\gamma_1=25\text{kN/m}^3$(现浇)

4.5.2.3 主拱圈单元几何特性计算

主拱圈由 4 肋 3 波另加两个悬半波组成,可分为 4 个相同的单元(图 4.24)。

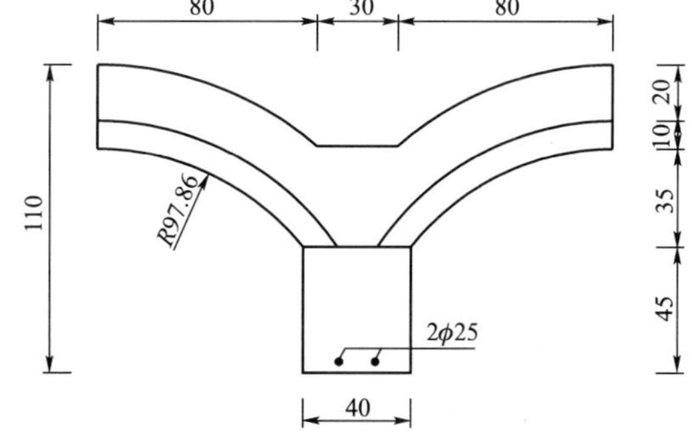

图 4.24 主拱圈单元图(尺寸单位:mm)

(1)截面换算系数

钢筋与 C25 混凝土的截面弹性模量换算比为:

$$n=E_g/E_s=2.0\times10^5/2.8\times10^4=7.1443$$

(2)拱波半径

根据拱波的 $l_0=1.60$m,$f_0=0.35$m,$\frac{f_0}{l_0}=1/4.57$,由《拱桥(上册)》表 3.1 计算得:

拱波内半径 $R_0=0.9786$m;拱波轴线半径 $R=1.0286$m。

(3)几何特性计算(表 4.25)

拱截面单元几何特性计算表格 表 4.25

项 目			净面积 A_1(m^2)	弹性模量换算系数 n_1	换算面积 $A_0=n_1A_1$(m^2)	各面积重心至拱肋底距离 y_1(m)	对肋底换算面积矩 $S_0=A_0y_1$(m^2)	各面积对自身形心轴的惯性矩 I_0(m^4)	对底边惯性矩 $I'=Ay^2$(m^4)
			1	2	3	4	5	6	7
拱肋	钢筋 2φ25	1	0.00098	7.143	0.0050	0.0541	0.0004	—	0.00129
	混凝土	2	0.1788	1	0.1788	0.2262	0.0404	0.030	0.00914

续上表

项　目		净面积 A_1(m^2)	弹性模量换算系数 n_1	换算面积 $A_0=n_1A_1$(m^2)	各面积重心至拱肋底距离 y_1(m)	对肋底换算面积矩 $S_0=A_0y_1$(m^2)	各面积对自身形心轴的惯性矩 I_0(m^4)	对底边惯性矩 $I'=Ay^2$(m^4)
		1	2	3	4	5	6	7
拱波	3	0.1879	1	0.1878	0.1879	0.1341	0.1341	0.09569
拱板	4	0.4488	1	0.4487	0.4488	0.3749	0.3751	0.3134
合计	5	0.8165	—	0.8203	—	0.5507	0.5392	0.4195

全拱截面面积 $4A_1=3.266\text{m}^2$

全拱换算截面积 $4\times0.8391=3.356\text{m}^2$

截面重心距底边 $y_b=S_0/A_0=0.669\text{mm}^2$

截面重心距顶边 $y_t=1.10-0.669=0.431\text{m}$

单元截面对重心的惯性矩 $I=I_0+I'-Ay_b^2=0.0736\text{m}^4$

全拱截面对重心的惯性矩 $I=4\times0.0736=0.2944\text{m}^4$

4.5.2.4　上部结构几何特性计算

(1)主拱圈坐标计算

计算跨径 $l=l_0+2y_b\sin\varphi_s=40+2\times0.669\times0.62411=40.835\text{m}$

计算矢高 $f=f_0+y_b(1-\cos\varphi_s)=6.67+0.669\times(1-0.78133)=6.816\text{m}$

计算矢跨比 $f_0/l_0=6.816/40.835=0.167$

拱轴线长度 $L_a=\dfrac{l}{\nu_1}l_0=1.07473\times40.835=43.887\text{m}$

将拱圈沿跨径方向分成24份,每等分长为 $\Delta l=\dfrac{l}{24}=40.835/24=1.701\text{m}$

拱圈几何性质见表4.26。

拱圈几何性质指标　　表4.26

截　面	y_1/f_0	y_1(m)	$\cos\varphi$	$y_b/\cos\varphi$(m)	$y_t/\cos\varphi$(m)	$y_1+y_b/\cos\varphi$(m)	$y_1-y_t/\cos\varphi$(m)
拱脚0	1.000000	6.8163	0.78133	0.8562	0.5516	7.6725	6.2647
1	0.814018	5.5486	0.82262	0.8133	0.5239	6.3618	5.0246
2	0.653408	4.4538	0.85919	0.7786	0.5016	5.2325	3.9522
3	0.515405	3.5132	0.89081	0.7510	0.4838	4.2642	3.0293
4	0.397635	2.7104	0.91752	0.7291	0.4697	3.4395	2.2407
5	0.298071	2.0317	0.93962	0.7120	0.4587	2.7437	1.5730
1/4跨6	0.215000	1.4655	0.95748	0.6987	0.4501	2.1642	1.0154
7	0.146922	1.0015	0.9716	0.6886	0.4436	1.6900	0.5579
8	0.092877	0.6331	0.98243	0.6810	0.4387	1.3140	0.1944

续上表

截　面	y_1/f_0	y_1(m)	$\cos\varphi$	$y_b/\cos\varphi$(m)	$y_t/\cos\varphi$(m)	$y_1+y_b/\cos\varphi$(m)	$y_1-y_t/\cos\varphi$(m)
9	0.051724	0.3526	0.99038	0.6755	0.4352	1.0281	-0.0826
10	0.022825	0.1556	0.99581	0.6718	0.4328	0.8274	-0.2772
11	0.005682	0.0387	0.99897	0.6697	0.4314	0.7084	-0.3927
拱顶 12	0	0	1	0.6690	0.4310	0.6690	-0.4310

半孔桥跨结构的布置见图 4.25。

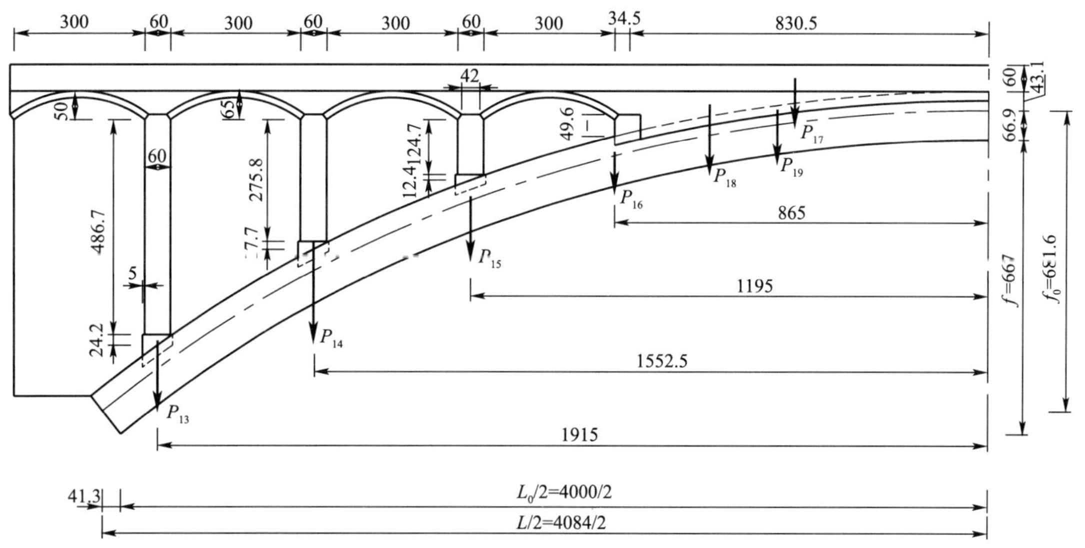

图 4.25　半孔桥跨布置图(尺寸单位:mm)

(2)拱上立柱、横墙的高度计算(图 4.26)

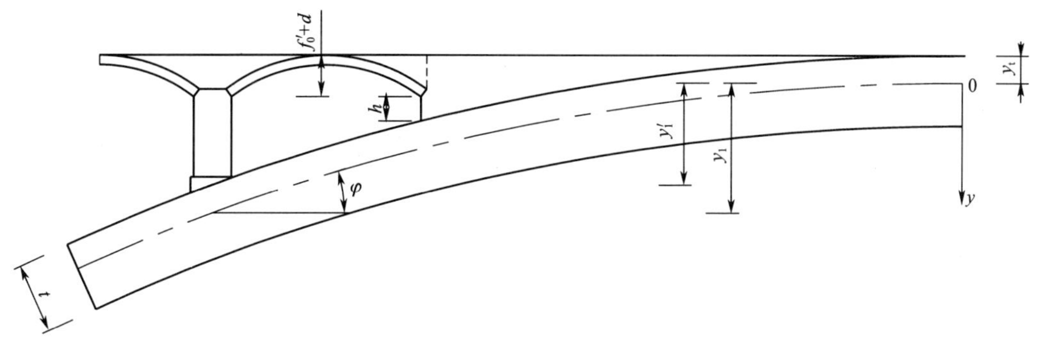

图 4.26　拱上建筑计算图(尺寸单位:mm)

主拱圈拱脚截面在水平方向的投影长度为:

$$t\sin\varphi_j=1.10\times0.62411=0.686\text{m}$$

$$y_t\sin\varphi_j=0.431\times0.62411=0.269\text{m}$$

$$y_b\sin\varphi_j=0.669\times0.62411=0.418\text{m}$$

腹拱采用的圆弧拱。净跨径 $l_0=3.00$m,净矢高 $f'_0=0.50$m,$f'_0/l_0=1/6$,拱圈厚 $d=0.15$m。由《拱桥(上册)》表 3.2 得:$\sin\varphi_0=0.600$,$\cos\varphi_0=0.800$。腹拱拱脚在水平和垂直方向的投影长度为:

$\Delta x = d\sin\varphi_0 = 0.15 \times 0.6 = 0.09\text{m}$；$\Delta y = d\sin\varphi_0 = 0.15 \times 0.8 = 0.12\text{m}$

腹拱计算跨径 $l = l_0 + \Delta x = 3.09\text{m}$。

为了计算拱顶实腹段的恒载重量，在表 4.27 的最后列出了实腹段端部的高度 h（不含拱顶填料厚度）。由表 4.27 知，此种情况 $h = y_1' + y_t$。

实腹段端部的高度 h（单位：m）　　表 4.27

项　目	X	$\cos\varphi_i$	y_1'	$y_t - (f_0' + d)$	h
	1	2	3	4	5
1 号立柱	19.150000	0.812	5.328	-0.219	5.109
2 号立柱	15.525000	0.8869	3.154	-0.219	2.935
3 号横墙	11.950000	0.9391	1.59	-0.219	1.371
4 号拱座	8.305000	0.9728	0.595	0.431	1.026

4.5.2.5　恒载内力计算

恒载计算，首先把桥面系换算成填料厚度，然后再按主拱圈、拱上空腹段、拱上实腹段及腹拱推力进行计算。

（1）桥面系

桥面系包括栏杆、人行道构造和附设的管道，每延米栏杆重力为 3.5kN/m；每延米人行道构件重力为 10kN/m。

拱顶填料及桥面铺装层每延米重力为：

$$4 \times 1.90 \times 0.5 \times 23 + 5.9 \times 0.1 \times 23 = 100.97\text{kN/m}$$

以上三部分恒载由拱圈平均分担，则平均填料厚度为：

$$h_d = (3.5 + 10 + 100.97) \div 7.6 \div 23 = 0.655\text{m}$$

（2）主拱圈

考虑拱圈半拱悬臂自重作用下，1/4 跨和拱脚的剪力和弯矩。自《拱桥手册》附表（Ⅲ）-19(7)，拱圈单元半拱悬臂自重作用下 1/4 跨和拱脚的剪力 $P_{1/4}$、P_s 和弯矩 $M_{1/4}$、M_s 为：

$$P_{0-12} = A\gamma l[\text{表值}] = 0.8165 \times 4 \times 25 \times 40.835 \times 0.52795 = 1760.280\text{kN}$$

$$M_{1/4} = \frac{A\gamma l^2}{4}[\text{表值}] = 0.8165 \times 4 \times 25 \times 40.835^2 \times 0.12583/4 = 4282.972\text{kN·m}$$

$$M_j = \frac{A\gamma l^2}{4}[\text{表值}] = 0.8165 \times 4 \times 25 \times 40.835^2 \times 0.51646/4 = 17579.16\text{kN·m}$$

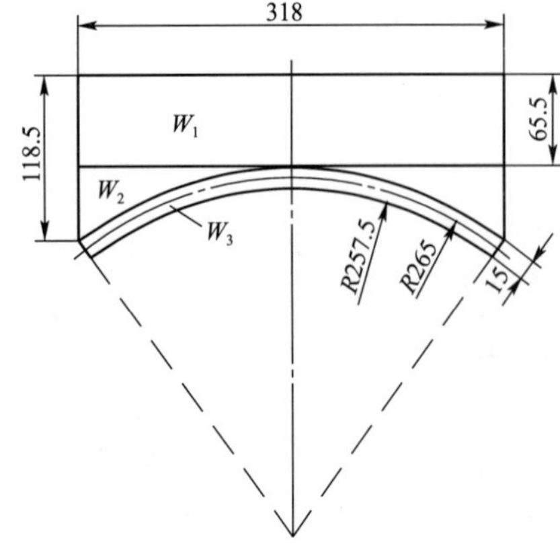

图 4.25　腹拱上部计算图（尺寸单位：mm）

本桥横系梁的重量不大，本计算略去不计。

（3）空腹段 $P_{13} \sim P_{16}$

P_{13}（P_{14}、P_{15}、P_{16}）= 拱顶以上路面及填料重 W_1 + 侧墙护拱重 W_2 + 腹拱圈重 W_3 + 立柱（横墙）重 W_4 + 波沟填平层重 W_5，计算时按全拱圈宽度计算。

取一个腹拱单元（图 4.25），求 $W_1 \sim W_3$。

①桥面系及填料重 W_1。

将桥面系重量折算到填料厚度得到平均填料厚度为 0.655m，取平均重度 $\gamma = 23\text{kN/m}^3$，得 $W_1 = 3.18 \times 0.655 \times 7.6 \times 23 = 364.091\text{kN}$。

②侧墙护拱重 W_2。

由《公路桥涵设计手册——基本资料》表 2.27 得：

$$W_2 = 0.07650 \times 2.652 \times 7.6 \times 23 = 93.906\text{kN}$$

③腹拱圈重 W_3。

由《公路桥涵设计手册——基本资料》表 2.25 得：

$$W_3 = 1.287 \times 2.575 \times 0.15 \times 7.6 \times 24 = 90.672\text{kN}$$

腹拱单元合计：$W_1 + W_2 + W_3 = 346.091 + 93.908 + 90.672 = 548.671\text{kN}$

④P_{13}计算。

腹拱墩起拱线以上部分重力（图 4.28）。

$W_{4,1} = [(0.6 + 0.6 - 0.09) \times 0.12 \times 25 + (0.655 + 0.5) \times 23] \times 7.6 = 227.20\text{kN}$

1 号立柱各部分尺寸见图 4.29。

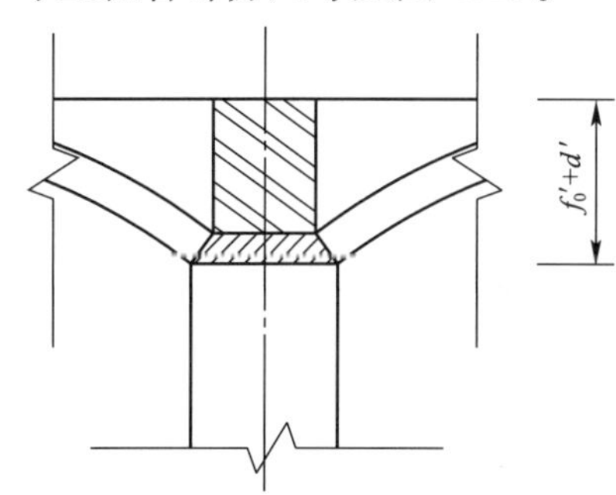

图 4.28　腹拱拱脚计算图（尺寸单位：mm）

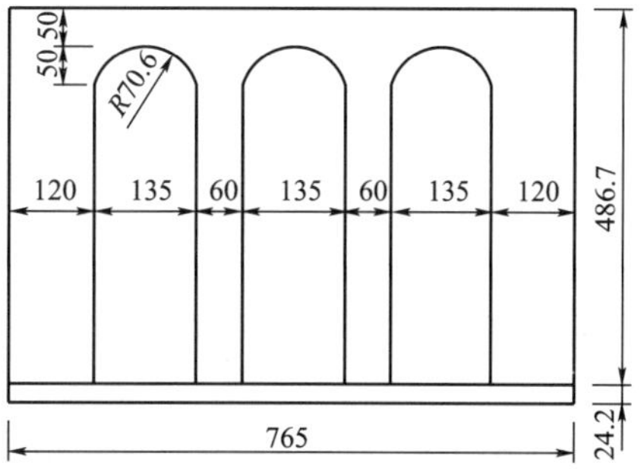

图 4.29　立柱计算图（尺寸单位：mm）

1 号立柱计算（包括底梁）

$$W_{4,2} = [1.0 \times 7.65 \times 0.6 - 0.496 \times 3 + 3.867 \times (1.2 + 0.6 + 0.6 + 1.2) \times 0.6 + 0.242 \times 7.65 \times 0.7] \times 25 = 318.768\text{kN}$$

W_5波沟填平层：

$$W_5 = \text{波沟面积}\,A \times \text{波沟填平层长度} \times \gamma$$

$$= 4 \times 0.234 \times \frac{0.7}{\cos\varphi_i} \times 25 = 4 \times 0.234 \times 0.7 \div 0.812 \times 25 = 20.172\text{kN}$$

$P_{13} = W_1 + W_2 + W_3 + (W_{4,1} + W_{4,2}) + W_5 = 1114.811\text{kN}$

⑤P_{14}计算。

2 号立柱计算同 1 号立柱得：

$$P_{14} = W_1 + W_2 + W_3 + (W_{4,1} + W_{4,2}) + W_5 = 1064.94\text{kN}$$

⑥P_{16}计算。

3 号横墙计算（包括底梁）：

$$W_{4,2} = \left[7.65 \times 1.247 - 2 \times \left(\frac{\pi \times 0.5^2}{2} + 0.3 \times 1\right)\right] \times 0.6 \times 25 + 0.124 \times 0.7 \times 7.65 \times 25$$

$$= 138.926\text{kN}$$

波沟填平层：

$$W_5 = 4 \times 0.234 \times \frac{0.7}{\cos\varphi_i} \times 25 = 4 \times 0.234 \times 0.7 \div 0.9391 \times 25 = 17.442\text{kN}$$

$$P_{15} = W_1 + W_2 + W_3 + (W_{4,1} + W_{4,2}) + W_5 = 932.238\text{kN}$$

⑦P_{16}计算。

4 号拱座：

$W_{4,2}=[0.6\times0.376+1/2\times(0.51+0.6)\times0.12]\times7.65\times5=11.177\text{kN}$

波沟填平层：

$$W_5=4\times0.234\times\frac{0.7}{\cos\varphi_i}\times25=4\times0.234\times0.7\div0.9728\times25=1.684\text{kN}$$

$P_{16}=1/2(W_1+W_2+W_3)+(W_{4,1}+W_{4,2})+W_5=514.397\text{kN}$

(4)实腹段 P_{17}—P_{19}

①P_{17}(路面填料及桥面系重)：

$$P_{17}=7.6\times8.05\times0.655\times23=921.677\text{kN}$$

②P_{18}(曲边三角形部分填料)：

计算得出曲边三角形的面积 $A=2.346\text{m}^2$，得 $P_{18}=2.346\times7.6\times23=410.116\text{kN}$，$P_{18}$至拱顶距离 $x=6.047\text{m}$。

③P_{19}(波沟填平层)：

波沟填平层填料的重量和重心，按曲线计算比较繁琐，为了简化计算手续，近似采用直线代替曲线。直线长取用：水平长度/$\cos\varphi_中$。$\varphi_中$ 取$\overset{\frown}{ao}$弧中点处的水平倾角，本计算近似取第 9 截面和 10 截面的平均值为 $\varphi_中$，即 $\varphi_中=0.993095$。

$$P_{19}=4\times0.234\times8.05\times23\div0.993095=174.505\text{kN}$$

(5)半拱结构恒载对 3L/8 截面及拱脚截面的弯矩(见表 4.28)。

半拱恒载对 3L/8 截面和拱脚截面产生的弯矩 表 4.28

项 目	编 号	重力(kN)	对 L/4 截面		对拱脚截面	
			力臂(m)	力矩(kN·m)	力臂(m)	力矩(kN·m)
主拱圈	P_{0-12}	1760.28	—	—	—	17579.160
拱上空腹段	P_{13}	1114.811	—	—	1.268	1413.023
	P_{14}	1064.94	—	—	4.893	5210.219
	P_{15}	932.238	—	—	8.468	7893.725
	P_{16}	514.397	1.904	979.283	12.113	6230.634
拱上实腹段	P_{17}	921.677	6.184	5699.420	16.393	15108.590
	P_{18}	410.116	4.049	1660.662	14.371	5893.572
	P_{19}	174.505	6.184	079.095	16.393	2860.573
合计		6892.964	—	9418.461	9418.461	62189.496

(6)弹性中心及弹性压缩系数

不计弹性压缩的拱自重水平推力：

$$H_g'=\Sigma M_s/f=62189.497/6.87=9065.524\text{kN}$$

以弹性中心作为坐标原点，建立直角坐标系(图 4.30)。

弹性中心离拱顶距离 y_s，可自《拱桥手册》附表(Ⅲ)-3 求得：$y_s/f_0=0.329011$，$y_s=0.329011f_0=2.243\text{m}$；截面回转半径 $\gamma=\sqrt{I_0/A_0}=\sqrt{0.2944/3.356}=0.0877\text{m}$。

按《拱桥手册》，弹性压缩系数 μ_1 和 μ 可自附表(Ⅲ)-9 求得：

$$\mu_1=[\text{表值}]\times(\frac{r}{f})^2=11.2581\times\frac{r^2}{f^2}=0.0288$$

$$\mu = [\text{表值}] \times (\frac{r}{f})^2 = 9.795 \times \frac{r^2}{f^2} = 0.0251$$

$$\frac{\mu_1}{1+\mu} = 0.0208$$

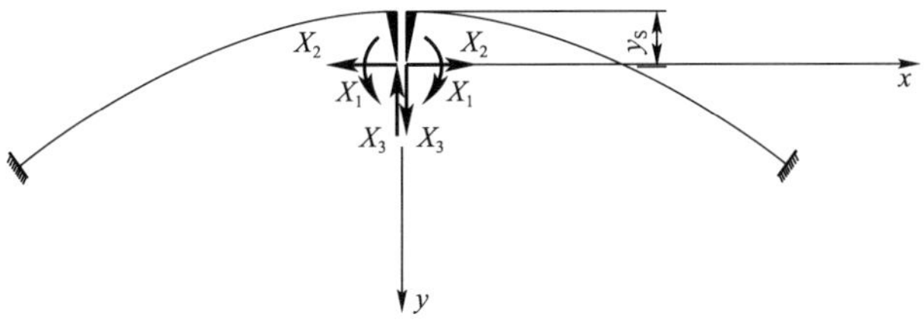

图4.30　求算内力的坐标系

弹性压缩引起的弹性中心赘余力为：

$$\Delta H_g = -\frac{\mu_1}{1+\mu} \times H_g' = -0.0208 \times 9065.524 = -188.562\text{kN}(\text{压为正,拉为负})$$

(7)自重效应

①拱顶截面。

$$y = y_1 - y_s = 0 - 2.243 = -2.243\text{m}; \cos\varphi = 1.0$$

计入弹性压缩水平推力

$$H_g = H_g' \times (1 - \frac{\mu_1}{1+\mu}) = 9065.524 \times (1 - 0.0208) = 8876.961\text{kN}$$

轴向力

$$N_g = \frac{H_g}{\cos\varphi} = 8876.961\text{kN}$$

弹性压缩弯矩

$$\Delta M_g = (y_1 - y_s) \times \Delta H_g = (0 - 2.243) \times (-188.562) = 422.945\text{kN} \cdot \text{m}$$

②$3L/8$ 截面。

$$y = y_1 - y_s = 2.358 - 2.243 = 0.115\text{m}; \cos\varphi = 0.92913$$

计入弹性压缩水平推力

$$H_g = H_g' \times (1 - \frac{\mu_1}{1+\mu}) = 8876.961\text{kN}$$

轴向力

$$N_g = \frac{H_g}{\cos\varphi} = 8876.961/0.92913 = 9554.057\text{kN}$$

弹性压缩弯矩

$$\Delta M_g = (y_1 - y_s) \times \Delta H_g = 0.115 \times (-188.562) = -21.685\text{kN} \cdot \text{m}$$

③拱脚截面。

$$y = y_1 - y_s = 6.816 - 2.243 = 4.573\text{m}; \cos\varphi = 0.78133$$

计入弹性压缩水平推力

$$H_g = H_g' \times (1 - \frac{\mu_1}{1+\mu}) = 8876.961\text{kN}$$

轴向力

$$N_g = \frac{H_g}{\cos\varphi} = \frac{8876.961}{0.78133} = 11361.347\text{kN}$$

弹性压缩弯矩

$$\Delta M_g = (y_1 - y_s) \times \Delta H_g = 4.573 \times (-188.562) = -862.294\text{kN} \cdot \text{m}$$

见表4.29。

恒载内力表 表4.29

截面 \ 项目	拱脚截面	3L/8 截面	拱顶截面
水平力(kN)	8876.961	8876.961	8876.961
轴力(kN)	11361.347	9554.057	8876.961
弯矩(kN·m)	-862.294	-21.685	422.945

4.5.2.6 活载内力计算

公路—Ⅱ级汽车荷载加载于影响线上，由于对桥梁进行承载能力评定时，要考虑活载影响修正系数 ξ_q，所以考虑活载影响修正系数 ξ_q 后的均布荷载为 $q'_k = 0.75 \times q_k = 0.75 \times 10.5 = 7.875\text{kN/m}$；集中荷载 $P'_k = 0.75 \times P_k = 180 \times 0.75 = 135\text{kN}$；人群荷载为3kN/m。

采用偏心受压法计算活载横向分布系数，计算得汽车均布荷载 $2 \times 7.875 = 15.75\text{kN/m}$，集中荷载 $2 \times 135 = 270\text{kN/m}$，以上荷载作用于全拱宽。

当人群荷载在桥两侧布置时，因对称加载，全拱宽每米长度荷载强度为 $2 \times 3 \times 1.1 = 6.6\text{kN/m}$。

当人群荷载仅在桥一侧布置时，因偏心荷载，拱圈外缘受力强度较高，以偏心受压方法，近似地计算如下(图4.31)。

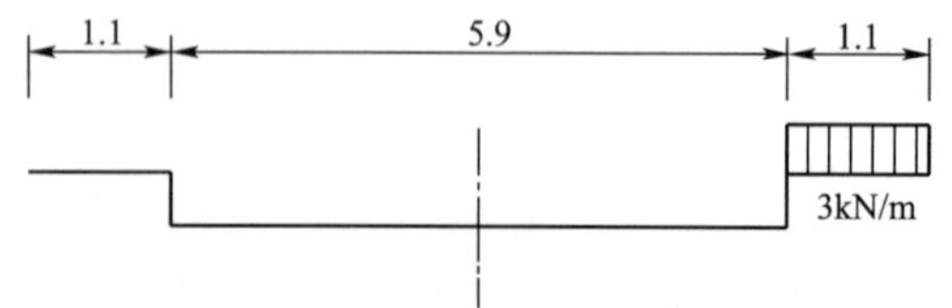

图4.31 人群荷载单侧布置(尺寸单位:m)

取拱圈顺桥向单位长度，拱圈受压面积 $A = 1 \times 7.6 = 7.6\text{m}^2$，截面弹性抗力矩 $W = 1/6 \times 1 \times 7.6^2 = 9.627\text{m}^3$，竖向力 $V = 3.3\text{kN/m}$，偏心弯矩 $M = 3.3 \times 3.5 = 11.55\text{kN} \cdot \text{m/m}$。

边缘最大压力强度：

$$f = \frac{3.3}{7.6} + \frac{11.55}{9.627} = 1.634\text{kN/m}^2/\text{m}$$

平均压力强度：

$$f_a = \frac{3.3}{7.6} = 0.434\text{kN/m}^2/\text{m}$$

$$f/f_a = 1.634/0.434 = 3.765$$

偏心系数为3.765。

$3.765 \times 3.3 = 12.425\text{kN/m} >$ 两侧对称分布强度6kN/m，采用12.425kN/m。

因为拱顶填料厚度大于0.5m，所以可不考虑荷载冲击系数。

(1)拱顶截面

由《拱桥设计手册》附表Ⅲ-14(52)，可查得，在均布荷载作用下，计算拱顶截面考虑弹性压缩的弯矩及其相应的轴力影响线面积。

弯矩影响线面积 $M = [\text{表值}] \times L^2 = [\text{表值}] \times 40.835^2$；

相应的轴力影响线面积 $N = [\text{表值}] \times 40.835$。

在集中荷载作用下，拱顶截面不考虑弹性压缩的弯矩影响线坐标以及相应的轴向力（拱顶即为水平推力）的影响线坐标可从《拱桥设计手册》附表Ⅲ－13(31)和表Ⅲ－12(8)分别查取，最大正(负)弯矩(绝对值)影响线坐标和相应的水平推力影响线坐标。

弯矩影响线坐标 $M' = [\text{表值}] \times L = [\text{表值}] \times 40.835$；

相应的水平推力影响线坐标 $H_1 = [\text{表值}] \times l/f = [\text{表值}] \times 6$。

计算见表4.30。

拱顶截面弯矩及其相应轴向力影响线面积和坐标 表4.30

影响线			正弯矩	负弯矩
均布荷载	考虑弹性压缩	弯矩影响线面积	11.539	−7.737
		相应轴力影响线面积	16.622	14.720
集中荷载	不考虑弹性压缩	弯矩影响线面积	2.158	−0.471
		相应的水平推力影响线面积	1.405	0.736

①拱顶截面正弯矩。

a. 车道荷载作用。

考虑弹性压缩的弯矩：$M_{max} = 15.75 \times 11.539 = 181.739\text{kN} \cdot \text{m}$

相应的考虑弹性压缩的轴向力：$N = 15.75 \times 16.622 = 261.797\text{kN}$

b. 车辆荷载作用。

不考虑弹性压缩的弯矩：$M'_{max} = 270 \times 2.158 = 582.660\text{kN} \cdot \text{m}$

相应的不考虑弹性压缩的水平推力：$H_1 = 270 \times 1.405 = 379.350\text{kN}$

弹性压缩附加水平推力：$\Delta H = -\dfrac{\mu_1}{1+\mu}H_1 = -0.0208 \times 379.350 = -7.890\text{kN}$

弹性压缩附加弯矩：$\Delta M = \Delta H(y_1 - y_s) = (-7.890) \times (0 - 2.243) = 17.698\text{kN. m}$

考虑弹性压缩的水平推力：$H = H_1 + \Delta H = 371.460\text{kN}$

考虑弹性压缩的弯矩：$M_{max} = M'_{max} + \Delta M = 600.358\text{kN} \cdot \text{m}$

c. 人群荷载。

考虑弹性压缩的弯矩：$M_{max} = 12.425 \times 11.593 = 143.372\text{kN} \cdot \text{m}$

相应的考虑弹性压缩的轴向力：$N = 12.425 \times 16.622 = 206.528\text{kN}$

②拱顶截面负弯矩。

a. 车道荷载作用。

考虑弹性压缩的弯矩：$M_{min} = 15.75 \times (-7.737) = -121.858\text{kN} \cdot \text{m}$

相应的考虑弹性压缩的轴向力：$N = 15.75 \times 14.720 = 231.840\text{kN}$

b. 车辆荷载作用。

不考虑弹性压缩的弯矩：$M'_{min} = 270 \times (-0.471) = -127.170\text{kN} \cdot \text{m}$

相应的不考虑弹性压缩的水平推力：$H_1 = 270 \times 0.736 = 198.720\text{kN}$

弹性压缩附加水平推力：$\Delta H = -\dfrac{\mu_1}{1+\mu}H_1 = -0.0208 \times 198.720 = -4.133\text{kN}$

弹性压缩附加弯矩：$\Delta M = \Delta H(y_1 - y_s) = (-4.133) \times (0 - 2.243) = 9.271\text{kN} \cdot \text{m}$

考虑弹性压缩的水平推力：$H = H_1 + \Delta H = 194.587\text{kN}$

考虑弹性压缩的弯矩：$M_{min}=M'_{min}+\Delta M=-117.899\text{kN}\cdot\text{m}$

c. 人群荷载。

考虑弹性压缩的弯矩：$M_{min}=12.425\times(-7.737)=-96.132\text{kN.m}$

相应的考虑弹性压缩的轴向力：$N=12.425\times14.720=182.896\text{kN}$

(2)3L/8 截面

均布荷载作用下的内力计算方法同拱顶截面。

在集中荷载作用下，3L/8 截面不考虑弹性压缩的弯矩影响线坐标以及相应水平推力和 3L/8 截面垂直反力影响线坐标的影响线坐标（反力不受弹性压缩影响，没有弹性附加内力），可从《拱桥设计手册》附表Ⅲ－13(32)和表Ⅲ－12(7)，附表 Ⅲ－7(7)分别查取最大正负弯矩（绝对值）影响线坐标和相应的水平推力影响线坐标和 3L/8 跨截面垂直反力影响线坐标。

弯矩影响线坐标 $M'=[\text{表值}]\times L=[\text{表值}]\times40.835$

相应的水平推力影响线坐标 $H_1=[\text{表值}]\times l/f=[\text{表值}]\times6$

垂直反力影响线坐标 $V=[\text{表值}]$。

计算结果见表 4.31。

3L/8 跨截面弯矩及其相应的水平推力和垂直反力影响线面积和坐标　　表 4.31

影响线			正弯矩	负弯矩
均布荷载	考虑弹性压缩	弯矩影响线面积	14.324	-12.490
		相应轴力影响线面积	15.931	15.816
集中荷载	不考虑弹性压缩	弯矩影响线面积	2.330	-1.068
		相应的水平推力影响线面积	1.247	1.061
	—	相应的左拱脚反力影响线坐标	0.67947	0.23703

①3L/8 截面正弯矩。

a. 车道荷载作用。

考虑弹性压缩的弯矩：$M_{max}=15.75\times14.324=225.603\text{kN}\cdot\text{m}$

相应的考虑弹性压缩的轴向力：$N=15.75\times15.931=250.913\text{kN}$

b. 车辆荷载作用。

不考虑弹性压缩的弯矩：$M'_{max}=270\times2.330=629.100\text{kN}\cdot\text{m}$

相应的不考虑弹性压缩的水平推力：$H_1=270\times1.247=336.690\text{kN}$

弹性压缩附加水平推力：$\Delta H=-\dfrac{\mu_1}{1+\mu}H_1=-0.0208\times336.690=-7.003\text{kN}$

弹性压缩附加弯矩：$\Delta M=\Delta H(y_1-y_s)=(-7.003)\times(2.358-2.243)=-0.805\text{kN}\cdot\text{m}$

考虑弹性压缩的水平推力：$H=H_1+\Delta H=329.687\text{kN}$

考虑弹性压缩的弯矩：$M_{max}=M'_{max}+\Delta M=628.295\text{kN}\cdot\text{m}$

与 M_{max} 对应的垂直反力：$V_1=1.2\times270\times0.67947=220.148\text{kN}$（《通规》4.3.1 规定，集中荷载计算剪力时乘以 1.2）

轴向力：$N=H\cos\varphi+V_1\sin\varphi=81.807\times0.92913+220.148\times0.36975=387.722\text{kN}$

c. 人群荷载。

考虑弹性压缩的弯矩：$M_{max}=12.425\times14.324=177.976\text{kN}\cdot\text{m}$

相应的考虑弹性压缩的轴向力：$N=12.425\times15.931=197.943\text{kN}$

②3L/8 截面负弯矩。

a. 车道荷载作用。

考虑弹性压缩的弯矩：$M_{min} = 15.75 \times (-12.490) = -196.718$kN·m

相应的考虑弹性压缩的轴向力：$N = 15.75 \times 15.816 = 249.102$kN

b. 车辆荷载作用。

不考虑弹性压缩的弯矩：$M'_{min} = 270 \times (-1.068) = -288.360$kN·m

相应的不考虑弹性压缩的水平推力：$H_1 = 270 \times 1.061 = 286.470$kN

弹性压缩附加水平推力：$\Delta H = -\dfrac{\mu_1}{1+\mu}H_1 = -0.0208 \times 286.470 = -5.959$kN

弹性压缩附加弯矩：$\Delta M = \Delta H(y_1 - y_s) = (-5.959) \times (2.358 - 2.243) = -0.685$kN·m

考虑弹性压缩的水平推力：$H = H_1 + \Delta H = 280.511$kN

考虑弹性压缩的弯矩：$M_{min} = M'_{min} + \Delta M = -289.045$kN·m

与 M_{max} 对应的垂直反力：$V_l = 1.2 \times 270 \times 0.23703 = 76.798$N（《通规》4.3.1 规定，集中荷载计算剪力时乘以 1.2）

轴向力：$N = H\cos\varphi + V_1\sin\varphi = 28.511 \times 0.92913 + 76.798 \times 0.36975 = 377.799$kN

人群荷载

考虑弹性压缩的弯矩：$M_{min} = 12.425 \times (-12.490) = -155.188$kN·m

相应的考虑弹性压缩的轴向力：$N = 12.425 \times 15.816 = 196.514$kN

(3)拱脚截面

荷载作用的内力计算方法同 3L/8 截面，见表 4.32。

拱脚截面弯矩及其相应的水平推力和左拱脚反力影响线面积和坐标 表 4.32

影响线			正弯矩	负弯矩
均布荷载	考虑弹性压缩	弯矩影响线面积	33.066	-24.379
		相应轴力影响线面积	21.825	15.407
集中荷载	不考虑弹性压缩	弯矩影响线面积	2.214	-2.483
		相应的水平推力影响线面积	1.192	0.380
	—	相应的左拱脚反力影响线坐标	0.29189	0.93870

①拱脚截面正弯矩。

a. 车道荷载作用。

考虑弹性压缩的弯矩：$M_{max} = 15.75 \times 33.066 = 520.790$kN·m

相应的考虑弹性压缩的轴向力：$N = 15.75 \times 21.825 = 343.744$kN

b. 车辆荷载作用。

不考虑弹性压缩的弯矩：$M'_{max} = 270 \times 2.214 = 598.780$ kN·m

相应的不考虑弹性压缩的水平推力：$H_1 = 270 \times 1.192 = 321.840$kN

弹性压缩附加水平推力：$\Delta H = -\dfrac{\mu_1}{1+\mu}H_1 = -0.0208 \times 321.840 = -6.694$kN

弹性压缩附加弯矩：$\Delta M = \Delta H(y_1 - y_s) = (-6.694) \times (6.817 - 2.243) = -30.62$ kN·m

考虑弹性压缩的水平推力：$H = H_1 + \Delta H = 315.146$kN

考虑弹性压缩的弯矩：$M_{max}=M'_{max}+\Delta M=567.160\text{kN}\cdot\text{m}$

与 M_{max} 对应的垂直反力：$V_1=1.2\times270\times0.29189=94.572\text{kN}$（《通规》4.3.1 规定，集中荷载计算剪力时乘以 1.2）

轴向力：$N=H\cos\varphi+V_1\times\sin\varphi=315.146\times0.78133+94.572\times0.62412=305.242\text{kN}$

c. 人群荷载。

考虑弹性压缩的弯矩：$M_{max}=12.425\times33.066=410.845\text{kN}\cdot\text{m}$

相应的考虑弹性压缩的轴向力：$N=12.425\times21.825=271.176\text{kN}$

②拱脚截面负弯矩。

a. 车道荷载作用。

考虑弹性压缩的弯矩：$M_{min}=15.75\times(-24.379)=-383.969\text{kN}\cdot\text{m}$

相应的考虑弹性压缩的轴向力：$N=15.75\times15.407=242.660\text{kN}$

b. 车辆荷载作用。

不考虑弹性压缩的弯矩：$M'_{min}=270\times(-2.483)=-670.410\text{kN}\cdot\text{m}$

相应的不考虑弹性压缩的水平推力：$H_1=270\times0.380=102.600\text{kN}$

弹性压缩附加水平推力：$\Delta H=-\dfrac{\mu_1}{1+\mu}H_1=-0.0208\times102.600=-2.134\text{kN}$

弹性压缩附加弯矩：$\Delta M=\Delta H(y_1-y_s)=(-2.134)\times(6.87-2.243)=-9.761\text{kN}\cdot\text{m}$

考虑弹性压缩的水平推力：$H=H_1+\Delta H=100.466\text{kN}$

考虑弹性压缩的弯矩：$M_{min}=M'_{min}+\Delta M=-680.171\text{kN}\cdot\text{m}$

与 M_{max} 对应的垂直反力：$V_1=1.2\times270\times0.9387=304.139\text{kN}$（《通规》4.3.1 规定，集中荷载计算剪力时乘以 1.2）

轴向力：$N=H\cos\varphi+V_1\sin\varphi=100.466\times0.78133+304.139\times0.62412=268.316\text{kN}$

c. 人群荷载。

考虑弹性压缩的弯矩：$M_{min}=12.425\times(-24.394)=-302.909\text{kN}\cdot\text{m}$

相应的考虑弹性压缩的轴向力：$N=12.425\times15.407=191.432\text{kN}$

(4)拱顶、拱脚截面汽车效应标准值汇总(表 4.33)

各截面轴力 = 车辆荷载下考虑弹性压缩的轴力 + 车道荷载考虑弹性压缩的轴力 + 人群荷载考虑弹性压缩的轴力；

各截面弯矩 = 车辆荷载下考虑弹性压缩的弯矩 + 车道荷载考虑弹性压缩的弯矩 + 人群荷载考虑弹性压缩的弯矩。

拱顶、拱脚、3L/8 截面汽车效应标准值汇总 表 4.33

作用	荷载效应	单位	拱脚截面		3L/8 截面		拱顶截面	
			正弯矩 M_{max}	负弯矩 M_{min}	正弯矩 M_{max}	负弯矩 M_{min}	正弯矩 M_{max}	负弯矩 M_{min}
汽车荷载	轴向力	kN	648.986	510.976	638.635	626.901	750.81	426.431
	弯矩	kN·m	979.155	-1064.14	640.424	-485.763	547.468	-239.757
人群荷载	轴向力	kN	271.176	191.432	197.943	196.514	206.528	182.892
	弯矩	kN·m	410.845	-302.909	177.976	-155.188	143.372	-96.132

汽车荷载产生的拱各截面正弯矩，拱顶至拱跨 L/4 点，乘以 0.7 折减，拱脚乘以 0.9 折减；中间各个截面的正弯矩折减系数，可用直线插入法确定得 3L/8 截面折减系数为 0.75。

4.5.2.7 温度作用和混凝土收缩效用

(1)温度作用效应

①检算基本数据。

七月份平均气温:33℃;一月份平均气温:-2℃;拱圈合龙温度:10~15℃;线膨胀系数:$\alpha=1\times10^{-5}$m/℃。

按照《通规》4.3.10:

结构最高温度:$T_c=24.14+(T_t-20)/1.4=24.14+(33-20)/1.4=33.4$℃

结构最低温度:$T_c=(T_t+1.85)/1.58=(-2+1.85)/1.58=-0.1$℃

封顶温度估计在10~15℃;

在合龙后,结构升温33.4-10=23.4℃,降温15+0.1=15.1℃

温度变化引起的弹性赘余力H_t:

$$H_t=\frac{0.7\alpha\Delta tL}{(1+\mu)\int\frac{y^2\mathrm{d}s}{EI}}$$

查《拱桥手册》表Ⅲ-5,得:

$$\int\frac{y^2\mathrm{d}s}{EI}=[\text{表值}]\times\frac{Lf^2}{EI}=0.095463\times\frac{40.835\times6.817^2}{2.80\times10^7\times0.2944}=2.198\times10^{-5}$$

弹性压缩系数$\mu=0.0185$。

温度变化1℃引起的赘余力:

$$H_t=\frac{0.7\alpha\Delta tL}{(1+\mu)\int\frac{y^2\mathrm{d}s}{EI}}=\frac{0.7\times1\times10^{-5}\times1\times40.835}{1.0185\times2.198\times10^{-5}}=12.769\text{kN/℃}$$

温度上升23.4℃,$H_t=23.4\times12.769=298.795$kN

温度下降15.1℃,$H_t=-15.1\times12.769=-192.812$kN

②温度变化的弹性赘余力引起各截面内力。

根据《拱桥手册》公式(4.33),拱顶、拱脚、$L/4$截面,由温升和温降引起的轴力,弯矩和剪力计算结果见表4.34。

拱顶、3*L*/8截面、拱脚,由温变引起的内力 表4.34

截面	H_t(kN)	$\cos\varphi$	$\sin\varphi$	y_1-y_s(m)	$N_t=H_t\cos\varphi$(kN)	$M_t=H_t(y_1-y_s)$(kN·m)	$V_t=H_t\sin\varphi$(kN)
拱脚升温	298.795	0.78133	0.62411	4.574	233.457	1366.688	186.481
拱脚降温	-192.812	0.78133	0.62411	4.574	-150.65	-881.922	-120.336
3L/8 升温	298.795	0.92913	0.36975	0.115	277.619	34.361	110.479
3L/8 降温	-192.812	0.92913	0.36975	0.115	-179.147	-22.173	-71.292
拱顶升温	298.795	1	0	-2.243	298.795	-670.197	0
拱顶降温	-192.812	1	0	-2.243	-192.812	432.477	0

(2)混凝土收缩作用效应

混凝土收缩效应为永久作用效应,其计算方法与降温作用相同。本设计为预制构件、现浇构件的组合体。现设拱合龙时,各构件的平均龄期为90d,这样可以利用《公路钢筋混凝土及预应力混凝土桥涵设计规范》(JTG D62—2004)表6.2.7计算求得混凝土应变终值$\varepsilon_{cs}(t_u,t_0)$。设桥梁所处环境的年平均相对湿度80%。理论厚度$h=2A/u$,其中$A_0=$

3.266m², $u=20.783$, $h=2A/u=314$mm,

$\varepsilon_{cs}(t_u,t_0)=[0.18-(0.18-0.12)/(600-300)\times(314-300)]\times10^{-3}=0.1772\times10^{-3}$,相当于降温 17.72℃。

混凝土收缩在弹性中心赘余力：

$$H_s=\frac{0.45\alpha\Delta tL}{(1+\mu)\int\frac{y^2ds}{EI}}=\frac{0.45\times1\times10^{-5}\times(-17.72)\times40.835}{1.0185\times2.198\times10^{-5}}=-145.452\text{kN}$$

拱顶、拱脚、L/4 截面，由混凝土收缩引起的轴力，弯矩和剪力计算结果见表 4.35。

由混凝土收缩引起的内力　　表 4.35

截面	H_s(kN)	$\cos\varphi$	$\sin\varphi$	y_1-y_s(m)	$N_t=H_t\cos\varphi$(kN)	$M_t=H_t(y_1-y_s)$(kN·m)	$V_t=H_t\sin\varphi$(kN)
拱脚	−145.452	0.78133	0.62411	4.574	−113.646	−665.297	−90.778
3L/8	−145.452	0.92913	0.36975	0.115	−135.144	−16.727	−53.781
拱顶	−145.452	1	0	−2.243	−145.452	326.249	0

4.5.2.8 拱圈控制截面恒载与活载内力计算汇总

见表 4.36。

拱圈控制截面恒载与活载内力计算值　　表 4.36

作用	作用效应	单位	拱脚		3L/8 截面		拱顶	
			正弯矩 M_{max}	负弯矩 M_{min}	正弯矩 M_{max}	负弯矩 M_{min}	正弯矩 M_{max}	负弯矩 M_{min}
永久荷载	轴力	kN	11361.347		9554.057		8876.961	
	弯矩	kN·m	−862.2941		−21.685		422.945	
汽车荷载	轴力	kN	648.986	510.976	638.635	626.901	750.81	426.431
	弯矩	kN·m	979.155	−1064.14	640.424	−485.763	547.468	−239.757
人群荷载	轴力	kN	271.176	191.432	197.943	196.514	206.528	182.892
	弯矩	kN·m	410.845	−302.909	177.976	−155.188	143.372	−96.132
温度上升	轴力	kN	233.457		277.619		298.795	
	弯矩	kN·m	1366.688		34.361		−670.197	
温度下降	轴力	kN	−150.65		−179.147		−192.812	
	弯矩	kN·m	−881.922		−22.173		432.477	
混凝土收缩	轴力	kN	−113.646		−135.144		−145.452	
	弯矩	kN·m	−665.297		−16.727		326.249	

4.5.2.9 拱圈截面强度检算

拱圈截面强度检算按《规范》5.1.4 条第 1 款规定进行。

按《通规》公式(4.1.6−1)，结构按承载能力极限状态设计的基本组合，并考虑活载影响修正系数：

$$\gamma_0S_{ud}=\gamma_0(1.2S_{恒}+1.0S_{收缩}+1.4S_{汽}\xi_q+0.7(1.4S_{人群}\xi_q+1.4S_{温})$$

《公路桥梁承载能力检测评定规程》(JTG/T J21—2011)确定的钢筋混凝土及预应力混凝土桥梁能力承载力检算式如下：

$$\gamma_0N_d\leqslant(f_{cd},\xi_ca_d)Z_1$$

在截面抗压强度检算重，采用抗压强度设计值换算截面，其几何、力学性质计算见表 4.37，对于 i_x、i_y 按规范应采用弹性模量换算截面。

主拱圈单元换算截面计算表 表4.37

项目		净面积 $A_1(m^2)$	强度比例换算系数 η	换算面积 $A_0=\eta A_1(m^2)$	各面积重心至拱肋底距离 $y_1(m)$	对肋底换算面积矩 $S_0=A_0y_1(m^4)$
		1	2	3	4	5
拱肋	钢筋 2ϕ25	0.00098	24.35	0.0239	0.0541	0.0013
	混凝土	0.1788	1	0.1788	0.2262	0.0404
拱波		0.1879	1	0.1878	0.1879	0.1341
拱板		0.4488	1	0.4487	0.4488	0.3749
合计		0.8165	—	0.839	—	0.5507

换算截面重心至截面底边的距离：$y_b=\dfrac{\sum A_0y}{\sum A_0}=0.656m$

换算截面重心至截面顶边的距离：$y_t=1.1-0.656=0.444m$

受压构件，在规定的受压偏心范围内的承载能力按下式计算：

$$\gamma N_d<\varphi Af_{cd}$$

式中：N_d——轴向力设计值；

A——构件截面面积；

f_{cd}——轴心抗压强度设计值；

φ——构件轴向力的偏心距 e 和长细比 β 对受压构件承载力的影响系数。

由于抗压强度设计值计算的换算截面重心轴($y_b=0.656m$)较以弹性，模量计算的换算截面重心轴($y_b=0.669m$)，低0.013m。所以前面计算的偏心距应修正，新的偏心距应为 $e=e'+0.013m$，其中 e' 为前面以弹性模量的换算偏心距(正弯矩时 e' 为正值，表示在弹性模量换算截面重心轴以上)。

在截面强度检算式，不计 β 的影响；又 $e_x=0$，$\varphi_x=1.0$，$i=0.296$，故：

$$\varphi=\frac{1}{\frac{1}{\varphi_x}+\frac{1}{\varphi_y}-1}=\varphi_y=[1-\left(\frac{e_y}{y}\right)^8]/[1+\left(\frac{e_y}{0.296}\right)^2]$$

以上计算中，y 值当偏心向上时取 $y=y_t=0.444m$，当偏心向下时取 $y=y_b=0.656m$。

拱的强度检算见表4.38～表4.40，当表中 $\varphi A'f_{cd}Z_1>\gamma_0N_d$ 时，则表示拱截面满足承载能力极限状态强度要求，如 $\varphi A'f_{cd}Z_1<\gamma_0N_d$，则表示拱截面不满足承载能力极限状态强度要求。

拱脚截面强度验算(拱全宽) 表4.38

作用效应	M_{max}+温升	M_{max}+温降	M_{min}+温升	M_{min}+温降
$\gamma_0N_d(kN)$	15099.241	14722.816	14787.17	14410.749
$\gamma_0M_d(kN\cdot m)$	1678.766	-524.872	-2415.34	-4618.977
$e=M_d/N_d+0.013(m)$	0.124	-0.0227	-0.150	-0.308
φ	0.850	0.994	0.795	0.48
$A'=A\xi_c(m^2)$	2.685	2.685	2.685	2.685
$\varphi A'f_{cd}Z_1(kN)$	23365.381	27318.963	21843.726	13184.178
判定是否满足($\varphi A'f_{cd}Z_1>\gamma_0N_d$)	满足	满足	满足	不满足

3*L*/8 截面强度检算(拱全宽)　　表 4.39

作用效应	M_{max} + 温升	M_{max} + 温降	M_{min} + 温升	M_{min} + 温降
$\gamma_0 N_d$(kN)	12853.075	12405.444	12832.573	12384.062
$\gamma_0 M_d$(kN·m)	1222.586	1167.183	-966.051	-1021.563
$e = M_d/N_d + 0.013$(m)	0.108	0.107	-0.062	-0.069
φ	0.882	0.884	0.958	0.948
$A' = A\xi_c$(m^2)	2.685	2.685	2.685	2.685
$\varphi A' f_{cd} Z_1$(kN)	24243.901	24298.359	26313.955	26043.560
判定是否满足($\varphi A' f_{cd} Z_1 > \gamma_0 N_d$)	满足	满足	满足	满足

拱顶截面强度检算(拱全宽)　　表 4.40

作用效应	M_{max} + 温升	M_{max} + 温降	M_{min} + 温升	M_{min} + 温降
$\gamma_0 N_d$(kN)	12241.281	11759.507	11692.393	11210.619
$\gamma_0 M_d$(kN. m)	1219.994	2300.614	-317.360	763.261
$e = M_d/N_d + 0.013$(m)	0.113	0.209	-0.014	0.081
φ	0.873	0.666	0.998	0.930
$A' = A\xi_c$(m^2)	2.685	2.685	2.685	2.685
$\varphi A' f_{cd} Z_1$(kN)	24001.412	18314.461	27416.343	25560.846
判定是否满足($\varphi A' f_{cd} Z_1 > \gamma_0 N_d$)	满足	满足	满足	满足

在表 4.38、表 4.39 计算中,偏心距均 e_y 符合《公路圬土桥梁设计规范》(JTG D61—2005)表 4.0.9 规定。偏心距限值为0.6*s*。重心轴以上 $0.6s = 0.6y_t = 0.6 \times 0.444 = 0.266$;重心轴以下 $0.6s = 0.6y_b = 0.6 \times 0.656 = 0.394$,以上计算均符合规定。

4.5.2.10 承载能力极限状态评定结果

在承载能力极限状态下,表 4.38 中拱脚在 M_{min} + 温降时,承载力(抗力)小于作用力,相差9.30%。

第5章　双曲拱桥加固与改造

5.1　双曲拱桥加固与改造简介

5.1.1　双曲拱桥加固与改造方法简介

双曲拱桥是我国建桥工人独创的一种桥型,绝大部分建于20世纪60~80年代,直至今日大部分双曲拱桥病害严重,不得不进行加固与改造,甚至拆除。目前,针对双曲拱桥加固与改造的方法,主要有以下几种:

(1)增大截面加固法:增大截面的加固方法就是通过增加受压区混凝土和增设受拉区钢筋,来提高构件的强度、刚度、稳定性和抗裂性的方法。

(2)改变截面形式法:改变截面形式的加固方法,主要是指使双曲拱桥变成箱形拱,增加了桥梁的整体稳定性和结构抵抗弯矩的方法。

(3)体外预应力法:通过在双曲拱桥的特定部位张拉预应力构件达到加固补强的方法。

(4)粘贴材料加固的方法:粘贴不同的抵抗拉力的材料(包括碳纤维布、钢板等),使拱圈的受拉区域局部增强,达到提高桥梁承载力的目的。

(5)增强拱肋间横向联系加固法:采用加固拱肋间横向联系来加固补强双曲拱桥的方法。

(6)调整拱的轴线使之与压力线相吻合的加固方法:双曲拱桥在长期超负荷作用下,会发生主拱圈拱轴线的变形过大的情况,此时拱桥加固的时候,要调整拱桥的拱轴线使之于恒载的压力线相吻合。

5.1.2　双曲拱桥加固方法

5.1.2.1　增大截面加固法

增大截面法主要是通过增加受压区混凝土和增设受拉区钢筋,来提高构件的强度、刚度、稳定性和抗裂性等。增大截面加固的方法很多,如外包混凝土和喷射混凝土(图5.1)。外包混凝土是最典型的加大主拱圈截面的方法,加大桥梁主拱圈的截面面积之后,主拱圈拱顶部位的下面和拱脚部位的上面的拉应力都相应减小,当桥梁的荷载等级适当的加大的时候,能适当减小或者保持桥梁的拱顶和拱脚处的拉应力。并且能够维持主拱圈的材料特性不超过其限制,这样就起到了加固桥梁的作用。考虑被加固构件的受力特点和加固目的的要求、构件部位与尺寸、施工的方便性等因素,增大截面可设计为单侧、双侧或三侧加固,以及四周外包加固。外包混凝土法对拱肋进行加固常见的有两种情况:

①拱肋与拱波结合良好,只是由于拱肋强度不足而引起径向裂缝。此时可仅在拱肋下面增大截面或下面和侧面增大截面,使拱肋下部形成马蹄形加固或三侧加固(图5.2)。

②不仅拱肋出现径向裂缝，而且在拱肋与拱波连接处出现环向裂缝此时，外包混凝土的高度常需高出肋波接缝 5 ~6cm,成为三侧包围加固或外包混凝土连续成整体加固，以增强肋波间的整体性(图 5.3)。

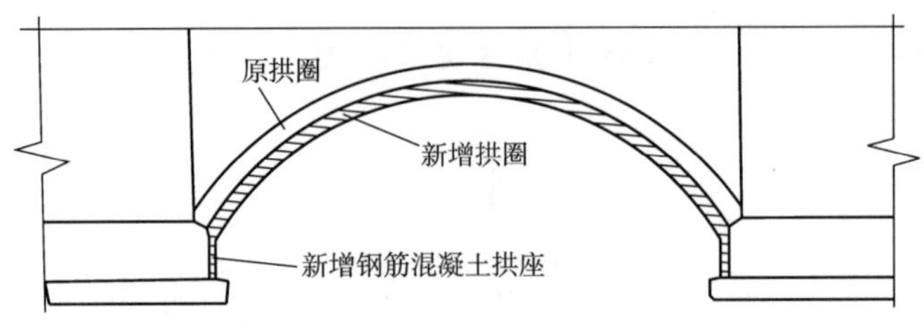

图 5.1 喷射混凝土加固主拱圈示意图

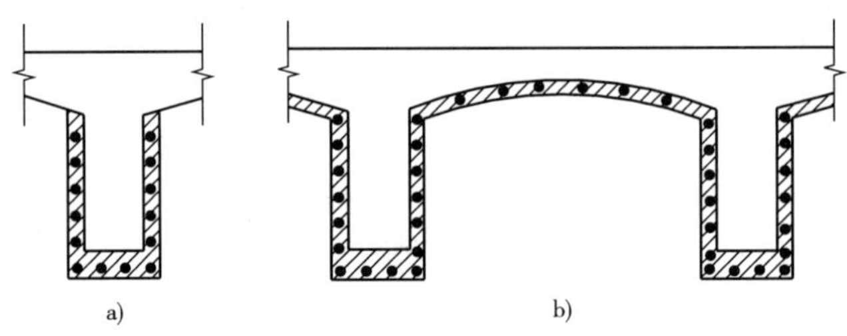

图 5.2 拱肋加固示意图

a)三侧包围加固;b)连续成整体加固

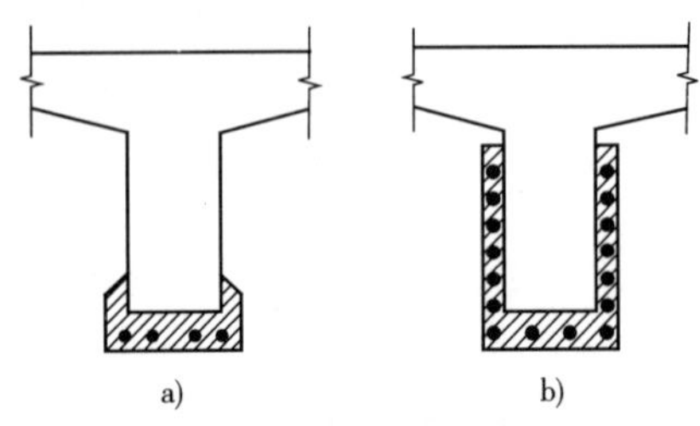

图 5.3 拱肋加固示意图

a)马蹄形加固;b)三侧加固

较常采用增大截面发加固后的结构受力性能与未经加固的普通结构有如下差异：

第一,加固后的结构属于二次受力结构,加固前原结构已经承受了荷载(初次受力),特别是当原结构因承载力不足而进行加固时,其截面应力、应变一般都很高。然而,新加部分在加固后并不立即分担荷载,而是在新增荷载作用下(二次加载情况下)才开始受力。这样当桥梁承受活载时,就可能出现原结构已处于极限状态,而新增部分仍处于应力初始状态。也就是说,当原结构达到极限状态时,新加部分的应力应变水平可能还很低;原结构破坏时,新加部分可能未达到自身极限状态,其潜力未得到充分发挥。因此在施工中最好是先卸去部分拱上自重,然后再实施增大截面法施工。

第二,加固结构属二次组合结构,新旧两部分存在整体工作,共同受力问题,而整体工作的关键在于结合面的构造处理及施工质量。由于结合面混凝土的黏结强度一般总是远远低于混凝土本身的强度,因此结合面混凝土的黏结强度一般远远低于混凝土本身的强度,因此,在总体承载力上二次组合结构比一次整体浇筑结构一般要低一些。加固结构受力特征的这些差异,决定了混凝土结构加固计算分析和构造处理,不能完全沿用普通结构概念进行设计。被加固构件破坏时,往往是原结构首先破坏和退出工作,之后新增部分的应力才会陡增。

增大截面法一般适于桥梁下部结构和地基状况良好,地基承载能力有一定潜力的双曲拱桥。

5.1.2.2 改变截面形式法

在主拱圈的肋底缘现浇钢筋混凝土薄板，将拱肋两两横向相连，把双曲拱改造为箱形拱，增大主拱圈的截面面积(图5.4)。增大截面形式法适用于上、下部结构完整，桥下净空受到限制且承载能力偏低的双曲拱桥。

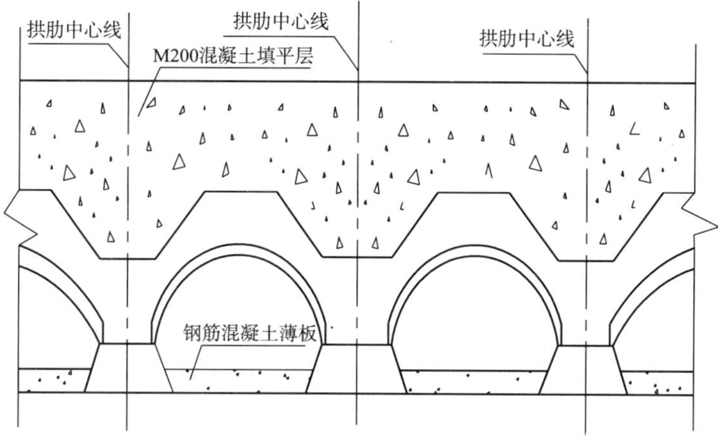

图5.4 改变截面形式法加固示意图

通过增设下拉主筋，降低截面形心高度分别达到提高主拱圈抵抗正、负弯矩的能力，从而提高其承载能力；同时使整座桥梁的上部结构形成牢固的整体，解决双曲拱桥存在的主拱圈整体性较差的问题。改造之后的主拱圈横向联系加强，横向刚度加大，主拱圈承压面积变大，可明显降低截面的应力值，它是解决正截面面积不足的一项根本办法；此法可使整体抗弯，抗扭刚度显著增大，拱肋、拱波以及拱板相对变形显著减小；新增的钢筋混凝土底板使主拱圈截面重心整体下移，使主拱圈的受力状态与设计预期的受力状态接近，因此能大幅度提高桥梁的承载能力。此外，由于双曲拱桥的主拱圈由拱肋、拱波、拱板和横向联系等级部分组成，使得将双曲拱桥改造为箱形拱桥成为可能。

5.1.2.3 体外预应力法

体外预应力是相对体内预应力而言，就是把预应力筋布置在主体结构之外。采用体外预应力加固桥梁上部构造多用于梁桥，对于存在拱圈纵向开裂或横向开裂，以及桥台产生位移或者拱顶下挠度等病害也可应用此法。通常施工时以粗钢筋、钢绞线或高强钢丝等钢材作为施力工具，对桥梁结构施加预应力，且预应力的数值和分布能将使用荷载产生的应力抵消到一个合适的程度，以改善旧桥使用性能，且新增预应力筋能提高其极限承载能力。从力学方面分析，预应力索与被加固结构或构件在同一截面上的变形是不协调的，这是体外预应力索与普通预应力筋的区别。

在拱桥加固施工中，体外预应力筋分为预应力筋纵向张拉和横向张拉两种。对于拱脚(或拱座，桥台)存在水平位移的双曲拱桥，为防止位移进一步发展，提高拱桥的承载能力，可以在拱脚(或拱座，桥台)连接起来，通过张拉预应力构件达到加固补强的目的(图5.5)。对于拱上建筑或桥台的侧墙有外股或外倾病害的桥梁，利用横桥向安设的预应力筋并张拉筋束至一定的应力值也可以达到加固目的。适用于中小跨径桥梁的加固维修；对于大跨径桥梁，加固时需配合其他加固方法方有良好效果。

体外预应力加固法不需清凿混凝土保护层，且损伤梁体程度小，加固时基本不影响交通，经济效果比较明显。但是体外预应力构造受环境影响较大，必须采取切实有效的防护措施，否则在温度、腐蚀等外界条件作用下，容易造成预应力筋断裂而使加固工作失败。

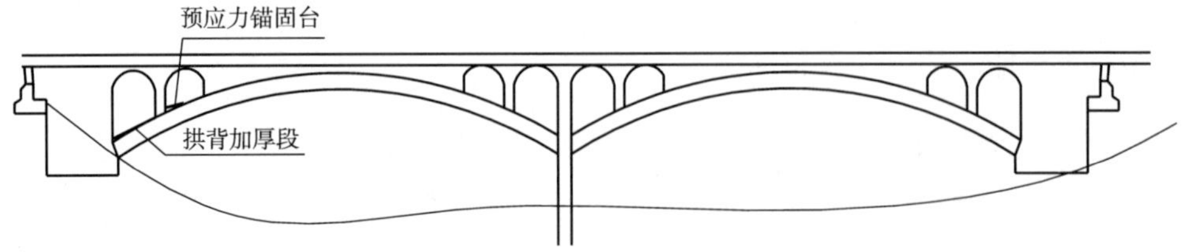

图5.5　体外预应力加固法示意图

5.1.2.4　粘贴钢板法

(1)基本原理与加固计算

①基本原理。

粘钢加固法一般是用环氧树脂或建筑结构胶将钢板、型钢等抗拉抗压强度高的材料粘贴在钢筋混凝土构件的表面，使之与结构形成整体，共同受力，从而提高构件的承载能力，也可减少构件裂缝扩展. 对一般受弯构件的加固，将钢板粘贴在受拉区混凝土的表面，而主拱圈拱肋加固属于压弯构件加固，由于整个主拱圈受正负弯矩变化的影响，加固一般将钢板粘贴在拱肋两侧，既能抵抗轴力，又能抵抗正负弯矩及剪力作用(图5.6)。

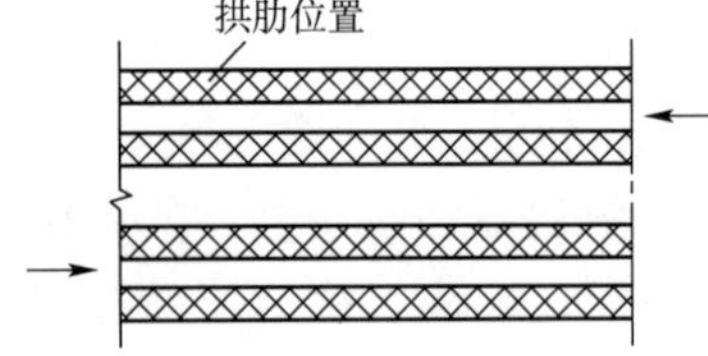

图5.6　粘贴钢板平面示意图

针对不同病害类型，粘贴钢板法对主拱圈进行加固常见的有两种情况：

a. 由于拱肋强度不足而引起的径向裂缝。此时可仅在拱肋底面粘贴钢板或底面和侧面都粘贴钢板，使拱肋下部形成一侧加固或三侧加固(图5.7)。

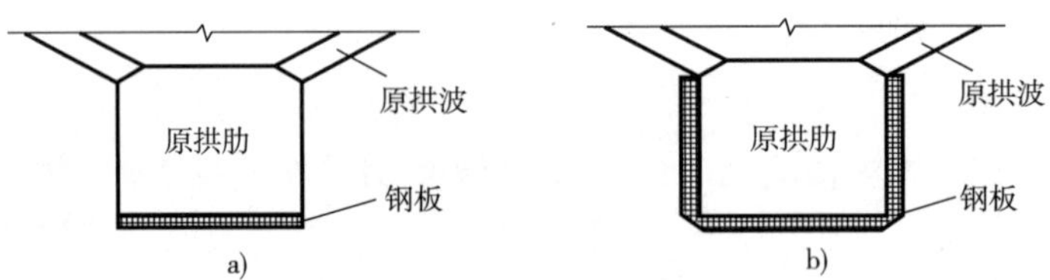

图5.7　针对拱肋强度不足进行加固

a)底面粘贴加固；b)三侧粘贴加固

b. 不仅拱肋出现径向裂缝，而且在拱脚出现环向裂缝。此时在拱肋底面和侧面都粘贴钢板的基础上，选择尺寸适宜的角钢，将角钢一侧与拱肋上已粘贴的钢板焊接，另一侧粘贴在墩台上，并用锚栓锚固(图5.8)。

对于上述情况，在粘贴钢板之前要特别注意运用灌浆封缝的方法处理裂缝。

②加固计算。

粘贴钢板(钢筋)加固一般不需要进行稳定性验算，只需进行截面强度验算。在截面强度验算时，可认为粘贴和锚固后钢板能够与主拱圈共同作用，增加的钢板可作为钢筋考虑，与原主拱圈共同承受荷载。对于原主拱圈设有钢筋的，加固设计时可不考虑抗压钢筋的作用。由于大部分双曲拱桥修建时间早，设计资料不全，在实际加固计算中，往往采用偏安全的计算理论，对截面尺寸进行转化，下面仅介绍转化为T形截面的计算：根据《公路钢筋混凝土及混凝土桥涵设计规范》(JTG D62—2004)中的 T 形截面偏心受压构件中的规定,若中性轴位于翼缘内,则按矩形截面计算(图 5.9),强度验算见式(5.1)。

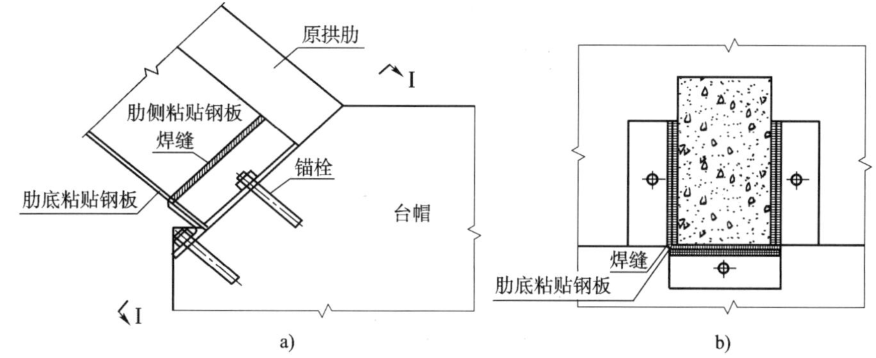

图 5.8　针对拱脚开裂进行加固

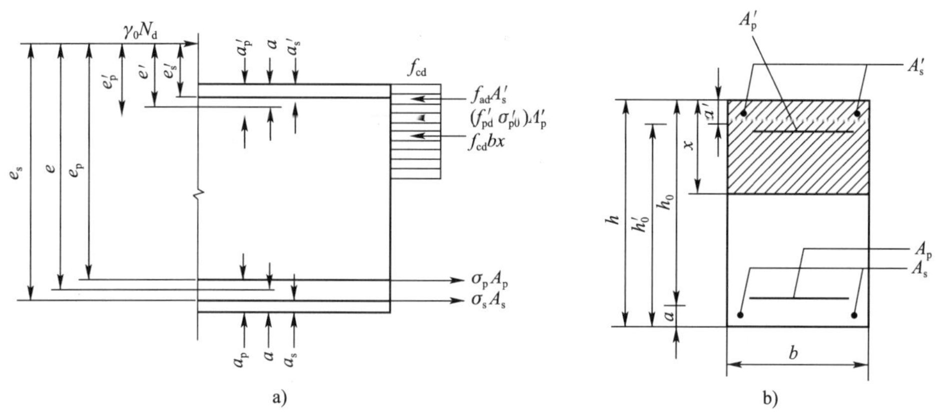

图 5.9　T 形截面偏心受压构件正截面抗压承载能力计算

$$\gamma_0 N_{\mathrm{d}} \leqslant f_{\mathrm{cd}}[bx + (b'_{\mathrm{f}} - b)h'_{\mathrm{f}}] + f'_{\mathrm{sd}}A'_{\mathrm{s}} + (f'_{\mathrm{pd}} - \sigma'_{\mathrm{pd}})A'_{\mathrm{p}} - \sigma_{\mathrm{s}}A_{\mathrm{s}} - \sigma_{\mathrm{p}}A_{\mathrm{p}}$$

$$\gamma_0 N_{\mathrm{d}} e \leqslant f_{\mathrm{cd}}\left[bx\left(h_0 - \frac{x}{2}\right) + (b'_{\mathrm{f}} - b)h'_{\mathrm{f}}\left(h_0 - \frac{h'_{\mathrm{f}}}{2}\right)\right] + f'_{\mathrm{sd}}A'_{\mathrm{s}}(h_0 - a'_{\mathrm{s}}) + (f'_{\mathrm{pd}} - \sigma'_{\mathrm{po}})A'_{\mathrm{p}}(h_0 - a'_{\mathrm{p}}) \tag{5.1}$$

$$e = \eta e_0 + \frac{h}{2} - a \tag{5.2}$$

式中:e——轴向力作用点至截面受拉边或受压较小边纵向钢筋和合力点的距离;

e_0——轴向力对截面重心轴的距离;

N_{d}——相应于轴向力的弯矩组合设计值;

h_0——截面受压较大边边缘至受拉边或受压较小边纵向钢筋合力点的距离,$h_0 = h - a$;

η——偏心受压构件轴向力偏心距增大系数。

截面受拉边或受压较小边纵向钢筋的应力 σ_{s} 和 σ_{p} 应按下列情况采用:

当 $\varepsilon \leqslant \varepsilon_{\mathrm{b}}$时为大偏心受压构件,取 $\sigma_{\mathrm{s}} = f_{\mathrm{sd}}$,$\sigma_{\mathrm{p}} = f_{\mathrm{pd}}$,此处,相对受压区高度 $\varepsilon = x/h_0$;

当 $\varepsilon > \varepsilon_{\mathrm{b}}$时为小偏心受压构件,$\sigma_{\mathrm{s}}$ 和 σ_{p} 相应规定计算。

对小偏心受压构件,当轴向力作用在纵向钢筋 A'_{s}和 A'_{p}合力点与 A_{s}和 A_{p}合力点之间时,抗压承载力计算尚应按下列规定进行计算:

$$\gamma_0 N_d e' \leqslant f_{cd} bh\left(h'_0 - \frac{h}{2}\right) + f'_{sd} A_s (h'_0 - a_s) + (f'_{pd} - \sigma_{po}) A_p (h'_0 - a_p)$$

$$e' = \frac{h}{2} - e_0 - a' \tag{5.3}$$

式中：e'——轴向力作用点至截面受压较大边纵向钢筋 A'_s 和 A'_p 合力点的距离，计算时偏心距 e_0 可不考虑增大系数 η；

h'_0——截面受压较小边边缘至受压较大边纵向钢筋合力点的距离，$h'_0 = h - a'$，验算结果需满足规范要求。

（2）特点和适用范围

①特点：技术先进，性能良好。将强度高的钢板粘贴在钢筋混凝土梁上，充分发挥钢板的强度，封闭粘贴的裂缝，约束混凝土变形；所占空间小，不影响主梁外观和使用空间；加固施工周期短。由清理、修补构件表面，将钢板粘贴于构件上，到加压固化，大约1～2d；材料消耗小。钢板可按计算的需要量粘贴于构件的部位，并和原构件共同协调受力。缺点：钢板加工成设计样式比较困难，同时钢板对除锈和防腐蚀要求比较高。粘贴钢板加固方法不增加自重，可适用于要求不增加恒载效应的加固中。另外，这种方法不能增加主拱圈刚度，钢板只能抵抗部分拉应力，从而减小或改善开裂状态，不能改善结构受压应力状态。

②适用范围：承受静力作用或是动力作用较小的受弯或受拉构件；加固构件的材料（如混凝土）强度一般不应低于15MPa；粘贴钢板加固要求环境的温湿度控制在一定的范围内，且无腐蚀性介质。

5.1.2.5 粘贴碳纤维布加固法

根据碳纤维布的品质不同，其厚度在0.11～0.43mm，幅宽在20～100cm，卷材长度为50～100cm。交通运输部2008年10月颁布的推荐性标准《公路桥梁加固设计规范》（JTG/T J22—2008）要求，碳纤维应选用不大于12k（1k = 1000）的小丝束聚丙烯腈基（PAN基纤维），不得使用大丝束纤维，且要求碳纤维的主要力学性能应符合表5.1的规定。

桥梁加固用碳纤维复合材料主要力学性能指标 表5.1

纤维类别 \ 性能项目			抗拉强度标准值（MPa）	弹性模量（MPa）	伸长率（%）	弯曲强度（MPa）	纤维复合材料与混凝土正拉黏结强度（MPa）	层间剪切强度（MPa）
碳纤维	布料	Ⅰ级	≥3400	$\geqslant 2.4\times10^5$	≥1.7	≥700	≥2.5，且为混凝土内聚破坏	≥45
		Ⅱ级	≥3400	$\geqslant 2.4\times10^6$	≥1.5	≥600		≥35
	板材	Ⅰ级	≥2400	$\geqslant 2.4\times10^7$	≥1.7	≥—		≥50
		Ⅱ级	≥2000	$\geqslant 2.4\times10^8$	≥1.5	—		≥40

（1）粘贴碳纤维布加固机理和计算

①加固机理：加固混凝土构件时，按构件的不同受力特点用黏结材料将碳纤维布有序地缠绕粘贴于构件表面，实现对构件变形的约束，并以此提高构件的极限强度和承载能力。

②计算原理（图5.10）：根据钢筋混凝土结构设计理论，碳纤维加固混凝土结构基于以下四个基本假定。

a.平面假定：即碳纤维加固混凝土受弯构件截面的应变满足平面变形假设，钢筋和碳纤维的应变与相同位置处的混凝土相同。

b. 混凝土的应力应变关系,受压混凝土的应力应变关系采用现行规范建议的模式,当压应变达到极限应变时,混凝土被压碎。受拉混凝土应力应变关系近似按线性取用,当拉应力超过其抗拉强度时,混凝土退出工作。

c. 钢筋的应力应变关系,采用理想的弹性材料模式。

d. 加固所用碳纤维布与混凝土为完全理想黏结,即混凝土与碳纤维布之间没有滑移。

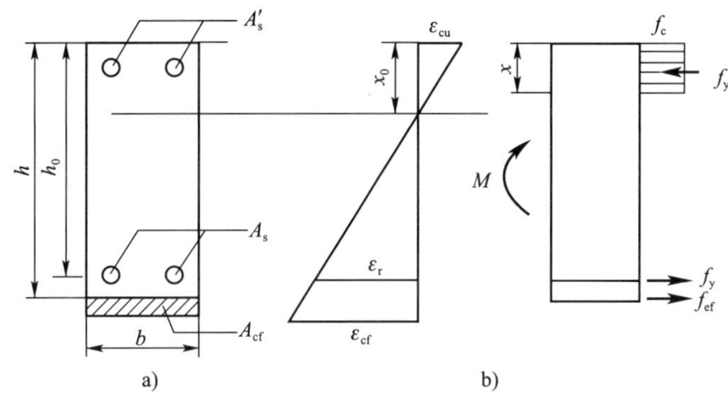

图 5.10　正截面受拉区粘贴碳纤维布加固计算示意图

在实际设计时,考虑构件安全性和简化设计,可以近似认为碳纤维的拉应变等于钢筋拉应变,按应变相等原则,可以将碳纤维的面积转化为等效钢筋面积,见式(5.4)。

$$A_{scf} = A_{cf}\frac{R_{cf}}{R_g} \tag{5.4}$$

式中:A_{scf}——等效钢筋面积;

A_{cf}——碳纤维面积;

R_{cf}——碳纤维抗拉设计强度;

R_g——钢筋抗拉设计强度。

碳纤维加固所需面积,见式(5.5)。

$$M_j \leqslant M_u = \eta_1\eta_2 R_{cf}A_{cf}\left[h - \frac{x}{2}\right] + \frac{1}{\gamma_s}\eta_3 R_g A_g\left[h_0 - \frac{x}{2}\right] \tag{5.5}$$

式中:M_j——计算弯矩;

M_u——抵抗弯矩;

η_1——碳纤维材料强度折减系数;

η_2——碳纤维和原钢筋共同工作系数;

h——截面高度;

x——截面受压区高度;

γ_s——钢筋工作系数;

η_3——旧桥折减系数;

A_g——钢筋面积;

h_0——截面有效高度。根据钢筋混凝土结构设计理论,将跨中设计弯矩作为控制弯矩,确定了相应的参数后便可按式(5.5)计算出 A_{cf},采用相应型号的碳纤维布后,通过式(5.6)便可计算出需要粘贴的碳纤维层数。

$$n = \frac{A_{cf}}{tB_{cf}} \tag{5.6}$$

式中：n——计算的层数；

t——碳纤维布的设计厚度；

B_{cf}——碳纤维布幅宽。

(2)碳纤维加固的特点

①不增加恒载及断面尺寸，材料自重也很轻，对整个结构重量及桥下净空的影响微乎甚微，可忽略不计。同时，碳纤维布可以多层粘贴。

②可适应不同构件形状，成型很方便，可以随结构外形变化进行施工，从而降低施工难度，减少施工成本，缩短施工工期。

③采用碳纤维布加固补强，对原结构不会产生新的损伤。

④能有效地封闭混凝土的裂缝，约束混凝土结构裂缝的生成与扩展，使宽而深的裂缝变成分散的细微裂缝，从而提高了混凝土构件的整体刚度。

⑤碳纤维布(片)具有优良的耐化学腐蚀性。

⑥碳纤维布(片)的厚度很薄，粘贴固化后其表面还可以涂刷一层与原有结构外观颜色一致的涂料，不影响结构的外观。

⑦粘贴碳纤维布加固方法不增加自重，可适用于要求不增加恒载效应的加固中。另外，这种方法不能增加主拱圈刚度，碳纤维布只能抵抗部分拉应力，从而减小或改善开裂状态，不能改善结构受压应力状态。

5.1.2.6 增强拱肋间横向联系加固法

(1)增强拱肋间横向联系加固法

横系梁在双曲拱桥中主要承担在拱肋间横向传递荷载，但早期的双曲拱桥对此没有引起足够重视，导致横系梁发生破坏的情况较为普遍。增强双曲拱桥各预制构件的横向联系的方法主要有：

一是增大横向联系的抵抗破坏的能力，比如使用横隔板作为横向联系的方法(图5.11)。

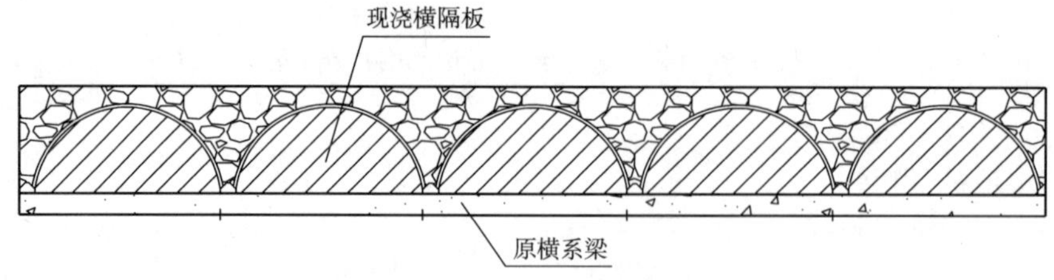

图5.11 主拱圈横向联系改造示意图

二是适当的减小横向联系的之间的距离，其中在桥梁的主要受力部位就需要设置一个横向的联系，比如对空腹式拱桥来说在横向的下面就需要设计一个横向联系，以及在拱桥的拱顶的部位要有横向联系，其余的部分可以设置一道横向联系。另外需设置刚度、强度足够的横隔板在所有拱肋分段的接头处。横向联系的适当设置，可以提供拱桥的整体性能，使拱桥的各个构件的传力比较合理，从而使主拱圈均匀的受力，要尽量避免双曲拱桥发生的病害是由于横向联系。

(2)加固机理

增强拱肋间横向联系，是为了使拱肋间的相对变形减小，主拱圈的整体性得到加强并共同承受外荷载的作用，加固效果在于改善和提高主拱圈的横向整体性能和整体刚度。

5.1.2.7 调整拱轴线与压力线加固法

(1)基本原理

在空腹式双曲拱桥中,由于腹孔部分的恒载重量是通过腹孔墩以集中力的形式作用于主拱圈上,恒载就不是分布作用了(图 5.12)。因此,恒载压力线就不能与光滑的悬链线吻合,仅与其三铰拱的恒载压力线保持五点重合,其他截面两者存在偏离。一般在实腹段的范围内(从拱顶至 1/4 点附近),压力线在拱轴线之上,而在空腹段的范围内,压力线则大多在拱轴线之下,拱轴线与压力线存在一个正弦波的曲线差。由于实腹段恒载决定的拱轴系数 $m_{实}$ 比空腹段恒载决定的 $m_{空}$ 要大,而用五点重合法确定拱轴线时,实际采用的拱轴系数 $m_{轴}$ 由于要兼顾实腹与空腹两部分,故 $m_{轴}$ 必然介乎 $m_{实}$ 与 $m_{空}$ 之间,即 $m_{实} > m_{轴} > m_{空}$。鉴于从拱顶到 1/4 点附近恒载,压力线是与实腹段的恒载相对应的,其拱轴系数比 $m_{轴}$ 大,故该段的压力线应在拱轴线上,而从 1/4 点到拱脚的恒载压力线是与空腹段部分的恒载相对应,其拱轴系数比 $m_{轴}$ 小,因而,该段的压力线应在拱轴线之下。众所周知,压力线与拱轴线的偏离会在拱内产生附加内力。由其引起附加赘余力在拱顶产生的控制弯矩相反,对拱顶、拱脚有利,可以改善主拱的受力状况。

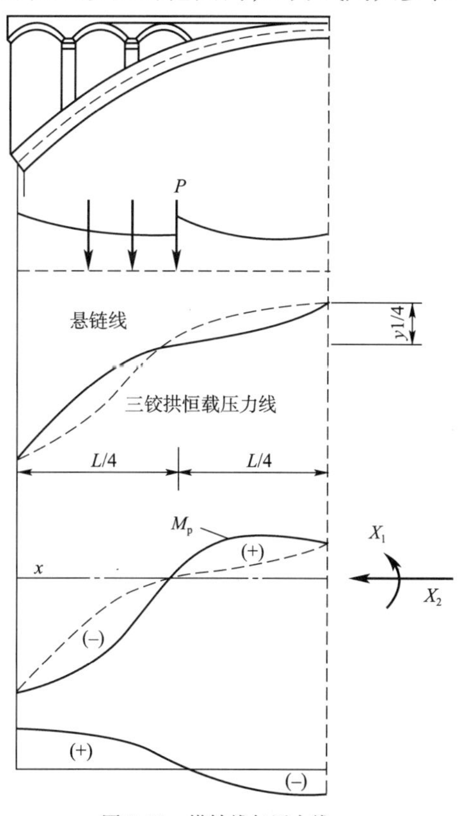

图 5.12 拱轴线与压力线

(2)加固方法与技术

如果遇到实际桥梁在拱顶、拱脚两控制截面有一个弯矩很大,另一个控制截面弯矩较小时,根据上述原理,可以通过拱轴线与压力线的位置调整改善主拱圈的受力状况。具体做法是:当拱脚负弯矩较大,造成拱脚上缘开裂,产生裂缝,而拱顶截面尚有一定富余时,采取减轻拱上填料厚度或桥面厚度措施,减轻桥面系重量,亦可用轻质填料更换原重质填料,使恒载压力线上升,在全拱圈范围内产生一定幅度的正弯矩,则在最不利内力组合时,使拱脚负弯矩减小,达到提高承载力、加固补强的目的[图 5.13a)]。当拱顶正弯矩较大,造成拱顶下缘开裂,而拱脚截面尚有一定富裕时,采取加厚桥面厚度,增加拱上恒载重量的方法。若原桥面基本完好,增加桥面厚度可采用钢筋混凝土罩面施工措施,尽可能缩短施工时间和减少中断或堵塞交通时间,亦可采取用重质填料更换原桥轻质材料,使恒载压力线降低,在全拱圈范围内产生一定幅度的负弯矩,则在最不利组合时,使拱顶的正弯矩减小,达到提高承载力、加固补强的目的[图 5.13b)]。

实际施工当中,对于建于软土地基上的拱桥,往往由于地基松软而产生水平位移和沉降,使拱轴线下沉,拱肋开裂,从而影响拱桥的正常使用。为消除拱桥产生水平位移而引起的损坏,可采用顶推工艺使拱轴复位,调整主拱圈内力,达到加固的目的。运用顶推工艺可以在恢复断面整体性完好的前提下,恢复原桥的承载能力,它比其他现有方法更经济实用,可在不损坏原桥外貌、不缩小通航净空的情况下,完成桥梁的加固工作。所谓“顶推工艺”就是将拱桥的一端作为顶推端，设立顶推横梁，横梁与拱肋紧紧相连，凿除拱脚与支座的联结，使支座自由。然后，安放千斤顶，利用千斤顶的推力沿拱轴线向上、向跨中方向顶推横梁，从而使整个拱圈移动，当顶推位移值相当于原桥已产生的位移值时，停止顶推。最后，对拱脚离开拱座的空隙上浇灌高强快硬水泥砂浆，待砂浆硬化后，再放松千斤顶，顶推完成。顶推过程中，由于千斤顶的合力中心在主拱轴线上，顶推端的拱脚将不存在弯矩，且主拱圈的结构将从无铰拱转变为单铰拱(图5.14)。

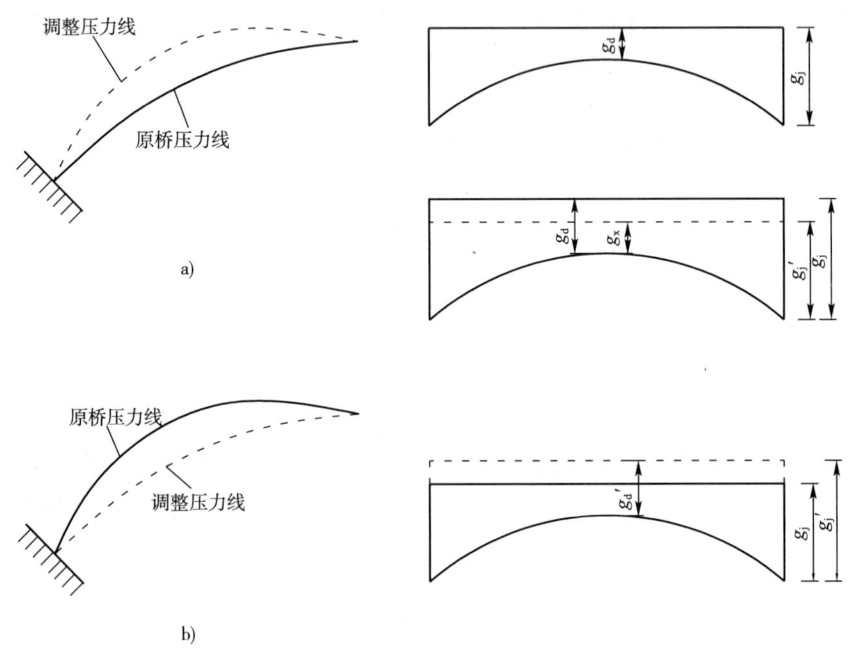

图5.13　主拱圈压力线调整示意图

a)升高压力线改善拱脚；b)降低压力线改善拱顶

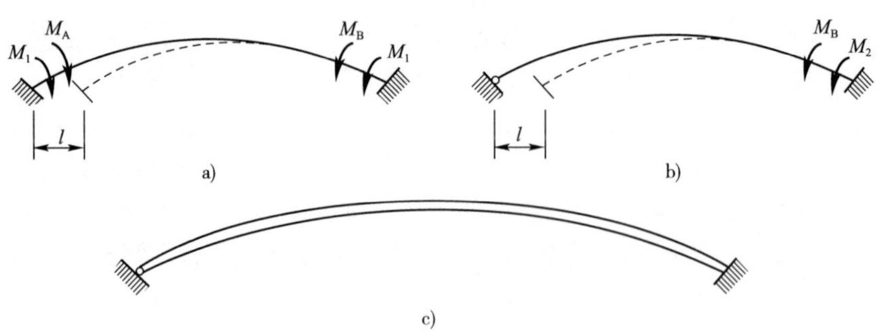

图5.14　拱桥顶推时结构图示的变化

a)顶推前；b)顶推过程中；c)顶推后转为单铰拱

注：M_A、M_1分别为顶推前恒载偏离弯矩和位移（包括恒载弹性压缩）所产生的弯矩；M_B、M_2为顶推后在非顶推端产生的前述两种弯矩。

综上所述，由于拱受力状况与拱轴线的变化关系很大，对主拱圈变形过大的双曲拱桥，实际拱轴线往往与压力线偏差较大。这种情况下，若单独采用对主拱圈截面补强的措施，已不能有效改善主拱圈的受力状况，需要对拱轴线和压力线进行调整，改善主拱圈的受力状况，才能真正起到加固改造的作用。

5.2 加固实例

5.2.1 改变截面形式法加固东山大桥

5.2.1.1 工程概况

东山大桥位于长沙县东山跨越浏阳河，于1972年建成通车。主桥为3×50m(净)等截面悬链线双曲拱桥，矢高6.25m，全长178m；桥面宽度：净9m+2×1.5m(人行道)，墩台为片石混凝土(图5.15)。

原设计荷载等级：汽-18，拖80。矢跨比：$f/l=1/8$。

由于该桥受力结构病害较为严重，且随交通量的增加和使用荷载等级的提高，该桥已存在严重的安全隐患。

a)

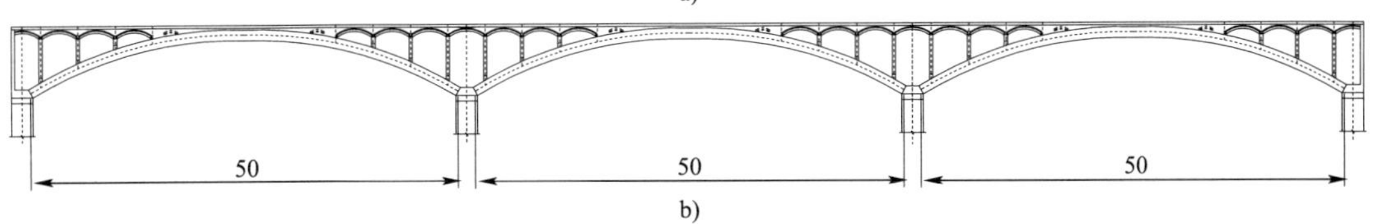

b)

图5.15 东山大桥示意图(尺寸单位：m)

5.2.1.2 主要病害

经过检测，东山大桥主要病害见表5.2：

东山大桥主要病害 表5.2

部 件	主 要 病 害
主拱圈	拱肋：材料老化严重；大部分横梁与拱肋间连接较好，肋脚处有露筋、钢筋锈蚀、混凝土剥落； 横梁：表面无裂缝；露筋，钢筋锈蚀； 桥台处拱脚：有露筋钢筋锈蚀，材料老化严重； 横梁与拱肋联系：较好； 拱板：拱脚处拱背有宽0.2mm的裂缝； 拱波：存在纵桥向裂缝，全桥共发现裂缝2条，其中最长的裂缝为1.2m，裂缝最大宽度为0.2mm，这些裂缝部分存在渗水，漏水情况； 立柱及拱形盖梁：材料老化严重，局部混凝土剥落，露筋，钢筋锈蚀较严重；柱底部破坏十分严重，主筋断裂

续上表

部 件	主要病害
桥面系	桥面铺装:全桥桥面铺装破损较严重,有裂缝,横裂,纵裂和网裂;两岸桥头均有跳车现象; 人行道:破损较严重,混凝土严重脱落,裂缝钢筋锈蚀; 栏杆:老化破损十分严重,绝大部分混凝土脱落,露筋,栏杆基本失去作用,十分危险
拱上建筑	立柱及拱形盖梁:材料老化严重,局部混凝土剥落,露筋,钢筋锈蚀严重;柱底部主筋断裂;立柱上的拱形盖梁拱顶处均有纵向贯通裂缝,部分裂缝渗水严重,预制拱圈间连接较差,部分有空隙
下部结构	桥台:部分混凝土脱落,冲刷不严重,桥台有四条贯通裂缝,最大宽度3cm,向河中倾斜和变位最大处有2cm,同时造成桥面引桥和主桥分离; 桥墩:有部分混凝土脱落,但整体较好,基础冲刷较严重,桥墩有偏移; 锥坡:有4条裂缝,最大宽度为4cm

综合评定结论:该桥病害情况较严重,已不能满足设计和规范要求,为了保证该桥的安全运营,对该桥应进行全面的维修加固处理

5.2.1.3 加固前后结构理论分析

忽略横系梁的重量,整体温升考虑15℃,整体温降考虑10℃,考虑拱顶上部为实腹,上部温度升降速度比下部慢,取局部温差为10℃。考虑活载布置,设置虚拟水平桥面,不计重量,与下部结构铰接。腹拱实际与下面的盖梁连接为铰接,按实际情况处理。由于桥墩与拱身刚度比较大,取三跨中的一跨进行分析,不考虑连拱影响。主拱圈按无铰拱处理,分为36个单元,单元划分时尽可能考虑平均划分并注意与立柱的连接点(图5.16)。

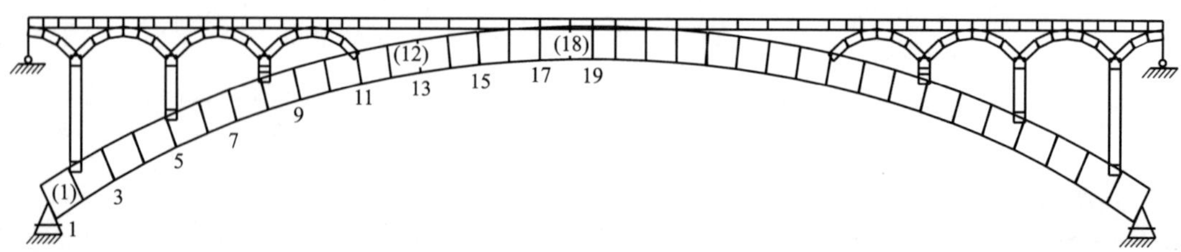

图5.16 有限元法单元划分

整桥按以下过程进行模拟计算:

(1)先形成主拱拱肋。

(2)再形成主拱拱波,同时对拱脚处进行加厚处理。

(3)然后形成底梁、立柱及盖梁。

(4)形成桥面铺装层。

(5)形成二期桥面。

(6)模拟拱顶处开裂,将拱顶4个单元截面下部40mm混凝土剥除。

(7)持荷1000d,考虑主拱圈的徐变、收缩,并考虑拱圈内力重分布。

(8)模拟加固施工过程中将桥面铺装层剥除19cm,将其荷载移去。

(9)模拟加固施工过程中对主拱圈底部进行清洁、打毛处理,剥除底部10mm厚混凝土。

(10)模拟加固施工过程中,在主拱圈底部加设钢筋网,在主拱圈拱肋底部喷注10cm厚C25混凝土,在主拱圈拱肋侧面及拱波底部喷注8cm厚C25混凝土,考虑新旧混凝土粘结,实际喷注厚度分别为11cm及9cm,拱顶处实际喷注厚度为14cm。在模拟过程中,忽略钢筋

网的作用及重量;模拟加固底梁、立柱及盖梁,均在其侧面加厚6cm;模拟加固桥面,重新铺装10cm厚桥面。

在第(6)步之前,考虑本桥实际已经营运,进行活载计算,并得出相应的加固前组合内力与应力(图5.17~图5.19)。

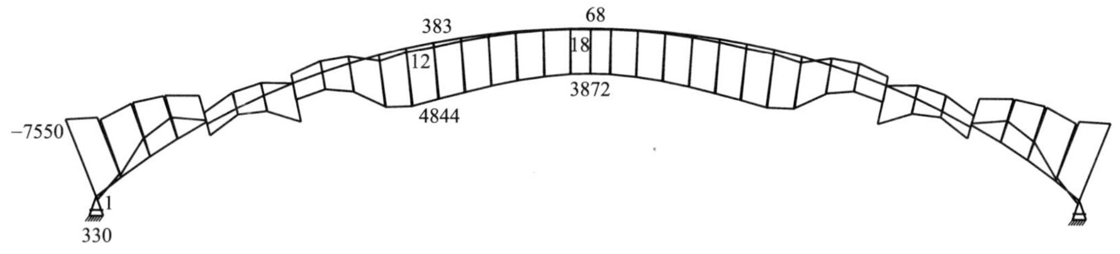

图5.17　加固前正常使用组合Ⅰ弯矩图

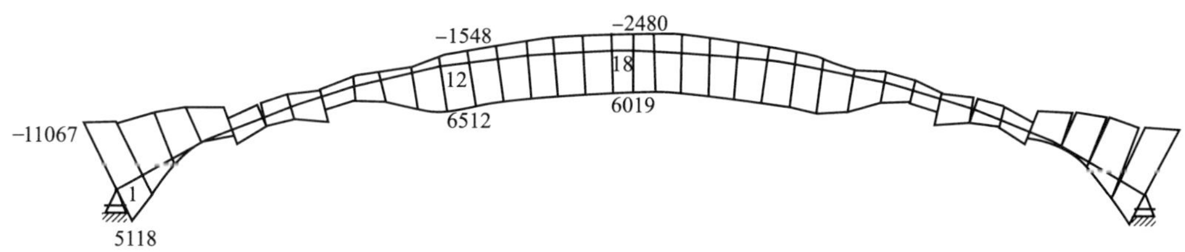

图5.18　加固前正常使用组合Ⅱ弯矩图

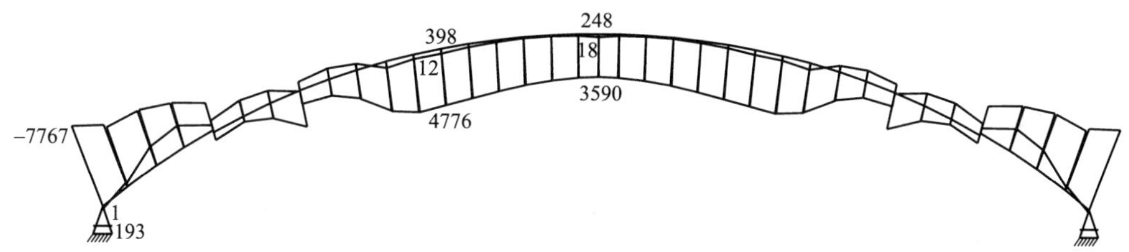

图5.19　加固前正常使用组合Ⅲ弯矩图

在加固施工完成后,再次进行活载计算,并得出相应的加固后组合内力和应力(图5.20~图5.22)。

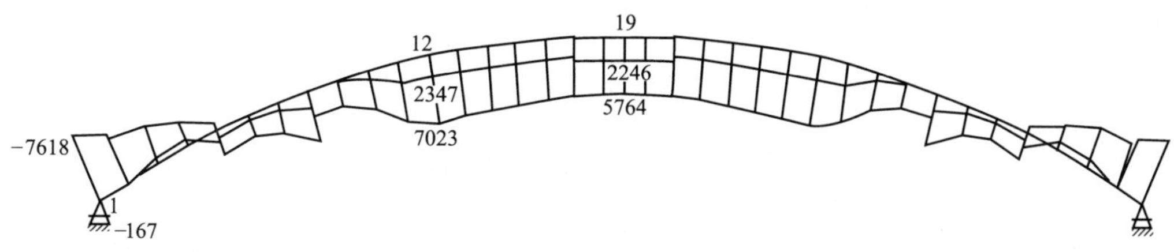

图5.20　加固后正常使用组合Ⅰ弯矩图

考虑实际运营情况及加固后对本桥的使用要求,公路—Ⅱ级级进行计算,横向分布系数取值如下:

汽车横向分布系数:3×0.78×1.15=2.691

挂车横向分布系数:1.15

人群横向分布系数:1.15

有限元法分析结论:该桥加固前不满足目前使用荷载Ⅱ——公路等级要求,加固前主拱圈各控制截面应力均偏大,不满足规范要求,需要对该桥进行加固处理。主拱肋加固时采取的植筋吊骨架的模型按拱肋与加劲板整体现浇计算,但实际受力主要通过植入的钢筋将力传递到加劲板上,可能与实际情况不符,应加强施工监控措施。

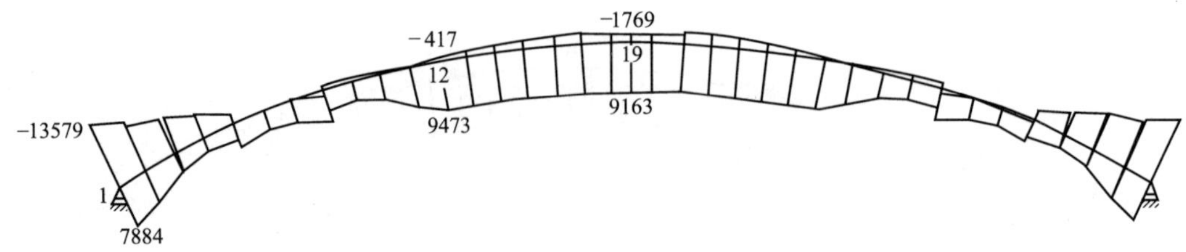

图 5.21 加固后正常使用组合Ⅱ弯矩图

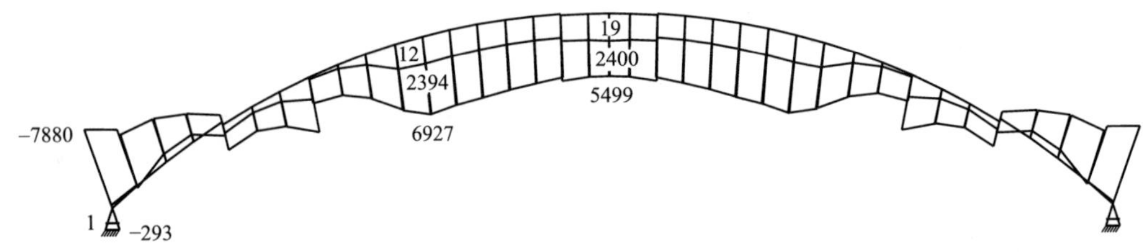

图 5.22 加固后正常使用组合Ⅲ弯矩图

由于本桥拱顶下缘已经开裂,计算时考虑采取刚度折减的方法进行分析,可能与实际情况不符,并且新旧混凝土的协同工作性能尚无可靠资料可供参考。

5.2.1.4 加固方案的选择原则

(1)安全储备要求。对原结构进行加固后不仅能满足新的荷载等级要求,而且还应具备足够的安全储备,以免出现由于安全度不足而易于产生结构病害的情况。

(2)利用原结构。由于原结构在现有荷载作用下状态良好,未出现明显严重病害,故在加固方案设计时应尽量在原结构上完成,一方面原结构可作为主要受力结构充分利用,另一方面可考虑利用原结构作为加固方案所需要的支架结构。

(3)降低对原结构的破坏。加固施工过程应尽量不对原结构(特别是主要构件)造成进一步的损伤。

(4)新旧结构共同受力。后加固结构必须与原结构能很好地协同工作,以保证当使用荷载作用后,后加结构材料能尽快地参与受力。

(5)经济性要求。所推荐的加固方案应尽量经济。

(6)耐久性要求。应保证加固后能满足耐久性要求,避免出现加固后运营一段时间出现加固效果降低的情况(如体外预应力加固法出现预应力损失等缺点)。

(7)美学效果。由于原双曲拱桥外形优美,是长沙市的一道风景,加固后的结构应基本保持原结构外形,不能产生太大变化,导致外形破坏。

5.2.1.5 加固方案

(1) 加固维修方案 1

①主拱圈。由于该桥设计荷载增大,原桥拱肋、拱波、腹拱圈、拱上立柱等裂缝较大、且多,故将分别对拱肋、拱波、腹拱圈、拱上立柱等采取锚固钢筋网后,锚喷混凝土加固。拱肋

从底面加高 10cm，侧面两侧加宽 8cm，锚喷 C30 混凝土；在拱背距拱脚约 1/4 跨内固定一层钢筋网，并现浇 10cm 厚混凝土，以提高拱脚段抗负弯矩的能力；拱波底面外包钢筋网，锚喷 C30 混凝土，厚 8cm。主拱圈加固结构布置详见图 5.23。

②横向联系。加强拱圈横向联系，将原横系梁高度增加，原横系梁改为横隔板，横隔板的加强筋钢筋网分别与拱波、拱肋焊接，并与原横系梁通过锚筋连接，保证新旧混凝土共同工作；并且在薄弱部位相应新增横隔板。横系梁加固构造详见图 5.24。

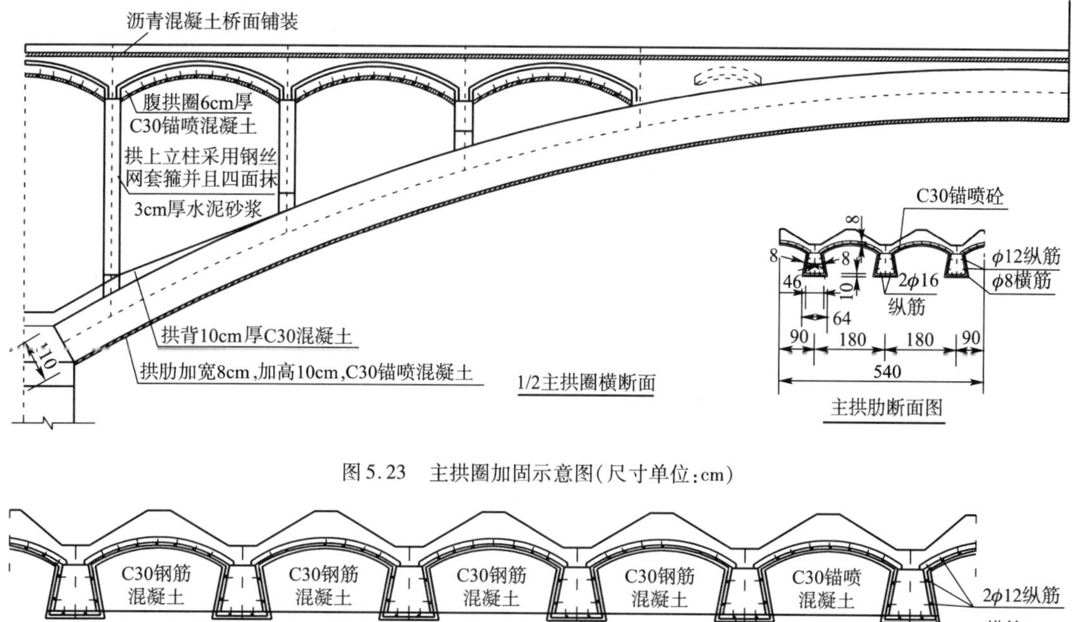

图 5.23　主拱圈加固示意图（尺寸单位：cm）

图 5.24　横系梁加固构造（尺寸单位：mm）

③拱上立柱。采用钢丝网套箍加强，抹 3cm 厚水泥砂浆。

④腹拱。采用 6cm 厚 C30 锚喷混凝土加固，对于裂缝部位注 C40 水泥浆加固。

⑤0 号桥台。采用 15mm 厚钢板锚固粘贴胸墙，对于裂缝部位注 C40 水泥浆加固。

⑥桥面系。铲除桥面铺装层 19cm 厚，对原桥填料进行压实，并铺筑 9cm 厚沥青混凝土桥面铺装；全部更换栏杆及人行道构件。

⑦局部补强。拱顶下缘及拱脚上缘应考虑局部加强处理，以抵抗过大的拉应力。$3L/8$ 处由于实际桥梁中有暗拱，在计算时未加考虑，暗拱的实际受力情况不明，应采取施工监控措施，严密注意其应力变化情况。如应力过大，则应进行局部加强处理。

（2）加固维修方案 2

①拱波的加固维修。对拱波的裂缝采用壁可法进行封闭处理。

②主拱肋的处治。凿除存在缺陷、松动的混凝土，凿毛周围混凝土，用钢丝刷清除裸露钢筋表面上的铁锈，并进行防锈处理，再用环氧胶泥修补。加大主肋截面，即将原拱肋之间用 15cm 厚的加劲底板连结起来，以满足提高荷载等级的需要（图 5.25、图 5.26）。

③桥面系的处理。挖除现有桥面铺装，重做防水钢筋混凝土桥面，以增加结构刚度及防水功能，并能保证排水顺畅；增设 2 道伸缩缝，另外更换两端桥台处伸缩缝，具体方案见加固设计图纸。人行道及栏杆全部更换。

④腹拱的处理。将原腹拱植筋，并喷射C30混凝土层6cm，以增强其截面刚度。

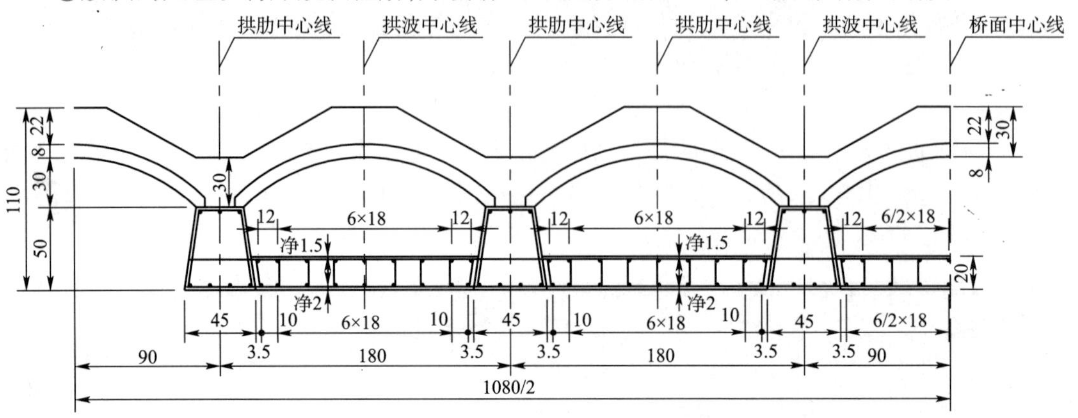

图5.25　一般位置钢筋横断面布置图(尺寸单位:mm)

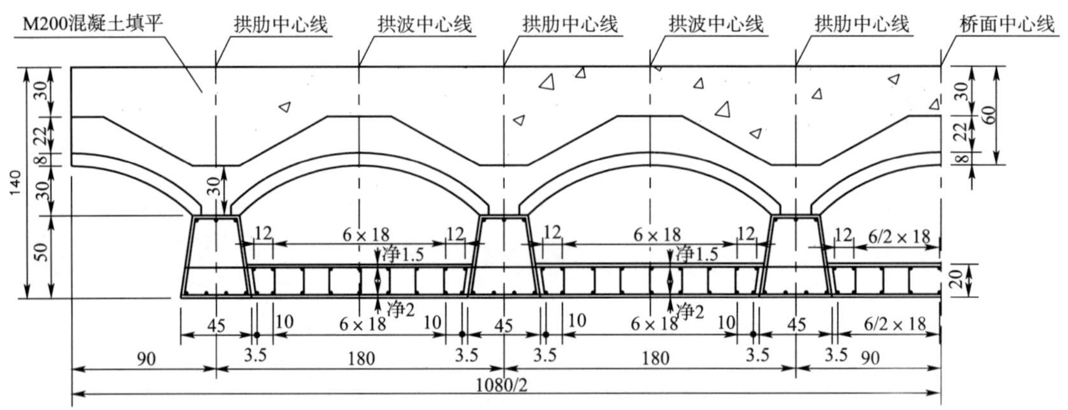

图5.26　拱脚钢筋横断面布置图(尺寸单位:mm)

5.2.1.6　加固维修的要点、原则

①对立柱进行植筋，并采用喷锚混凝土进行处理。

②主拱肋增设底板处理。

Ⅰ采用钻机在距拱肋下缘17cm与3cm的位置钻出ϕ20的孔，用以穿入加劲板横向钢筋；沿跨径方向的孔距为50cm，具体方案见图纸部分。

Ⅱ为了增大拱脚截面，与拱座更好地形成固结，分别在拱座上和原拱脚处植入钢筋，植入长度为30cm，外露长度为30cm，并与新加钢筋焊接成为整体。

③Ⅲ在安装钢筋之前，应将原拱肋截面表面打毛，除去灰尘，以便新老混凝土的结合，具体方案详见图纸部分。

④Ⅳ在完成主拱截面的加固后，才能进行桥面系部分的加固处理。

5.2.1.7　设计施工要点

①加固施工顺序：加固横系梁－桥面卸载－加固主拱圈－加固立柱、横墙、腹拱圈(待主拱圈加固混凝土达到设计强度的70%后，再进行拱上建筑的加固施工)。

②拱肋、拱波、腹拱圈采用外包钢筋网，并用锚喷混凝土加大截面，施工时应严格按照下列锚喷混凝土施工工艺要求进行。

③凿毛并清洗被加固构件表面，以使喷射混凝土表面与原结构间有足够的黏结力，保证两种混凝土达到整体受力的设计要求。

④按设计要求在构件表面钻孔，该工程中锚杆设计直径为 ϕ10mm（Ⅱ级螺纹钢），选择直径为 ϕ14.5mm 的钻头，设计孔深度为 8cm，孔中灰尘要冲洗干净。

⑤插入锚杆。锚杆作用为挂设钢筋网、加强新旧混凝土结合和增大结合面抗剪能力。锚杆设计直径为 ϕ10mm，锚入深度为 8cm，外露长度为 6cm。用水泥砂浆将锚固钢筋嵌固在孔中。

⑥挂设钢筋网。钢筋网满布于主拱圈腹面，最小网格尺寸为 30cm×25cm，纵筋直径为 ϕ12mm 及 ϕ16mm（每拱肋下缘 3 根），横向钢筋直径为 ϕ8mm。挂设时，单根钢筋紧靠锚杆就位，先绑扎后点焊于锚杆上，钢筋接头为搭接焊。

⑦喷射过程。喷射混凝土时，喷枪距离构件表面 0.8～1.5m，先在构件表面喷一层水泥砂浆，再喷射混凝土，以利新旧混凝土更好地结合受力。喷射混凝土厚度每次 2～3cm，逐步加厚至设计厚度。

⑧隔板的施工。横隔板的加强筋钢筋网应分别与拱波、拱肋焊接，并与原横系梁通过锚筋连接。

⑨桥面施工。分层、分段对称均衡地拆除桥面荷载；彻底清除伸缩缝并重新铺设；原桥面铺装层剥离应从跨中位置开始分段对称地向支座方向进行，然后重新铺装沥青混凝土。

加固施工过程中，要保证新旧混凝土的可靠连接，使新旧混凝土协同受力。

5.2.1.8 加固前后试验比较

东山大桥通过改变截面形式，加固前后，共动用 20t 重车 6 辆，进行了两种工况的静载试验及动载试验，对大桥加固前后的整体受力性能比较：

（1）静载试验

①工况Ⅰ：0－1 号跨拱顶截面最大正弯矩，影响线及加载车辆布置见图 5.27，挠度值见表 5.3。

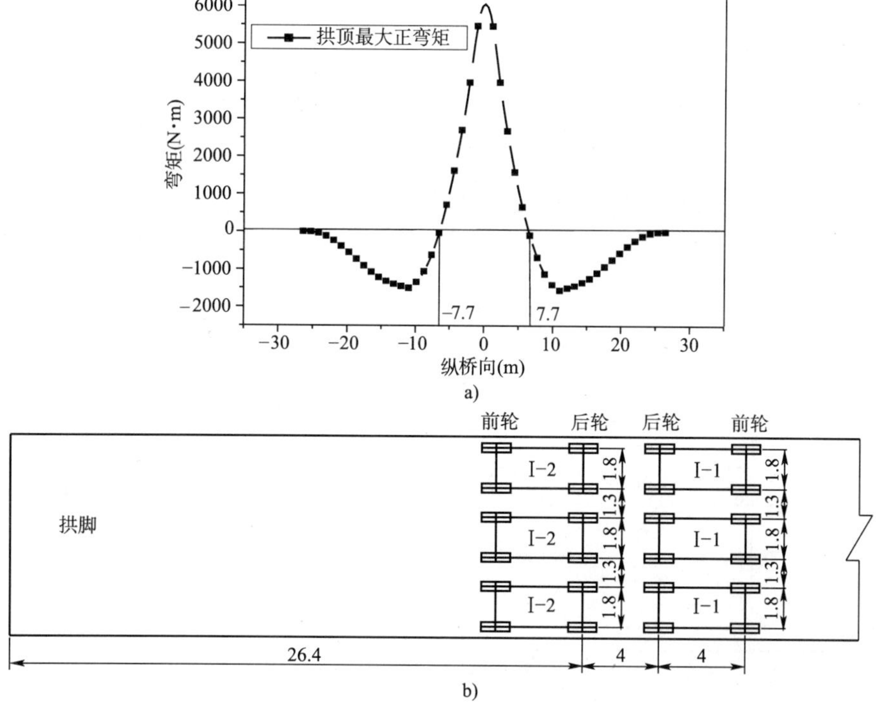

图 5.27　工况Ⅰ影响线及加载车辆布置图（尺寸单位：m）

工况Ⅰ（0－1号跨拱顶加载）**挠度值** 表5.3

项目 / 位置	加固前	加固后	卸载	
	实测值	实测值	加固前实测值	加固后实测值
四分点1	2.00	1.04	0.00	0.00
拱顶2	4.28	3.18	0.25	0.10
四分点3	-1.67	-0.04	0.00	-0.00

②工况Ⅱ:0－1号跨拱脚最大负弯矩,影响线及加载车辆布置见图5.28,挠度值见表5.4。

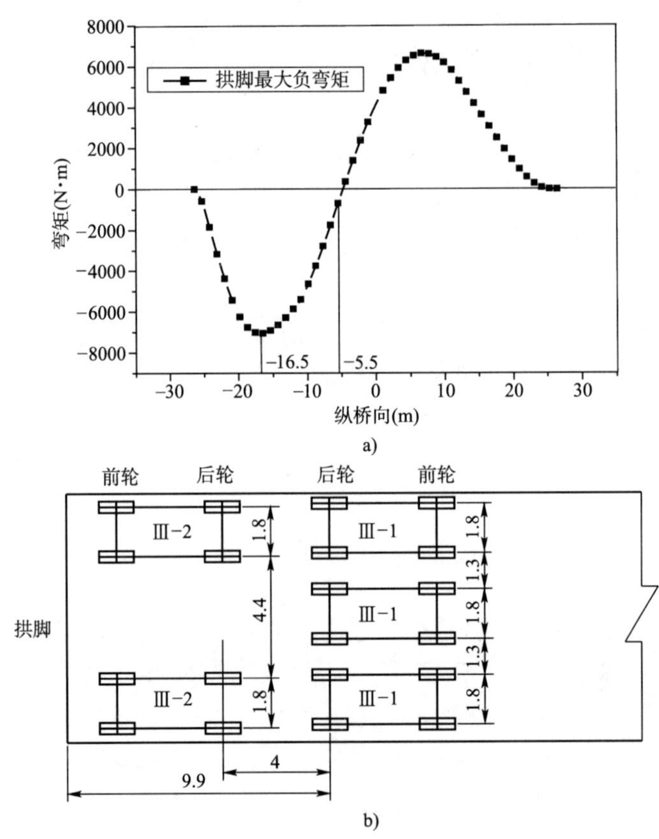

图5.28 工况Ⅱ影响线及加载车辆布置图(尺寸单位:m)

工况Ⅱ（0－1号跨拱顶加载）**挠度值** 表5.4

项目 / 位置	加固前	加固后	卸载	
	实测值	实测值	加固前实测值	加固后实测值
四分点1	1.03	1.44	0.00	0.00
拱顶2	-0. 85	-0.52	-0.18	0.10
四分点3	-2.15	-0.8	0.00	-0.00

注:表中单位为毫米(mm),负值表示上挠,正值表示下挠。

(2)动测试验

加固前后动力特性见表5.5。

加固前后动力特性　　表5.5

一阶自振频率	加固前	加固后
	2.93Hz	3.94Hz

加固前后检测结果表明,两个静载试验工况比较发现:拱圈变形明显变小,特别是四分点效果明显,校率系数提高;一阶自振频率明显提高,说明结构刚度提高。

改变截面法加固双曲拱桥的方法切实可行,收到了良好的社会和经济效果。

5.2.2 调整拱轴线法与加大截面法加固志溪河大桥

5.2.2.1 工程概况

志溪河大桥位于益阳市,跨越志溪河的一座大桥,主桥为2×40m(净)的等截面悬链线双曲拱桥,矢高6.67m,全长128.0m;桥面宽度:净7.0m+2×0.50m(人行道);下部构造为圬工重力式墩台(图5.29)。1974年11月动工,1976年5月竣工。原设计荷载无从考证,现采用公路—Ⅱ级设计计算。

图5.29　志溪河船厂桥

5.2.2.2 大桥的主要病害

主要病害见表5.6。

志溪河船厂桥主要病害　　表5.6

部　件	主 要 病 害
主拱圈	拱肋:存在混凝土老化,剥落现象;主拱在跨中三分之一区域拱肋存在严重的裂缝,裂缝宽度达0.2mm以上,裂缝贯通整个拱肋,拱顶段拱肋全部进入受拉区; 拱脚:露筋和锈蚀比较严重,全桥16个肋脚中有8个出现不同程度的混凝土脱落,露筋,碳化深度大; 拱波:存在纵桥向裂缝,其中最长的裂缝为1.2m,裂缝最大宽度为0.2mm,部分存在渗水、漏水的现象;桥头两侧拱波与拱肋间的连接均较好; 拱顶:开裂较严重,8条腹拱拱顶部位的通缝,最大宽度达10mm;各条拱圈之间,拱圈和盖梁的结合处有松动现象,混凝土大量脱落
桥面系	桥面铺装:破损较严重,桥面超过50%以上的风化破坏,桥面不平,有裂缝(横裂、纵裂和网裂); 人行道:破损较严重,混凝土严重脱落,裂缝钢筋锈蚀; 栏杆:破损严重,大部分混凝土脱落,露筋,栏杆基本失去作用; 排水设施:桥面不平,无排水设施,积水,渗水严重; 伸缩缝:桥面伸缩缝损害严重; 灯光照明:全桥无任何照明设施,全部损害
拱上建筑	侧墙:部分外鼓,浆砌片石脱落; 拱上立柱:材料老化严重,局部出现大量混凝土剥落、露筋现象,暴露出的钢筋已经完全锈蚀或折断,是全桥病害的重点部位之一; 底梁横向断裂
下部结构	桥台:中间有一条自上而下的贯通裂缝,宽度0.2mm; 桥墩表:面风化较严重,未发现开裂、空洞、沉降、鼓突等明显缺陷,有偏移,总体较好; 锥坡:严重开裂; 桥台基础:冲刷严重,位移与沉降较大

5.2.2.3　维修加固主要思路

根据该桥所做的病害分析，考虑到结构方面该桥主拱圈大部分损坏严重。拱顶三分之一区域拱肋主拱圈超过一半以上进入受拉区，裂缝宽度达 0.45mm 以上，拱轴线与压力线在之下，存在有较大的偏离，基础有沉降，单方面加固主拱圈无太大意义，加固思路为调整该桥整体拱轴线，使主拱圈大部分受压，加固重点为拱上建筑，施工要点为分部重建拱上建筑。

5.2.2.4　维修加固内容

(1)桥面系及拱腹填料

拟拆除原有拱腹填料沙砾，用 C20 小石子混凝土砌片石做拱上填料找平至拱圈顶面，重新浇筑 15cm 厚 C40 钢筋混凝土桥面铺装。只要保证拱顶或腹拱顶厚度 30cm，尽可能降低桥面高程，尽可能对桥面卸载，见图 5.30。

(2)栏杆

全桥护栏破坏比较严重，拟拆除所有栏杆和人行道改做防撞栏杆，见图 5.31。

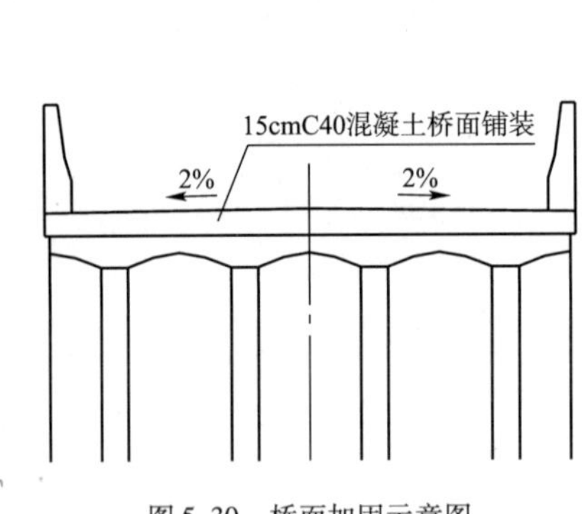

图 5.30　桥面加固示意图

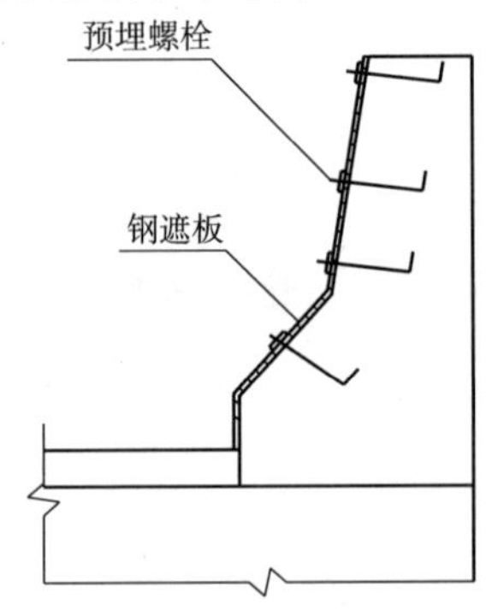

图 5.31　防撞栏杆侧面图

(3)拱波

裂缝采用环氧树脂灌浆法封闭。

(4)腹拱

裂缝采用环氧树脂灌浆法封闭，开裂严重的采用钢筋混凝土补强腹拱拱圈(图 5.32、图5.33)。

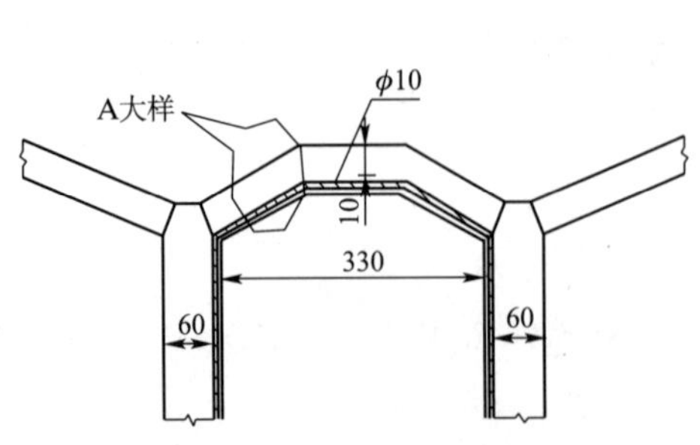

图 5.32　腹拱加强立面图(尺寸单位:cm)

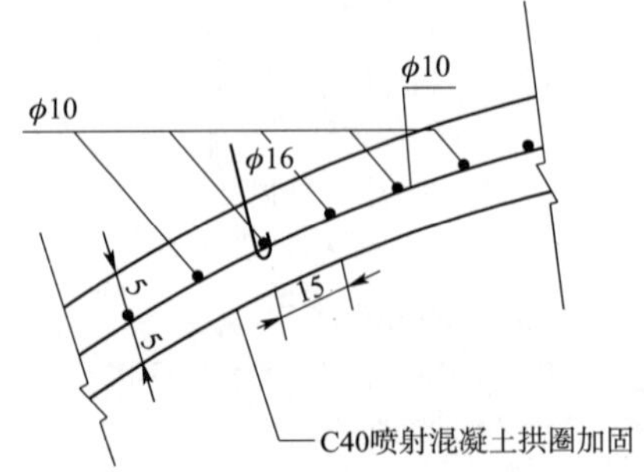

图 5.33　A 大样图(尺寸单位:cm)

(5)拱肋、横梁

局部露筋进行封闭、修补。凿除存在缺陷、松动的混凝土，凿毛周围的老混凝土，用钢丝刷清除裸露钢筋表面上的铁锈，进行防锈处理，再用环氧胶泥修补，加大拱肋截面，提高其承载力。改横系梁为横隔板,加强桥的横向整体性。

(6)拱脚

采用钢筋混凝土从拱脚补强至桥跨第三个立柱(横墙),见图 5.34。

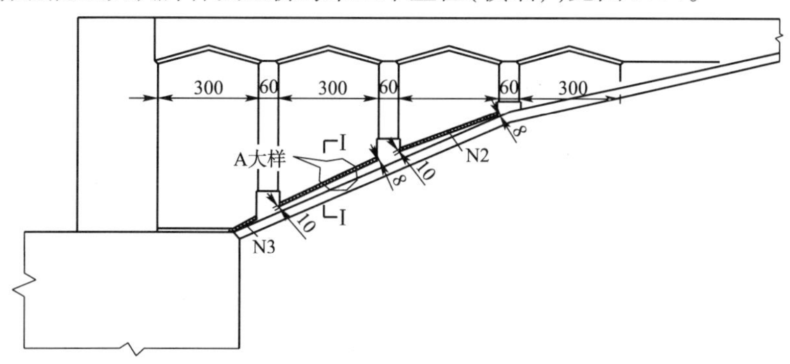

图 5.34 拱脚加强立面图(尺寸单位:cm)

(7)桥台裂缝、拱上侧墙

桥台侧墙及拱上侧墙裂缝采用环氧胶泥填塞加固,增加整体性能。

(8)基础冲刷的处理

对于被冲刷的墩台采用 C20 混凝土填实。

(9)桥台位移与沉降

采用压浆泵压浆封闭,见图 5.35、图 5.36。

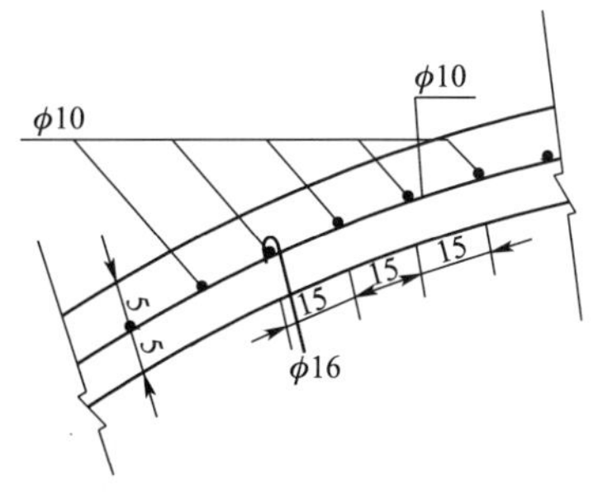

图 5.35 A 大样(尺寸单位:cm)

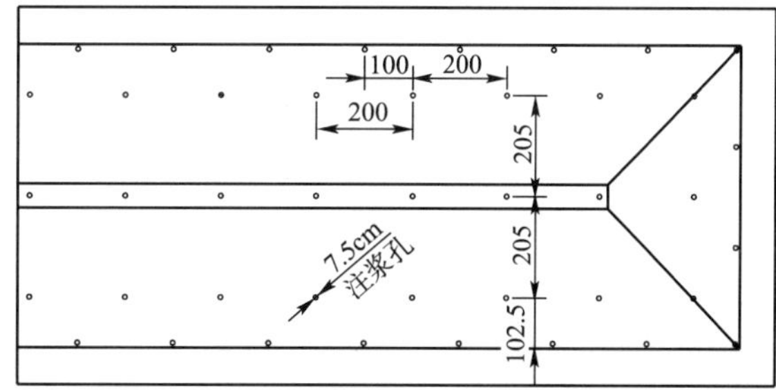

图 5.36 压浆孔道平面布置图(尺寸单位:cm)

(10)立柱(横墙)

局部露筋进行封闭、修补。凿除存在缺陷、松动的混凝土,凿毛周围的老混凝土,用钢丝刷清除裸露钢筋表面上的铁锈,进行防锈处理,再用环氧胶泥修补,用钢筋混凝土外包法进行补强,见图 5.37。

(11)锥坡修整

局部松动的浆砌片石,凿掉重砌;裂缝用高标号砂浆封闭,增加整体性。

5.2.2.5 施工要点及注意事项

(1)桥面铺装、人行道、栏杆的拆除

①架设便桥,修筑便道,车辆和行人绕道。

②凿除桥面铺装时,应从每孔中央向两头同时进行,凿除的速度应持同步,且两孔同时进行。

③拆除栏杆时,两边要注意对称同步。

④人行道拆除时,应从每孔中央向两头同时进行,而且两边要注意对称。

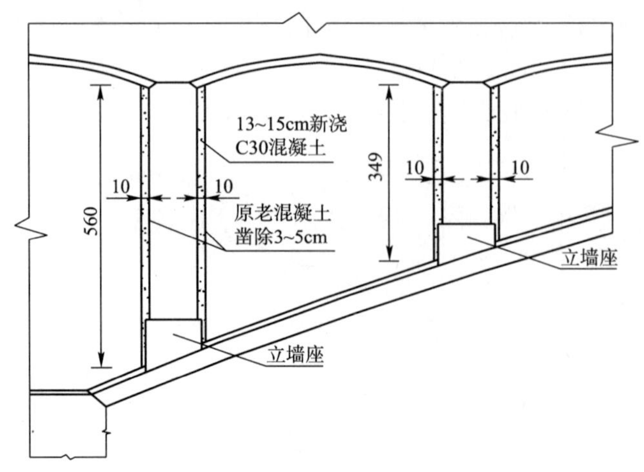

图5.37　横墙加固立面图(尺寸单位:cm)

⑤更换桥面铺装和拱顶填料,桥面与拱顶填料施工注意事项:防止拱顶塌陷,更换拱顶填料时纵向条行开挖,间距1~1.5m,采用人工作业,开挖一条及时采用素混凝土回填,直到半幅更换完毕,再浇筑钢筋混凝土桥面铺装,依此类推完成另半幅。

(2)桥台裂缝、拱上侧墙等斜裂缝修补

桥台侧墙及前墙、腹拱立墙斜裂缝采用环氧胶泥进行填塞处理,即沿缝用人工或风镐凿成"V"形槽,宽度5~10cm,深3~5cm,并清除槽内混凝土和其他杂物,然后向槽内填塞环氧胶泥,环氧胶泥配比为:环氧树脂E-44(6101):乙二胺:邻苯二甲酸二丁酯:水泥=100:10:20:400。

(3)对拱肋、横梁、拱肋等局部混凝土破损、剥落和露筋的处理

①清除露筋和破损、剥落处松散的混凝土,并将老混凝土凿毛。

②用钢丝刷清除裸露钢筋表面上的铁锈,用压缩空气清除浮尘,在除锈后立即对钢筋进行防锈处理。

③用环氧胶泥对缺陷部位进行修补,涂胶要均匀且用力刮平,将空气泡挤出,以免形成空洞或脱胶。

④待环氧胶泥终凝后,再涂一层防水水泥砂浆予以保护。环氧胶泥配比为:环氧树脂E-44(6101):乙二胺:邻苯二甲酸二丁酯:水泥=100:10:20:400。

(4)对腹拱圈以及拱波水平裂缝压浆的处理方法及实施工序

①处理方法。本桥裂缝采用环氧树脂压浆修补,即采用环氧树脂砂浆对缺陷表面补平,对其内部深处裂缝用压力施灌环氧树脂胶填充。

②灌浆实施工序:

a.首先清除桥面及拱上填料,并用水清洗,检查拱波裂缝情况,如果全断面出现裂缝,可以考虑从顶部布置灌浆嘴,否则灌浆嘴应布置在拱波底部。

b.在裂缝部位(包括顶、底)浇筑速凝水泥,按40cm间距预埋灌浆嘴,灌浆嘴直插裂缝深处,然后用环氧胶泥对混凝土表面进行压浆补平,环氧胶泥必须留试块。

c.对抹浆密封情况进行压气实验,对个别滤气表面进行第二次修补。

d.用环氧树脂对裂缝进行压浆修补。配合比:环氧树脂100;乙二胺7%;二丁酯10%;丙酮视黏度情况控制在8%~10%。

e.注浆施工时考虑到泄水孔可能与裂缝相通,导致大量浆液流进孔管而裂缝反而填不

满。为此,施工时采用小压力慢灌的方法,压力控制在0.2MPa以下,每注浆孔注浆时间控制在15min以上,并记录下每注浆口注进的树脂量。

f. 注浆时,一般浆液将从相邻的注浆孔冒出浆。如果压力升至0.8~1.0MPa仍不进浆,说明该处在抹环氧砂浆时,已将注浆口周围封死,无缝可灌了。灌浆完成后用小锥敲击表面,由声音判断内部是否密实。如果发现局部有空隙响声,则用冲击钻在该处钻孔,再埋注浆口补灌,直至密实。

(5)拱圈的补强

①采用增大截面法。需补强的拱圈为0号桥台跨拱圈和2号桥台跨拱圈,其余拱圈不必补强。

②拱圈补强前,必须对其裂缝进行封闭处理。

③补强腹拱圈之前需采用轻型支架将腹拱圈支住。

(6)拱脚处的补强

拱脚补强的范围为拱脚至桥跨第三个腹拱隔墙处。

①将拱板凿毛后,用C25混凝土将拱肋拱板填至与拱波拱板平齐。

②在填平的拱板上铺设一层10cm厚的钢筋混凝土。

(7)桥面铺装、栏杆和伸缩缝的施工

①按提供的设计图纸进行桥面铺装、栏杆和伸缩缝的施工。

②在桥面铺装施工时,要完善排水设施,安装泄水孔,确保桥面排水顺畅。

③浇筑桥面铺装和栏杆时,从每孔中央向两头同时浇筑,注意两边要对称同步进行。

④安装栏杆时应确保栏杆和人行道顺桥向线形顺畅,高度平整。

(8)基础冲刷的处理

①进行基础处理之前必须围堰。

②围堰后必须将基础边所有松散的砂土和淤泥清除干净,原则上宽度不得小于0.5m,高度不得小于1.0m。

③清除砂土和淤泥后用C20混凝土填至原来地面线。

(9) 0号桥台沉降缝的处理

通过钻孔用压力将浓度较稠的水泥浆液压入混凝土裂缝。

①施工工艺。

a. 按设计要求布置灌浆孔。

b. 钻孔、洗孔、埋设灌浆管。

c. 沿裂缝凿宽、深5~6cm的V形槽,并清洗干净,在槽内涂刷基波,用砂浆嵌填封堵。

d. 压水检查,孔口压力为50%~80%设计灌浆压力,宜为0.2~0.4MPa。

e. 垂直裂缝和倾斜裂缝灌浆应从深到浅、自下而上进行;接近水平状裂缝灌浆可从低端或吸浆量大的孔开始;灌浆压力限制为0.2~0.5MPa,当进浆顺利时应降低灌浆压力。

f. 灌浆结束封孔时的吸浆量应小于0.02L/5min。

g. 在浆材固化强度达到设计要求后钻检查孔进行压水试验,检查孔单孔吸水量应小于0.01L/min,不合格必须补灌。

h. 水泥灌浆施工可参照《水工建筑物水泥灌浆施工技术规范》(SL 62—1994)的规定执行。

i. 灌浆宜在低温季节或裂缝开度大时进行。

②施工注意事项。

a. 压浆前必须将桥台沉降缝用高压水枪和钢钎将缝内混凝土碎块和墙壁灰尘清洗干净。

b. 清洗后先在前墙上铺设两层沥青油毡，然后才能压浆。沥青油毡必须上下贯通且中间不得有空隙和断裂。两侧须用高强度等级砂浆封闭，以便压浆。

c. 沉降缝的后续工作对沉降缝的变化应采取结构措施，其一是在桥台桥面板上前台桥面板、板端支座处设置沥青土工布防水垫层。垫层可满足变位的要求；其二是沉降缝设置可变位阻水的伸缩缝，共同阻止桥面排水浸入。

(10)立柱(横墙)的加固

①在对立柱(横墙)进行补强之前，应先将原老桥立柱(横墙)表面混凝土进行凿除，凿除应该以完全去除已损坏的老混凝土，并且露出原有钢筋为原则。

②凿除表面混凝土应用钢丝刷清除裸露钢筋表面上的铁锈，用压缩空气清除浮尘，在除锈后立即对钢筋进行防锈处理。

③立柱(横墙)凿除应采用手工工具进行，禁止采用将对立墙，以致上部构造产生较大破坏的施工方法。

④施工中应密切关注上部构造的各向变位。

5.2.2.6 加固效果评定

(1)静载试验

通过对志溪河大桥加固前后，共动用20t重车4辆，进行了两种工况的静载试验及动载试验，对大桥加固前后的整体受力性能比较：

工况Ⅰ：拱脚最大负弯矩(偏载)，影响线及车辆布置见图5.38、图5.39，挠度值见表5.7。

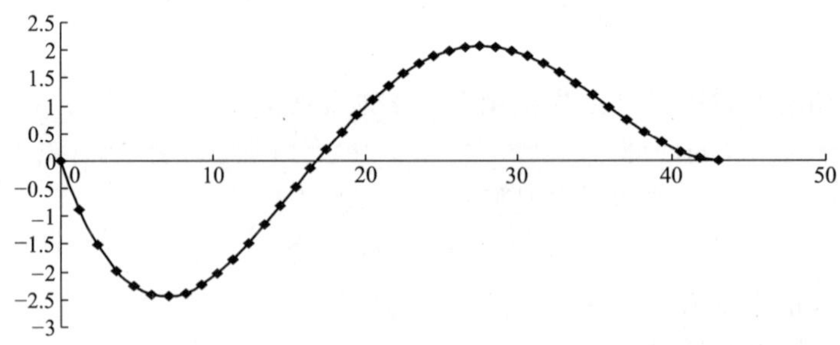

图5.38 拱脚最大负弯矩力(偏载)，影响线

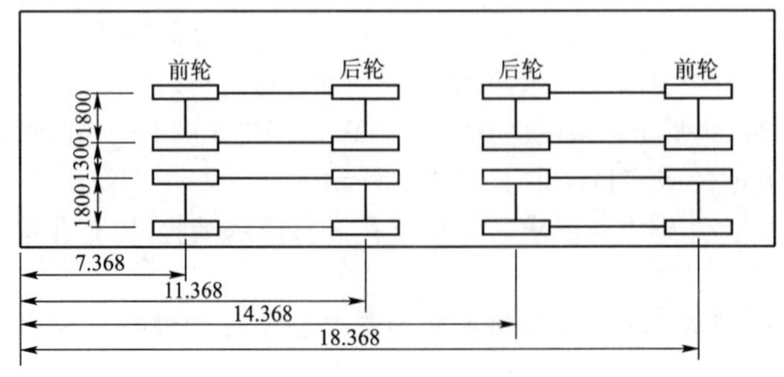

图5.39 拱脚最大负弯矩车辆布置图(尺寸单位:mm)

工况Ⅰ(0－1号跨拱顶加载)挠度值 表5.7

项目 位置	加固前	加固后	卸载	
	实测值	实测值	加固前实测值	加固后实测值
四分点1	2.97	2.00	0.05	0.00
拱顶2	2.69	1.52	0.03	0.02
四分点3	－0.79	－0.5	0.00	0.00

注:表中单位为:mm,负值表示上挠,正值表示下挠。

工况Ⅱ:拱顶最大负弯矩(偏载),影响线及车辆布置见图5.40、图5.41,挠度值见表5.8。

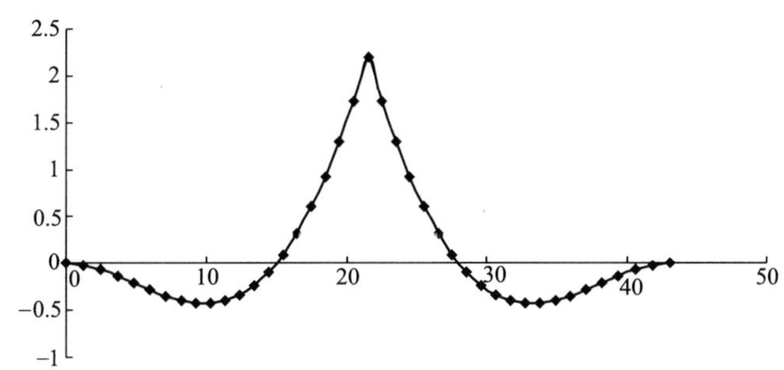

图5.40 拱顶最大正弯矩,影响线

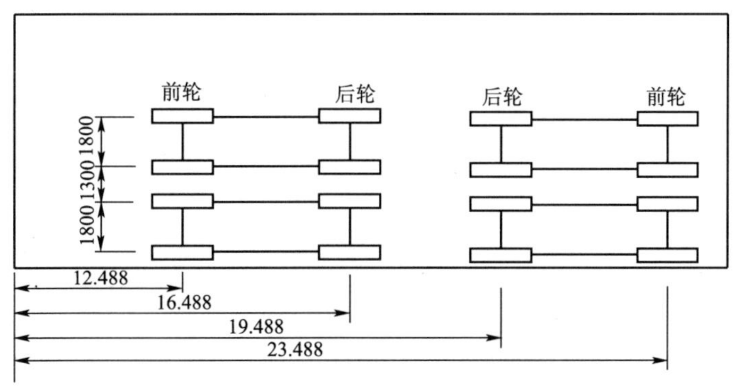

图5.41 拱顶最大正弯矩车辆布置图(尺寸单位:mm)

工况Ⅱ(0－1号跨拱顶加载)挠度值 表5.8

项目 位置	加固前	加固后	卸载	
	实测值	实测值	加固前实测值	加固后实测值
四分点1	2.06	1.54	－0.11	0.00
拱顶2	5.6	3.52	0.49	0.10
四分点3	0.75	0.4	－0.04	0.00

注:表中单位为:mm,负值表示上挠,正值表示下挠。

(2)动测试验

加固前后动力特性见表5.9。

加固前后动力特性 表5.9

一阶自振频率	加固前	加固后
	2.83Hz	4.14Hz

加固前后检测结果表明,两个静载试验工况比较发现:拱圈变形明显变小,特别是拱顶点效果明显,校率系数提高;一阶自振频率明显提高,说明结构刚度提高明显。

调整拱轴线法与加大截面法加固双曲拱桥的方法切实可行,收到了良好的社会和经济效果。

参 考 文 献

[1] 姚玲森. 桥梁工程[M]. 北京:人民交通出版社,2012.

[2] 孟祥伟. 双曲拱桥病害调查及加固实例[J]. 中国市政工程,2008.

[3] 刘长春. 既有双曲拱桥的检测评估及加固研究[J]. 中铁二十一局集团有限公司,2009.

[4] 交通运输部公路科学研究院. 公路桥梁养护工程师第二期培训讲义[J]. 交通运输部公路局,2011.

[5] 周晋超,田槐湘. 既有双曲拱桥的病害检测与处理方案研究[J]. 湖南路桥建设集团,2010.

[6] 李有丰,林安彦. 桥梁检测评估与补强[M]. 北京:机械工业出版社,2003.

[7] 李建成. 钢筋混凝土双曲拱桥的病害机理分析及加固策略研究[J]. 甘肃:兰州交通大学报. 2009,26(6).

[8] 中华人民共和国行业标准. JTG H11—2004 公路桥涵养护规范[S]. 北京:人民交通出版社,2004.

[9] 中华人民共和国行业标准. JTG/T H21—2011 公路桥梁技术状况评定标准[S]. 北京:人民交通出版社,2011.

[10] 刘月莲,林有贵. 公路桥梁养护管理与维修加固[M]. 北京:人民交通出版社,2008.

[11] 张劲泉,王文涛. 桥梁检测与加固手册(上)[M]. 北京:人民交通出版社,2007.

[12] 张劲泉,王文涛. 桥梁检测与加固手册(下)[M]. 北京:人民交通出版社,2007.

[13] 张宇峰,朱晓文. 桥梁工程试验检测技术手册[M]. 江苏省交通科学研究院,2009.

[14] 刘月莲,林有贵. 公路桥梁养护管理与维修加固[M]. 北京:人民交通出版社,2009.

[15] 中华人民共和国行业标准. JTG/T J21—2011 公路桥梁承载能力检测评定规程[S]. 北京:人民交通出版社,2011.

[16] 王彬,李青宁. 双曲拱桥承载能力试验检测评定[D]. 西安建筑科技大学土木工程学院,2010.

[17] 杨存,周亦唐. 公路桥梁承载能力的评定研究[M]. 昆明理工大学,2011.

[18] 单炜,张宏祥,李玉顺. 公路桥梁检测技术[C]. 北京:人民交通出版社,2005.

[19] 涂雪,占和平. 基于层次分析法与变权理论的桥梁状态评估[D]. 同济大学桥梁工程系,2008.

[20] 申强. 公路桥梁技术状况评定标准宣贯[M]. 北京:交通运输部公路局,2011.

[21] 王国鼎,钟圣斌. 拱桥[M]. 北京:人民交通出版社,2000.

[22] 王彬,李青宁. 双曲拱桥承载能力试验检测评定[D]. 西安建筑科技大学土木工程学院,2010.

[23]《桥涵设计手册》编写组. 桥涵设计手册 拱桥(上、下册)[M]. 北京:人民交通出版社,1983.

[24] 交通部科学研究院. 公路双曲拱桥——上部构造设计计算[M]. 北京:人民交通出版社,1983.

[25] 中华人民共和国行业标准. JTG D 61—2004 公路圬工桥涵设计规范[S]. 北京:人民交通出版社,2004.
[26] 中华人民共和国行业标准. JTG D 62—2004 公路钢筋混凝土及预应力混凝土桥涵设计规范[S]. 北京:人民交通出版社,2004.
[27] 谌润水,周锦中. 双曲拱桥加固改造成套技术[M]. 北京:人民交通出版社,2009.
[28] 蒙云,卢波. 桥梁加固与改造[M]. 北京:人民交通出版社,2004.
[29] 王蒂,李永庆,孟宪博,等. 大跨度变截面悬链线双曲拱桥维修加固技术研究[J]. 中外公路,2009,29(3).
[30] 张云. 公路双曲拱桥加固方法的研究[D]. 广西:广西大学,2006.
[31] 黄伟,申波,薛守宝,等. 多种加固方法应用于双曲拱桥主拱圈的提载加固[J]. 北京:工程抗震与加固改造. 2012,34(1).
[32] 赵川,王起才,王艳艳. 增大截面法进行双曲拱桥加固的研究[J]. 水利与建筑工程学报,2009,7(3).
[33] 程红,郑胜民,章亮亮. 改双曲拱截面为箱形截面技术的应用研究[J]. 山西建筑,2009,35(29).
[34] 中华人民共和国行业标准. JTG/T F50—2011 公路桥涵施工技术规范[S]. 北京:人民交通出版社,2011.
[35] 莫丽娇,周福军,刘思孟. 双曲拱桥加固增强技术探讨及应用研究[J]. 西部交通科技,2008.
[36] 周志祥,贺鹏,赵灿晖. 大跨度双曲拱桥维修加固研究[J]. 重庆交通学院报,2004,23(3).
[37] 吴闽西,章亮亮. 综合加固法加固双曲拱桥的实践[J]. 山西建筑,2009,35(25).
[38] 李强,王起才. 粘贴钢板法进行双曲拱桥的加固研究[J]. 工程技术与产业经济,2010.
[39] 左云. 既有钢筋混凝土双曲拱桥的加固理论与方法研究[D]. 四川:西华大学,2011.
[40] 赵兴言. 双曲拱桥采用碳纤维加固的结构计算[J]. 中国市政工程,2011,1(1).
[41] 吴国雄,王东,王世槐,等. 锚喷与碳纤维在双曲拱桥加固中的应用研究[J]. 公路,2001.
[42] 周建庭,张劲泉,刘思孟. 大中型桥梁加固新技术[M]. 北京:人民交通出版社,2010.
[43] 宋福春,张连海,霍德俊,等. 双曲拱桥加固技术研究[J]. 沈阳建筑大学报,2007,23(4).
[44] 刘学民,敖汉. 双曲拱桥加固及提载技术研究[D]. 辽宁:辽宁工程技术大学,2006.
[45] 蔡建军,倪长智,朱加兵,等. 浅谈双曲拱桥的加固措施[C]. 交通科技,2011.
[46] 刘来君,赵小星. 桥梁加固设计与施工技术[M]. 北京:人民交通出版社,2004.
[47] 陈强. 双曲拱桥加固研究. 益阳市科技计划项目,2005.

后　　记

双曲拱桥加固与改造是当前各个公路管理与养护部门面临的一个急需解决的问题。本书首先针对双曲拱桥的历史、维修加固现状以及病害与成因分析进行详尽地叙述,其次详细介绍了双曲拱桥的评定与结构计算方法,最后针对目前常见的加固方法及原理进行详细地介绍,并给出了两个加固改造的实例。

通过加固方案及处治措施后,大桥的承载力不足的的问题将得到缓解和提高,各部位的受力状况将获得改善,桥梁的横向刚度得到提高,整体性得到加强。

从经济角度分析,双曲拱桥加固改造方案整个造价是新建一座同样桥梁的1/3,是比较节约的。从技术角度分析,双曲拱桥加固改造技术是当前成熟的工艺技术,是比较可靠的。

但是,必须指出,由于双曲拱桥加固是一项技术性很强的工作,因此,施工中应予先作出详细的施工方案及严格的技术措施,并精心施工,防止因施工方法不当而造成桥梁新的损伤及隐患,甚至造成重大安全事故。

随着新材料、新技术的发展,从长远看,双曲拱桥的加固与改造方法必将获得更大的进步,双曲拱桥必将重新焕发光彩。